城市管理系列培训教材

现 代 城 市 管 理

王震国　　王宇辰　　编著

中国建筑工业出版社

图书在版编目（CIP）数据

现代城市管理/王震国，王宇辰编著. —北京：中国建筑工业
出版社，2017.1
城市管理系列培训教材
ISBN 978-7-112-20210-2

I.①现⋯　II.①王⋯②王⋯　III.①城市管理-中国-技术培训-教
材　IV.①F299.23

中国版本图书馆 CIP 数据核字(2017)第 002178 号

本书共6章30节，以对国家新一届城市工作会议精神梳理和理性前瞻为序
言，为读者展示了中国城市4.0时代的发展战略、践行策略与综合路线图；以城
市管理的性质特征、理论渊源、历史演进，以及城市战略、建设、运营和保障管
理，乃至未来的理念更新为线索，立体、系统、全面地诠释了城市管理的框架体
系、内在逻辑和主要范式。本书在注重学术的系统性和完整性的同时，兼顾对现
实城市管理践行指导，更突出了中国特色城市管理现状的描述和中外城市管理的
比较与取舍。

本书可供我国城市管理类大专院校在校学生学习使用，也可作为城市管理岗
位工作者的知识读本和培训用书，以及相关理论和教育工作者的教研参考用书。

责任编辑：朱首明　李　明　李　慧
责任设计：李志立
责任校对：李欣慰　李美娜

城市管理系列培训教材
现代城市管理
王震国　王宇辰　编著

*

中国建筑工业出版社出版、发行（北京海淀三里河路9号）
各地新华书店、建筑书店经销
北京科地亚盟排版公司制版
北京云浩印刷有限责任公司印刷

*

开本：787×1092毫米　1/16　印张：14¼　字数：356千字
2017年2月第一版　　2017年12月第二次印刷
定价：**42.00**元
ISBN 978-7-112-20210-2
（29683）

序　言

中国城市 4.0 时代的战略与学术理性

当今的中国，社会正经历转型期，经济正步入调整期，城市将走向成熟期。这个所谓成熟，就是在发展上由粗放型转向精细型，在建设上由数量型转向质量型，在管理上由随意型转向规范型，在运行上由人工型转向智慧型。一句话，中国城市正在迎接、将要开辟本土与世界融合的，增长精明、建设优质、发展可续的 4.0 时代。其标志是更有质量、更为生态、更加舒适、更可持续；其理念是创新、协调、绿色、开放、共享；其导向是尊重城市发展规律，统筹空间、规模、产业三大结构，统筹规划、建设、管理三大环节，统筹改革、科技、文化三大动力，统筹生产、生活、生态三大布局，统筹政府、社会、市民三大主体；其途径是完善城市总体的格局与定位，创新城市规划的理念与方法，健全城市管治的体制与机制，优化城市发展的策略与路径，祛除城市多元的旧病与新疾。

实现中国城市 4.0 时代的成功转轨，关键是通过科学、扎实、精细的城市管治，走好平衡、协调、可持续的每一步。

根据党的十八大和十八届三中、十八届四中、十八届五中全会精神，以及 2013 年中央城镇化工作会议和 2015 年中央城市工作会议要求，2016 年 2 月《中共中央国务院关于进一步加强城市规划建设管理工作的若干意见》确立了我国城市十三五乃至未来相当长的一段时间创新发展的大政方略和践行路线图，据此，中国城市已经、正在和将要从五大方面实现新的发展变轨，为城市的绿色、健康、优质、舒适、可持续走好稳健、扎实、科学的每一步。

首先是实现"一带一路"视野下的城市布局新平衡，即摒弃梯度发展、纵向布局的模式，践行以流域为纽带、东中西相统一、同步而有差别的发展新模式。包括：引领经济带与城市群发展新融合，实现经济带与城市带布局再平衡，加速我国城市群多层次分进合击。

第二是推进城乡一体视野下的城市发展新协调，包括：努力形成城乡一体发展的三原则共识，即地理生态的适合原则、人文生态的自愿原则、资源生态的许可原则；科学铺就城乡一体发展的四转移途径，即农业人口的就近转移、多元转移、梯度转移、渐进转移；全面创新城乡一体发展的十带动方式，即基本建设带动、公共服务带动、工业产业带动、金融投资带动、文化下乡带动、教育普及带动、互联网＋带动、土地流转带动、劳力转移带动和农业升级带动；积极践行城乡一体发展的六统筹六必须，即统筹城乡的规划土地、产业发展、基本建设、劳动就业、社会管理和户籍制度，必须确立以人为本管理观念、发挥市场计划合纵优势、解决"钱从哪里来"的问题、规划"人往哪里去"的路径、明确

3

"资往哪里投"的方向、完善不适应的体制机制。

第三是加速生态智慧视野下的城市内涵新提振，包括：耕耘水清天蓝的生态城市，即按照生态学原理进行城市设计，建立高效、和谐、健康、可持续发展的人类聚居环境；建设便捷舒适的宜居城市，即经济持续繁荣、社会和谐稳定、文化丰富厚重、生活舒适便捷、景观优美怡人、公共安全无忧，而且总体发展渐进、适度、适合、适应和平衡、协调、可持续；打造呼吸自如的海绵城市，实现雨水在城市区域的自然积存、自然渗透、自然净化和有效回用，使城市成为一个会呼吸、有弹性、能御灾的生态体；熔铸互联互通的智慧城市，即把有智慧的人脑与精准、联网的电脑及其海量的、可以共享的、能够深化的数字化信息流无缝隙对接、灵动化应用，使城市成为一种具有感知、认知、学习、决策、调控能力和行为意识的"另类超级生命体"；培育节能降耗的低碳城市，实现城市经济的循环可持续。

第四是促进依法共治视野下的城市管理新优化，包括：推行清单化的政府服务式管理，即管放先知、管放有界、管放有度，真正做到"法无禁止即可为、法无授权即不为"；培育市场化的契约协商式管理，即发挥和防治政府、市场、社会三方的不同优势和可能失灵，实行对政府、市场、社会的三大有效制衡，遵从人本、成本、可续三大原则；打造扁平化的精准应对式管理，即以每一个实现环节、每一步具体过程的准确无误，确保结果的完美无缺；倡导人本化的公众参与式管理，即了解民意、维护民权、关注民生、兑现民利、化解民怨，让市民在参与城市管理中增强归属感、认同感和幸福感。

第五是鼓励规范可续视野下的城市祛病新践行，包括：确立城市发展的环境承受、社会维系、自然存续、交通承载、资源供给、空间容纳、污染化解的极限理念；实行城市发展数量到质量、规模到功能、建设到管理、高耗到节能、水泥到生态、拥堵到通达、产业到产住的科学变轨；促进城市发展的多元转型，即由单向管控转向多元平衡、由低效粗放转向高效精细、由传统人工转向现代数字；加速城市发展的产业、空间、消费、人才、管理等多元结构调整。

城市左右着人类世界的进步，既有引领、也有制约。作为引领，城市是现代经济、科技、文化的文明标志；作为制约，城市也带来了交通的拥挤、空气的污染、环境的恶化。因此，人类未来的发展，既要关注城市的引领，也要破解城市的制约。而这种引领与破解的关键就是科学、系统、精细、高效的城市管理。

然而，城市管理作为发端于城市规划的一门年轻的学科，在我国无论是理论积淀、体系建构、社会共识，还是结合实证的应用梳理、反馈完善，都还很欠缺。本书力图从战略与战术结合、理论与实证合一、系统性与应用性兼顾着手，并以历史、当代与未来融汇、叠加的方式，在丰富城市管理科学方面有所贡献。

目　　录

第一章 城市管理的基本原理与演进模式

第一节 城市及其城市的现代化

一、城市的定义、性质、特征

（一）城市的定义

城市，是一个叠合了地理、经济、社会三大空间实体，以及各种自然和人文要素的多功能、多层次、复杂、动态、庞大的组织系统；是一定规模的非农业人口聚集的场所，以及一定地域政治、经济、社会、文化、科学的中心。

从地理与生态角度看，城市乃是相对于乡村而言的一种交通便利、人口密集、房屋众多的永久性大型聚落，也是以人文景观为主，又融合自然风貌的独特地理环境。

从社会与人文角度看，城市作为特定的区域，是由一定规模从事工商业或其他非农产业人口组成的、具有超越家庭或家族社会联系的、多层次和多形式相互交往的生活共同体。

从经济与管理角度看，城市是各种经济活动因素在空间地理上连片聚合的区域，是市场、企业和公共部门以一定的机制、程序、方式进行规模化、裂变式、交互性、规范化理性活动的场所。

从政治与历史角度看，城市不仅是市场中心的所在地和法律规范的文明域，更是不同团体保持相对平衡协调关系的制度化共同体；作为人类繁衍的独特群落体系，城市是人类社会进步的重要标志、文明发展的前沿高地，是社会经济发展阶段的必然产物，是社会大分工和劳动技术进化的结晶。

（二）城市的性质

城市的性质，是指城市在一定地区、国家乃至洲际、世界范围政治、经济、社会、文化、科技发展中所处的地位、肩负的职能、拥有的规模，以及个性特点、综合优势、发展潜力、所具影响等。具体可以从三个维度去解读。

第一，从地域面积、人口规模、经济总量角度，城市可以分为超大城市、特大城市、大城市和中小城市。根据联合国确立的标准：城区常住人口2万以上为中小城市；10万以上为大城市；100万以上为特大城市；1000万以上为超级大城市。2014年我国国务院按城区常住人口，把城市分为五类七档，即：20万以下为Ⅱ型小城市；20万～50万为Ⅰ型小城市；50万以上100万以下为中等城市；100万～300万为Ⅱ型大城市；300万以上500万以下为Ⅰ型大城市；500万～1000万为特大城市；1000万以上为超大城市。截至2014年，按人口规模世界超级大城市达到了27座，其中中国有6座，即：重庆（2970万）、上海（2500万）、北京（2114万）、广州（1667万）、天津（1516万）、深圳（1077万）；世界经济总量排名靠前的城市主要有纽约、伦敦、东京等，中国经济总量前四的城市是上海、北京、深圳、广州。

第二，从自身定位、主要功能、资源优势、产业特点、所处区位层面，城市可以分为：①首都（如我国的北京）、直辖市（如我国的北京、天津、上海、重庆）、省会城市（我国共有27座，如最北部的黑龙江省会哈尔滨、最西部的新疆维吾尔自治区首府乌鲁木齐、最南部的海南省会海口、最东部的浙江省会杭州、地势最高的西藏自治区首府拉萨等）；②发达城市（如北、上、广、深等一线城市）、一般城市；③综合性城市、特色城市（工业城市、旅游城市、文化城市、金融城市、贸易城市等）；④沿海城市、内陆城市；⑤资源型城市（如石油城、煤炭城等）、枢纽型城市（如航空城、港口城等）。

第三，从国际关系、全球影响上看，城市可分为世界首位城市、全球城市、洲际城市。目前比较公认的世界首位城市是：美国的纽约、英国的伦敦、日本的东京，其认可的主要因素包括城市GDP的全国占比、国际化程度的世界排名、经济属性对全球的影响等；比较公认的全球或洲际城市主要有：法国巴黎（文化艺术之都）、德国法拉克福（欧洲金融之都）、瑞士日内瓦（著名政治之都）、中国香港（全球消费之都）等。

（三）城市的特征

城市不是众多人和物在地域空间上的简单叠加，而是一个以人为主体、以自然环境为依托、以经济活动为基础、社会联系极为紧密的有机整体。它有着自身的成长机制和运行规律，更有区别于乡村的鲜明特征。

1. 城市空间与物质和精神要素的聚集性

城市作为人类聚落的高级形态，具有明显的各类文明要素的总量聚集性，具体表现为：

（1）人口数量巨大且密度极高。城市区别于乡村的首要特点在人口总量巨大。目前，世界规模最大的城市人口总量已经超过3000万（如日本的东京都），我国也有1座城市接近3000万（重庆）、1座超过2400万（上海）。其次，城市人口的密度巨大。如我国上海常住人口密度已接近4000人/平方公里，是全国人口密度的20余倍。再次，社会总人口入城比例提高。据联合国统计，全球2007年已进入城市时代，50%以上人口生活、工作在城市，但这近40亿人口所占的生存空间总计约400万平方公里，仅为全球面积的1.5%；我国2011年有超过半数的常住人口进入城市生活和工作，中国从此告别农业国家的历史。

（2）物质、资本与信息的高度聚集。城市作为人口高密度、产业高集聚、资本高流通、信息高流量的实体空间，比乡村有多得多的各类物质载体、交互空间、动态体系，包括：居住类大型社区、消费类巨型综合体、办公类城市CBD、生产类现代开发区、社交类城市大广场、各式校院楼，以及四通八达的公路网络、桥隧体系、铁路干线、航运通道、空中航线，乃至富含文化底蕴、历史印记的生态园林、历史建筑、城市雕塑。现代城市更是大宗经贸、多元金融、各式信息的聚汇地，即：一个国家80%的经济贸易、95%的金融产业、90%的信息交互都源自城市，90%以上的GDP都来自城市，城市成为各个国家名副其实的物质财富的主要创造者和聚集地。

（3）文化、体育、教育、医疗、科研、娱乐的高度聚集。城市，集中了一个国家绝大多数的文化设施（如图书馆、博物馆、档案馆、美术馆、展览馆、大剧院、音乐厅）和体育运动场所（如体育馆、体育场、体育俱乐部），聚集了几乎所有的大专院校和优质的学前、义务和职后教育机构，以及大中型医疗单位、高精尖科研机构。城市也因为人口众多、载体齐全，时尚、高档、新颖的娱乐业高度集聚（如各类酒吧、会所、歌厅、影城、戏院等）。

（4）办公、商贸、产业、服务的高度聚集。城市，作为一个国家、各个区域、不同层次的管理中心、交通枢纽、流通平台、生产基地、消费高地、服务平台，集聚了大多数的行政办公机关（如国家、省市、地区党委、政府、人大、政协、军队、政法、群众团体的办公场所）、商业贸易楼宇（如中心CBD、各类交易所、内外经贸中心等）、生产营销单位（如各类第二产业的研发中心、产品流水线、销售服务网等）、社会服务机构（如各类第三产业办事平台、流转中心、评鉴机构、安防部门等）。

2. 城市拥有功能的多样、整体和体系性

城市作为一个要素高度集聚、空间相对紧凑、运行自成体系的庞大综合体，决定了其拥有功能的多样性、整体性和体系性。

城市功能的多样性，源于城市社会分工的细化、人类活动的丰富、个体需求的差异、对外联系的多元；一座可持续的城市，一定是一座功能符合需求、不断调整适应的城市。

城市功能的整体性，源于城市作为相对独立的政治、经济、社会、文化、科技综合体所必须的一体化统筹协调、优势互补、整合发展。一座有活力、有张力、有魅力的城市，一定是一座有定力、有合力、有实力的城市。

城市功能的体系性，源于城市规模庞大存在的驾驭困难、运行繁复、可能的失控风险、管理精准所需无误的规范；一座现代化、外向型、能创新的城市，一定是一座功能间互相关联、功能上互为补充、功能内各有亮点，而且所有功能都体系化了的能驾驭、可掌控、得善治的城市。

3. 城市系统、运营与活动的开放性

城市因为自身发展的多元性、发展过程的多变性、所需资源的有限性，决定了其整体系统、运营形态、活动方式的开放性，即：城市只有也必须在跨区域、跨文化、跨行业、跨族群的多变交互的流动与流通中，才能获得自身发展需要的资源补充、自身能量释放的广阔空间、自身产品供给的目标市场。

（1）城市条块管理体系的开放性

城市是一个包含了条与块多维度、多向度、多体系的庞大综合体。

所谓条，就是以政治（含行政）、经济、社会、文化、生态（含资源）为自成系统的各级管理条线，上接省、自治区相关管理厅局委（办），直至中央相关部委；中为本级城市相关管理委（办）局，下至所辖区的各类党政管理机构，包括政治部门（党务、意识形态、群团等的管理部门）、行政部门（办公文秘、机关事务、劳动人事、工商税务、规划建设、市政交通等的管理部门）、经济部门（各类生产、贸易、金融、信息、科技等的管理部门）、社会部门（公共治安、行政执法、民政社团、医疗卫生、养老社保等的管理部门）、文化部门（各类教育、各种文化、各项体育、公共娱乐等的管理部门）、生态部门（生态园林、市容环卫、环境保护、地质水务、国土能源等管理部门）。

所谓块，就是按行政区划构成的不同层级的地方党政管理辖区。对中央而言，各省、自治区、直辖市就是块；对省、自治区而言，各地、市、县就是块；对城市而言，所辖区行政管理辖区就是块，对区而言，各街道行政管理下去就是块。

城市条块构成的管理体系架构，因职能的交叉性、作用的叠加性、目标的一致性，决定了其必须对外开放、纵横交互、协同共济、能量互补。城市条的职能的达成，既离不开省、部条线主管部门的指导，也离不开块上党政主管顾全大局视野下的配合；反之，城市块的发展诉求的满足，既离不开城市本体主管领导的协调，也离不开城市本体条线管理部门的支持。所谓条块分割的城市管理乱象，就是因为条块之间各自为政，违背了城市运营的内在规律，每每导致对城市发展的重重阻碍而受到社会的诟病。

(2) 城市运营形态的开放性

城市因为占地小、人口密、需求大、发展快，决定了其各方面对外的依赖性。所以，城市运营表现为灵活多样的外向开放，包括：资源、能源、耗材的外向需求补充，资金、技术、人才的双向有机合作，产品、能量、优势的市场多赢释放。

城市之所以被誉为人类文明的高级形态，除了人文进步的前卫性、城市形态的时尚性、生存方式的现代性、生存环境的适宜性，还具有乡村不可比拟的多元的集聚效应——以最小的占地集聚最大产能要素，以及多重的规模效应性——低成本的最大规模产出。而要素非常规的集聚与产出超常规的规模，靠城市自身是难以为继也是无法达成的，所以，开放的吸引、借助、整合外力以满足本体发展的多元需求，关联的依托、利用、嫁接各方市场以释放自身聚合的各种能量，就成了城市平衡、协调、可持续发展的必然选择。

(3) 城市各类活动的开放性

城市对外的诸多需求依赖与多元的对外能量释放，决定了城市各类活动的多元的开放性，包括：活动内容与形式上的开放——可以是政治、经济、社会、文化、生态多种领域，可以是动态、静态、平面、立体、物质、精神不同形态，可以是单向、双向、视觉、感觉、触觉、嗅觉、听觉各类方式；活动举办与参与方的开放——可以是本地、市外、省外乃至国外的，可以是个体、企事业、社会团体乃至国家，可以是男性、女性、轻壮、老幼乃至不同职业人群；活动成果与效应上的开放——可以有利于市内外、省内外、国内外活动各方的参与人、举办者，可以有利于活动举办地城市自身潜力的发掘、活力的激发、实力的增强、魅力的提高，也可以有利于密切内外的联系、增进各方的友谊、推进人类的进步。

正是城市活动的多元开放，孕育了城市区别于乡村的独特的文化，即开放性文化、多样性文化、包容性文化、交互性文化、选择性文化、共生性文化。也正是这种独特的异质性文化，使城市的人类活动更增添了多样叠加的丰富性、交互融合的倍增性、个性选择的独创性、多元包容的共生性，从而城市也就具有了更强的活力、更大的动力，城市成为人类文明的高地、人类进步的标志、人类科技的前沿也就理所当然了。

二、城市的轨迹与现代化进程

(一) 城市起源与演进轨迹

1. 城市的起源

关于城市的起源，学术界有多种不同的解读，主要包括以下七种：

第一是入侵防御兴城说。认为出于防御上的需要，兴起了古代城市。主要是在居民集中居住的地方或民族首领、统治者居住地修筑墙垣城廓，形成要塞，以抵御和防止别的部落、氏族的侵犯，保护本地居民生命不受伤害、财富不被掠夺。

第二是社会分工兴城说。认为随着社会分工的细化，出现了社会职能与功能的分离，逐渐产生了承担更高级职能、拥有更文明功能社会载体——城市。

第三是私有制度兴城说。认为城市是私有制的产物，是随着私有为核心的奴隶制的建立，以及奴隶制政权的产生，为了便于统辖、管控、分而治之而构建起来的一定尺度的城池型聚落。

第四是阶级统治兴城说。认为从本质上看，城市是阶级社会的产物，是作为统治阶级的奴隶主、封建主用以压迫、剥削被统治阶级的一种束缚和盘剥的社会载体型工具。

第五是集市需求兴城说。认为由于商品经济的发展，一定规模的产品生产与剩余，促使商品交换和居民交流活动的相对集中，从而形成了主要用于集市贸易的载体——城市。

第六是地利区位兴城说。认为有些地方由于地处商路交叉点、河川渡口或港湾，交通运输方便、自然资源丰富，有天然的集聚人流与物流的优越条件，于是成为了商贸集散型的物资交易的载体——城市。

第七是宗教朝拜兴城说。认为由于宗教寺庙与礼拜规模的扩大，使宗教圣地人流与相应消费物流的加速集聚，逐渐形成了具有朝拜功能的社会载体——圣城，并由此带来经济社会的发展和人口聚合。

上述种种说法，都从不同角度、不同层次、不同机理对城市的起源作出了可自圆其说的解答，但归根结底，城市的产生取决于人、自然、地理、经济、社会、政治、文化、科技等诸因素的有机聚合。从本质上说，城市仍然是生产力发展到一定历史阶段的产物。

2. 城市的演进

人类历史上最早的真正意义上的城市距今约有五六千年的历史，主要分布在西亚两河流域（幼发拉底河和底格里斯河）的南部、古埃及尼罗河下游的三角洲、印度河流域和中国的黄河流域等地区，这也是世界四大文明古国的主要发源地。

从城市的发展历程来看，大致经历了四个阶段：

（1）远古奴隶社会的城市

这一阶段的世界正处在奴隶社会，一般指原始公社解体到公元 476 年西罗马帝国灭亡时期。古代城市数量少、规模较小，往往是一国或一地区的政治、军事和宗教中心。

（2）古代封建社会的城市

这一阶段世界大都处于封建时代，一般指从公元 476 年到 1640 年英国资产阶级革命前夜，持续一千多年。由于生产力的发展和社会分工的日益细化，以及交通的更加便捷，这一阶段的城市获得了极大的发展。城市数量增多、功能趋向多元化，并出现了治理城市的法律条文。

（3）近代工业社会的城市

欧洲资产阶级革命的胜利带来了生产力的突飞猛进式增长，也促成了城市的快速发展。特别是文艺复兴运动的开展、新航线的开辟、铁路和火车的出现，结束了城市中工场手工业的作坊制，代之以机器大工业的生产形式，使城市中经济活动的社会化、生产的专业化向着更广的范围发展。工厂企业为寻求协作利益和增强竞争能力，在地域上出现了相对集中的倾向。这种倾向直接影响了近代城市的扩展方式和区域分布格局。

（4）现代开放社会的城市

19 世纪末 20 世纪初，世界城市发展进入了现代开放时期。这一时期的城市发展迅速、数量激增、规模膨胀、功能多样。特别是二战后，出现了城市发展的高峰期，1950 年全球居住于城市的人口约为 7.5 亿，到 2007 年已经超过 33 亿，57 年中增加了近 5 倍，使世界的平均城市化率超过了 50%。

同时，围绕某一超级中心城市而形成的"大都市区"开始萌芽，并逐步取代单一城市发展模式，成为世界城市聚合型、集群式发展的新范式。如欧洲的大巴黎都市圈、大伦敦都市圈；北美的纽约都市圈；亚洲的东京都市圈等。与之类似，并更具能量和带动效应的是跨区域的城市组团开始兴起。他们由一定地域范围内相当数量的不同性质、类型和等级规模的城市所组成，依托一定的自然环境条件，以一个或两个特大城市为核心，借助于综合运输网的通达性，以及高度发达的信息网络，形成有机的内在竞合关系，共同构成相对完整的超级城市集合体——"城市群"（Megalopolis）。城市群有四大基本特征，即：由多个都市区连绵而成，拥有一个以上国际贸易中转大港，单一群体人口在 2500 万以上，是所在国家的核心经济群。

（二）城市化与城市的现代化

1. 城市化的多元定义

（1）城市化的一般定义

城市化，是指人类由农村分散的聚落式自给自足型生产与生活，向城市集约的组合型、交互式、多元化产出与群居的社会进步过程，也是一种社会、经济和人文在地域空间上不断演进的过程，主要包括四层含义：①人口向城市高度集中，以及集中点的增加和单个集中点的扩大过程；②城市人口占全社会人口比例不断提高的过程；③第二、三产业向城市有序集中和渐进发展的过程；④城市文化对农村影响、传播不断扩大，以及全社会更多人口接受城市先进文化的过程。

（2）城市化的不同认知

基于不同的文化背景和历史条件的限制，人们对城市化有不同的理解。

在经济学者看来，城市化是城市经济向外缘农村地区有序扩散和城市内部产业不断重新组合、优化、升级的过程。

从社会学的观点出发，又可以把城市化分为狭义和广义两种。前者指城市发展的初级阶段，即由近代工业产业的发展，导致部分农村地域向城市地域的质变、部分农村剩余劳力向城市的规模化转移，使城市人口逐渐增多、交通更加便利，但市政设施相对落后、贫民窟现象较为普遍。后者指城市发展的成熟阶段，人类生存的地域中城市因素逐渐占据主导地位，包括郊区有所扩大，卫星城不断崛起，交通、通讯、社会服务手段等日趋现代化，政治、经济、社会、文化、科技与时俱进，国家整体实力因此大幅度提高。

美国学者弗里德曼则把城市化分为 A 和 B。前者包括人口和非农活动在规模不同的城市环境中的地域集中过程，以及非城市景观转化为城市景观的地域推进过程；后者包括城市文化、生活方式、价值观念在乡村的地域扩散和影响加深的过程。前者是可见的、物化了的或实体性的过程，而后者则是抽象的、精神上的内化了的过程。

2. 城市现代化的主旨内涵

（1）城市现代化的主旨

城市现代化，是在城市化达到一定程度和历史阶段，人们所期待的城市多功能子系统按先进方式均衡协调运行、城市整体发展和竞争力达到所处时代的先进水平的过程和最高目标。作为一个复杂的历史发展和时空结构的变迁过程，城市现代化不仅由科学、技术和生产力发展水平等条件所决定，而且受地理、历史、文化、民族、社会、经济制度等因素的制约，更受人的现代化、人的意志和素质尤其是决策者的意志和素质的重大影响。城市现代化有广义、狭义之分。

（2）广义的城市现代化

广义城市现代化是指城市人、政治、经济、社会、文化、科技及生活方式等由传统社会向现代社会变轨的历史过程。具体表现在城市的决策、管理、运行、生产、生活，以及工厂、住宅、道路、通讯、生态环境、公共文化设施等各项有组织的社会活动和建设中，广泛应用现代科学技术成果，全面体现现代社会生产力和精神文明的进步水平，从而使城市经济、社会、生态和谐全面地运行与协调发展，其目的是为城市居民提供最佳的工作、学习、生活环境。

（3）狭义的城市现代化

狭义城市现代化是指城市建设的现代化。着重体现在生态修复、旧城更新和新城建设上。一些发达国家，由于城市化进入中后期阶段，发生了大城市的中心城衰退，因此，城中心的复兴成为城市的主要目标；有的因为城市的连绵化快速扩张，导致生态受损、肌理破坏、格局畸形，反哺归真的自然化修复、宜居宜产的渐进式更新，成为城市的重要任务；也有的随着科技进步，传统的城市运作机制、手段受到挑战和诟病，扁平化管理结构调整、智慧化运行手段再造，成为城市的努力方向。在新城设计建设方面，科学家们除了设想陆地城市更接近自然生态、更适应地质地貌、更满足资源禀赋、更方便群众生活、更可持续发展外，正在进一步推进生态城市、海绵城市、智慧城市建设，也关注发展海洋城市、海底城市、地下城市、宇宙城市。

（三）世界城市化进程与趋势

1. 世界近现代城市化进程

（1）19世纪50年代至20世纪50年代的工业城市化阶段

1850年，世界城市人口约7400万，占总人口的6.4%，到1950年，世界城市人口增至7.167亿，占总人口的29.8%；同期，欧洲和北美发达国家城市人口由约4000万增加到4.49亿人，其他发展中国家城市人口由3400万增加至2.677亿。1851年，第一次工业革命使英国的城市化水平超过了50%，率先进入成熟的城市化阶段。第二次产业革命使美、德、法等主要资本主义国家城市化进程明显加速。1950年，英国城市化率达到77.9%，德国为71%，美国为64.2%，加拿大为60.9%，西班牙为60.5%，瑞典为56.3%，法国为52.9%。

（2）20世纪50～90年代的逆城市化阶段

20世纪50～90年代，世界城市总人口占比上升到了44%，有29个城市人口突破了800万，包括：洛杉矶、纽约、墨西哥城、利马、里约热内卢、圣保罗、布宜诺斯艾利斯、伦敦、巴黎、莫斯科、伊斯坦布尔、德黑兰、开罗、拉各斯、卡拉奇、孟买、班加罗尔、德里、加尔各答、曼谷、达卡、上海、天津、重庆、北京、首尔、东京、大阪、马尼拉和雅加达。

但在这同时，西方却出现了人口迁移方向由城市到乡村、人口聚居由中心城区到郊区的所谓"逆城市化"现象。"逆城市化"潮流，使大城市布局迅速向郊区和周边中小城市延伸，产业活动也随之扩散。1990 年，美国城市市区的居住人口由 64％降至 39％，中心城服务业就业人数由 85％降至 52％，制造业从 67％降至 45％。同样的人口与产业分布的逆城市化也出现在欧洲各发达国家。其中，1980 至 1989 年的 9 年中，英国的城市化率由91％降至 89％，法国由 78％降至 74％。

与此相反，发展中国家的城市化有所加快，其中亚洲城市总人口占世界城市总人口的比重由 1950 年 31％上升到 1990 年的约 46％。1950 年，世界最大的 15 座城市中，发展中国家只占 4 座，而 1990 年增加到了近 10 座。1990 年，世界百万人口以上的大城市组团有281 个，发达国家占 103 个，发展中国家占了 178 个，其中从 1980 年到 1990 年新增的 77个大城市组团中，发展中国家占了 68 个。这些大城市组团的人口占世界城市人口的 1/3，占世界总人口的 15％。1980 年，拥有百万以上大城市组团的国家有 64 个，10 年后增至81 个，新增的 17 个国家中，16 个为发展中国家。1990 年，在所有 81 个拥有百万以上人口大城市组团的国家中，中国拥有量第一，达 42 个（含台湾省）；美国次之，共 30 个；再次是苏联与印度，各 24 个；排名第五的是巴西，总计 14 个。

（3）20 世纪 90 年代以来的再城市化阶段

20 世纪 90 年代初以来，西方国家出现了人口重返较大城市及中心城区的现象，并开始注重人居环境的社区综合更新，这一时期被称为"再城市化阶段"。据联合国估计，2007 年 5 月 23 日，世界城市人口达到 33 亿 399 万 2253 人，农村为 33 亿 386 万 6404 人。这标志着世界已由农业文明跨入了城市文明（世界最早的城市国家是英国，1851 年超越农业文明）。2011 年 10 月，世界人口达到 70 亿，有 25 座城市人口超过 1000 万，中国当年城市化率首度突破 50％。2014 年，世界城市人口突破 39 亿，占总人口的约 54％，其中53％在亚洲，14％在欧洲，13％在拉美与加勒比地区；当年，发达地区的城市化率在 73％～82％之间，发展中国家接近 50％，中国当年突破了 55％。

2. 世界城市化的新态势

进入新世纪，世界城市化出现了新的趋势，即世界级城市、全球性城市作用凸显，大城市、超大城市及城市圈和城市群的数量骤增，大型城市的分布进一步向发展中国家尤其是新兴市场国家所在区域蔓延。

（1）全球与洲际大都市的诞生

目前世界公认的全球和洲际级综合型、专业型大都市有 22 座，其中：

全球级综合型国际化大都市（世界首位城市）3 座，包括：纽约（GDP 占全美的15％、外资银行总量达 400 多家、跨国公司总部 50 家以上、外籍人口 20％以上、外语普及率 40％以上）；伦敦（GDP 占全英的 40％、外资银行总量 500 多家、跨国公司总部 50家以上、外籍人口 20％以上、外语普及率 40％以上）；东京（GDP 占全日的 15％、外资银行总量 100 多家、跨国公司总部 50 家以上、外籍人口 20％以上、外语普及率 40％以上）。

洲际级综合型国际化大都市 9 座，包括：巴黎、法兰克福、多伦多、洛杉矶、芝加哥、大阪、新加坡、中国香港、悉尼等。

专业型世界大都市 10 座，包括：金融型世界城市——法兰克福、苏黎世、香港等；政治型世界城市——日内瓦、布鲁塞尔、柏林等；交通型世界城市——上海、鹿特丹、大阪、新加坡等。

（2）世界六大城市群的崛起

依托本土和跨国的经济与地缘优势，世界相对发达地区适应全球化经贸与交通的需要，崛起了诸多人口密集、区位独特、经济发达、各具特色的连绵化城市发展带，也称城市群，目前公认的世界级城市群有六个。

第一是美国东北部大西洋沿岸城市群：北起波士顿，南至华盛顿，又称作"波士华"，共包括200多座城镇。主要城市有波士顿、纽约、费城、巴尔的摩、华盛顿。人口约4500万，占美国总人口的20%，城市化水平达到90%以上；面积13.8万平方公里，占美国面积的1.5%。这一城市群是美国经济的核心地带，制造业产值占全国的30%以上；这里也是美国最大的商业贸易中心和世界最大的国际金融中心。

第二是北美五大湖城市群：分布于五大湖沿岸，跨美国和加拿大两国，主要城市有芝加哥、底特律、克里夫兰、匹兹堡、多伦多、蒙特利尔。全域人口约5000万，面积约24.5万平方公里。该城市群与美国东北部大西洋沿岸城市群共同构成北美制造业经济带，其中底特律是全球著名的汽车城，同时坐落着五大钢铁工业中心。

第三是英国以伦敦为核心的城市群：分布于伦敦至利物浦为轴线的广大地区，主要包括大伦敦地区和伯明翰、谢菲尔德、曼彻斯特、利物浦等大城市，以及众多中小城市。人口约3650万，占全英国人口的50%；面积约4.5万平方公里，为全英国总面积的20%。这是产业革命后英国主要的生产基地，大伦敦区、英格兰东南部和东部在财富上已经大大超过整个不列颠的任何地区，其中伦敦现已成为欧洲最大的金融中心，同时也是世界的三大金融中心之一。

第四是欧洲西北部大西洋沿岸城市群：由大巴黎地区城市群、莱茵－鲁尔城市群、荷兰－比利时城市群构成，主要城市包括巴黎、阿姆斯特丹、鹿特丹、海牙、安特卫普、布鲁塞尔、科隆等。人口约4600万，面积约14.5万平方公里。这是一个超级城市带，其中，10万人口以上的城市有40座。巴黎是法国的经济中心和最大的工商业城市，也是西欧重要的交通中心之一；鹿特丹素有"欧洲门户"之称。

第五是日本太平洋沿岸城市群：分为以东京为中心的东京城市圈、以大阪为中心的大阪城市圈，以及以名古屋为中心的中京城市圈，主要城市包括东京、横滨、静冈、名古屋、京都、大阪和神户。人口近7000万，占日本总人口的61%；面积约10万平方公里，占全国总面积的20%。该城市群是所在国政治、经济、文化、交通的中枢，经济最发达的地带，分布着全国80%以上的金融、教育、出版、信息和研究开发机构。

第六是中国长三角城市群：分布于长江下游两岸的广阔区域，含江、浙、皖、沪四地的30个超大、特大和大城市，包括江苏省所属南京、苏州、无锡、常州、镇江、南通、扬州、泰州、盐城、淮安、连云港、宿迁、徐州，浙江省所属杭州、宁波、温州、嘉兴、湖州、绍兴、金华、衢州、舟山、台州、丽水，安徽省所属合肥、马鞍山、芜湖、滁州、淮南，以及直辖市上海。全域人口超过1.7亿，约占全国总人口的12.4%；面积约30万平方公里，占全国总面积的3.1%。形成了以上海为核心，沿沪宁和沪杭甬线、沿宁湖杭线、沿东陇海线、沿运河、沿温丽金衢线，以及沿江、沿湾、沿海、沿湖为发展带的"一核九带"空间格局。集中了全国1/5的经济总量和1/4以上的工业增加值，高新科技、前沿研发主体高度密集，是中国产业门类最齐全、发展速度最快、吸引外资最多、最具发展潜力的经济区域，被视为中国经济发展的重要引擎。

（3）世界城市化的新进程

2015 年，全世界有近 400 座大城市人口超百万，30 余座特大城市人口超千万，其中中国占了 14 座。据预测，2020 年时，全球十大城市中，亚洲将占 6 席，即：上海、北京、新加坡、中国香港、孟买、东京（十大城市中的另 4 席是：纽约、伦敦、莫斯科和巴黎）。麦肯锡全球研究院（McKinsey Global Institute）一份调查显示，到 2025 年，世界经济发展最快的 10 座城市将依次为上海、北京、纽约、天津、重庆、深圳、广州、南京、杭州和成都；世界 136 座新兴城市中，将有 100 座在中国、13 座在印度、8 座在拉丁美洲；在世界最富裕的 600 座城市中，中国将占 151 座；世界经济总量最大的前 12 座城市将分别是纽约、东京、上海、伦敦、北京、洛杉矶、巴黎、芝加哥，以及德国的鲁尔区、中国的深圳和天津。

另据预测，到 2030 年，世界城市人口将达 51.17 亿，占总人口的 61.1%；其中发达地区城市化水平将达 81%，不发达地区为 54%。到 2050 年，世界城市人口比例有望突破 66%，达 64 亿（总人口 96.5 亿），比现在增加 25 亿，其中 90% 将集中于亚洲和非洲，相对发达地区的城市化水平将达 84%，而非洲和亚洲则有望达到 56% 和 64%。

（4）世界城市化的新特征

同时，随着世界经济与社会的发展，世界城市化正呈现十四个方面的发展新特征，包括：①城市化水平呈加速提增态势，全球性城市体系进一步扩容，并出现结构性变异——新兴城市增速加快。②城市化的主流正由发达国家向发展中国家转移，发达国家出现再城市化的高潮，发展中国家出现逆城市化雏形。③发展中国家城市化重数量、轻质量态势明显，提质速度缓慢，但已经出现混合型和梯度型发展态势。④在大城市主导的全球城市化总体发展模式下，存在形成世界级城市集聚区的可能。⑤城市规模及辐射影响范围急剧扩大，城市成为各国地域性生产力的集合性支撑点。⑥首位型城市加速发展，成为区域核心竞争力和新兴产业集聚地。⑦新的大都市带不断崛起，成为全球最具发展活力的核心经济区和各国主体经济带。⑧过度城市化与低度城市化现象遍布全球，成为世界经济社会发展重要的落差坐标系产业生态表。⑨各类"城市病"，在发达国家与发展中国家以不同方式表现出来，成为阻碍世界平衡健康发展的顽疾。⑩经济全球化和区域集群化，使全球城市向多极化演变、呈多元化态势。⑪创新成为国际化城市发展重要抓手，高科技产业、新型服务业（含智慧产业）成为世界级城市立足的资本。⑫城市跨区域联动、协同化管理、合作化竞争成为趋势。⑬生态化成为城市发展的主题，循环经济、低碳环境、和谐社会是未来城市演进的主要模式。⑭城乡、产城、产住关系正出现新的结构性演变，空间一体、资源共享、平衡协调将主导上述三大空间关系的科学建构，没有传统农村、传统农民、传统卧城、传统商城、传统白领、传统蓝领的融合、多元的城市正在出现。

（四）中国现代城市化及其趋势

1. 中国现代城市化的进程

（1）改革开放前的城市化

1949 年，中国内地拥有城市 136 座，加上县镇，总人口达 5416 万，占内地总人口的 10.64%，其中非农人口 2740.6 万。1978 年底，中国内地拥有城市 193 座，29 年新增城市 29 座，加上县镇总人口达 1.7 亿，占内地总人口的 17.9%。

（2）改革开放后的城市化

1999 年底，中国内地城市总人口 3.76 亿，城市面积 812800 余平方公里，其中建成区面积 21524 平方公里，城市范围内每平方公里 462 人。当时内地拥有城市 668 座，城市化率达到 30.9％。2001 年初，中国内地拥有城市 667 座，城市化率达到 36.1％。改革开放 22 年，新增城市 474 座，增长 2.67 倍；年均设市 23.5 个；城镇人口增加 2 亿多，平均每增加 42 万城镇人口就设一个市。667 座城市中，非农人口超过 50 万的大城市 47 座；总人口超过 100 万的特大城市 40 座（其中东部 20 座，西部 6 座，中部 14 座，基本覆盖全国）；总人口在 50 万～100 万的大城市 53 座；总人口 20 万～50 万以下的中等城市 216 座；总人口在 20 万以下的小城市 358 座，其中直辖市 4 座、副省级（计划单列市）15 座、地级市 209 座、县级市 439 座。

（3）进入高速期的城市化

诺贝尔经济学奖得主斯蒂格利茨（JosephE. Stiglitz）曾指出，21 世纪有两件大事影响世界，一是中国的城镇化，二是美国的高科技。进入新世纪以后，中国的城市化开始加速。世界公认 40％～60％城市化率为城市化高速发展期。这一时期，世界有代表性的发达国家如英国，大约经历了 100 年（1800～1900），美国则用了 80 年（1890～1970），日本约为 40 年（1935～1975），韩国仅用了 30 年（1960～1990）。2003 年，是中国内地高速城市化的元年，城市数量为 662 座，常住人口 5.2 亿（农村人口 7.6 亿），城市化率达到 40.53％。

到 2010 年，中国内地城市化率达 49.68％（见第六次全国人口普查统计）。按近十年中国内地城市化年均增长 1％以上的速率，2011 年 4 月，中国内地城市化一举突破 50％，这个曾经的农业大国正式步入城市时代，这一年也成为中国城市时代的元年（当年中国内地城市化率达 51.3％。以此速度演进，到 2020 年中国内地城市化率将达到或超过 60％。这意味着，中国将用 17 年时间，走完发达国家 30～100 年的高速城市化历程）。

到 2012 年，中国内地总人口达 13.54 亿；城镇户籍人口（非农业人口）4.78 亿，占 35.29％，农村户籍人口（农业人口）8.76 亿；按居住地划分，城市常住人口 7.12 亿（农民工人数在 2.5 亿），城市化率达 52.6％。

到 2013 年，中国总人口达 13.6072 亿，城市化率达 53.73％。另据统计数据显示，中国当年共有省级行政区划单位 34 个，地级行政区划单位 333 个，县级行政区划单位 2856 个，乡级行政区划单位 40906 个，其中内地城市 657 座，建制镇近 2 万个（平均人口 1 万多）。城市中，200 万人口以上的超大城市 12 座、100 万～200 万人口特大城市 22 座、50 万～100 万人口以下的大城市 47 座、20 万～50 万人口以下的中等城市 113 座、20 万人口以下的小城市 464 座。

到 2014 年，中国内地城市常住人口 7.49 亿，城市化率 54.7％。地级及以上城市 292 座（含直辖市 4 座），其中，400 万以上常住人口的 17 座，200 万～400 万的 35 座，100 万～200 万以下的 91 座，50 万～100 万以下的 98 座，20 万～50 万以下的 47 座，20 万以下的 4 座。另有县级市 361 座，建制镇 20401 个。

2015 年，中国内地总人口 13.7462 亿，比上年末增加 680 万人，其中城市常住人口 7.7116 亿，占总人口比重（城市化率）为 56.10％。

2. 中国未来城市化的趋势

中国内地城市未来数十年，将在人口数量、地域规模、布局结构、发展态势等方面发生质的急速变化，包括：人口密度进一步提高，城市总量特别是中小城市数量大幅度增加，大和特大及超大城市乃至城市群绝对数倍增，各类城市的地域分布更趋均衡，中西部城市化不断加速，农村富余劳动力就近、就地城市化成为主流。

（1）城市数量与规模的新扩增

按照 2020 年我国人口 14 亿、城市化率 60％以上来计算，我国的城市人口将达 8.4亿。这就是意味着，在未来的近 5 年内，还将有 1 亿左右的农民从农村迁移到城市，相当于要制造 10 个广州这样的 1000 万以上人口的大城市。我国目前拥有小城镇 2 万余座，假如每个小城镇消化 10000 进城农民，可吸纳城市人口 2 亿，到 2020 年，剩下近 7 亿城市人口需要 100 座能容纳 500 万以上人口的特大城市，或者 350 座能容纳 200 万以上人口的大城市。另据预测，到 2030 年，中国总人口可能接近 15 亿，城镇化率预计达 68％；2050年，中国总人口可能接近 16 亿，有超过 75％的人口（约 11 亿多）居住在城市（到时亚洲平均为 65％，联合国预测）。要实现这一目标，社会所要支付的城市化总成本，将相当于我国现阶段一年的 GDP 总和（将近 50 万亿人民币）。按照 2050 年我国人口总量和城镇框架，中国将实行大中小城市与建制镇同步发展，其中，全国有条件的 2000 座建制镇可吸纳人口 2 亿，而小城市应达 1500 座左右（吸纳人口 3 亿），中等城市应为 500 座左右（吸纳人口 2.5 亿），大城市、特大城市、超大城市总量应在 200 座以上（吸纳人口 3.5 亿）。

（2）城市布局与结构的新优化

第一，中国内地未来五大类城市的空间格局优化。特大城市群、大城市群、其他城市化地区（大都市区、城市圈、城市带）、边境口岸城市、点状分布的中小城市和小城镇，将分别实行有区别的城市化方针。据预测，这五类城市空间未来可以集中 10 亿左右的城市人口，基本可以满足 2030 年中国人口达到 14.6 亿的高峰值，以及城市化达到 68％时对城市空间的需要。

第二，中国内地城市未来将强化"两横三纵"战略格局。"两横"是指欧亚大陆桥通道和长江通道两条沿线城市横轴布局；"三纵"是指东部沿海、京哈京广铁路沿线、包头至昆明铁路沿线通道的城市纵向布局。这几乎囊括了除西藏之外所有的中国内地省份。

第三，中国内地未来城市群建设将分四个层次推进：一是优先发展世界和洲际级的城市群，包括珠三角、长三角、京津冀；二是重点发展已基本建成的 8 个大型城市群，包括山东半岛、辽东半岛、长江中游、中原、成渝、关中、海峡西岸、海峡东岸；三是加速建设 14 个中型城市群，包括武汉城市群、长株潭城市群、江淮城市群、呼包鄂城市群、兰州城市群、乌昌城市群、黔中城市群、银川城市群、拉萨城市群、太原城市群、石家庄城市群、滇中城市群、环鄱阳湖城市群、南宁城市群；四是激活 7 个潜在城市群的活力，包括豫皖城市群、冀鲁豫城市群、鄂豫城市群、徐州城市群、浙东城市群、汕头城市群、琼海城市群。据预测，到 2030 年，上述 32 个城市群将基本建设成熟，城市群人口可达 8 亿左右，城市带人口将达 12 亿左右。

（3）城市总体发展的新态势

其一，城市发展的国际化趋势：中国城市与世界交往日趋频繁，城市发展的国际性因素逐年增多，特大城市国际化势在必行。其二，城市发展的连绵化趋势：城市带和城市群的发展已从发达国家的北美、西欧等地区扩展到部分相对先进的发展中国家，成为包括中国在内的世界各国城市密集地区发展的一个共同趋势。其三，城市发展的生态化趋势：中国正处于城市化快速发展时期，为吸取发达国家的教训，防止"大城市病"的恶化，保护城市生态环境，提高城市自然和环境的承载能力，实现可持续发展的目标，城市生态化将成为未来中国大中城市发展的必然趋势。其四，城市发展的现代化趋势：城市化本身意味着现代化，而产业现代化、基础设施现代化和人民生活现代化是城市现代化的基本内容。

(4) 城市现代化发展的新预期

有关专家预测，中国城市的现代化可分为三个阶段：第一阶段 2001～2010 年，是实现城市现代化的基础阶段（目标已基本达成），即城市人均 GDP 达到 3 万元人民币以上，城市经济进入有序的平稳增长期，城市居民生活质量有较明显提高，个别发达城市可率先基本实现城市现代化。第二阶段，2011～2030 年，多数城市普遍基本实现现代化，城市人均 GDP 超过 8 万元人民币，经济结构合理、科技进步迅速、基础设施先进，城市居民生活舒适、幸福指数普遍较高。第三阶段，2031～2050 年，是中国城市达到发达国家城市水平的重要发展阶段。城市人均 GDP 达到 16 万元人民币以上，城市经济、社会、文化、科技水平将全面达到或接近国际先进水平，居民生活达到当时发达国家的中上等水平，个别超大发达城市有望成为世界首位城市、部分发达城市成为全球性大都市或重要的枢纽、节点和专业性中心城市。

第二节　城市管理的性质与特征

一、城市管理的性质与内涵

(一) 城市管理的性质

1. 城市管理的早期定性

发达国家把城市管理解读为城市管治。按照颇具代表性的"全球管治委员会（Commission on Global Governance，1995）"的定义，管治是指各种公共和私人机构管理其共同事务的各种方式的总和。著名管理学家彼得德鲁克说："我们需要一个能够治理和实行治理的政府。这不是一个'实干'的政府，不是一个'执行'的政府，而是一个'治理'的政府"。

西方早期的城市管理定义是：现代城市管理是政府和市场以及其他社会角色，通过正式和非正式的渠道，影响对方的决策和行为的动态互动过程。

2. 城市管理的典型定义

城市管理是指以城市的人为核心，由城市政府、非政府组织以及市民共同参与，对城市的时空、资源、运行和发展等进行谋划、决断、配置、控制、协调等的行为和过程。是一个城市根据其战略目标、自身优势和具体市情，采用法律、经济、行政、市场、技术等手段，以取得城市经济、社会和生态综合效益为目标的对城市进行的综合管理。

城市管理有狭义和广义之分。狭义的城市管理通常就是指对城市市政的管理，其范围包括：城市的规划、水务、环保、房地产、交通、环卫、绿化、市政、住宅、建材供应、建筑施工和城市灾害预防等。广义的城市管理则是指对城市中一切活动的管理。

（二）城市管理的内涵

《中外城市知识辞典》认为，城市管理（Urban Management）的含义是："对人们所从事的社会、经济、思想文化等方面活动进行决策、计划、组织、指挥、协调、控制等一系列活动的总和。或者说，是对城市中人的因素和物的因素进行整体管理。"

1. 西方四种理论解读说

（1）系统理论说

按照系统论理论，城市管理被认为是一个开放、复杂的巨系统，它以城市基本信息流为基础，运用系列机制、采用多元手段，通过政府、市场与社会的互动，围绕城市运行和发展进行决策引导、规范协调、服务和经营。

（2）行政管理说

按照行政学理论，城市管理被理解为城市行政管理，其中，又有广义和狭义之分。广义城市行政管理是指政府对城市的经济、社会、文化等各个领域事务的统筹、协调与控制；而狭义城市行政管理则是指政府对城市基础设施和公用服务设施以及市容市貌的管控。

（3）管理职能说

按照管理学理论，人们从管理职能的角度，把城市管理看作是政府对城市各项公共事务进行的计划、决策、执行、组织、指挥、服务、协调、监督等各项活动和过程。

（4）执行政策说

按照政策学理论，城市管理被认为是指政府制定和执行城市公共政策，并对城市公共政策的执行过程和后果进行评估、监督和反馈的活动。

2. 学界不同演绎管控说

对于城市管理，从近代到现代，伴随理论与实践的更新与进步，学界演绎出诸多适合于不同需要、各有侧重的同源不同型的管控变体，从不同的角度注释了城市管理的丰富内涵。

（1）城市管理——重"控"

这是指立足于行政方对相对方的主导、管控和对行政方自我的维护，即：主导相对方的思路，控制相对方的行为，维护主位方的权威和利益。

（2）城市治理——重"治"

这是指立足于行政方对相对方行为及其环境的规范、完善，即：通过规范、完善影响行政相对方行为的环境因素，来规范、完善行政相对方的行为。

（3）城市管治——重"导"

这是指立足于整合管控与治理的有效因素，实现城市管理的疏、导、控、治的结合、共生，即：通过疏解矛盾、多元引导、整体掌控，达到社会生态的理性平衡。

（4）城市经营——重"营"

这是指立足于公共时空、资源、资产综合效益的最大化，即：通过引入企业经营的理念，结合城市特质，实现城市公共时间、空间、资源、资产等的开发、利用、配置、增值的综合（经济、社会和环境）效益最大化。

（5）公共行政——重"衡"

这是指立足于城市整体掌控、服务、运行的多元、扁平、制衡、精简、低耗、高效，即：架构上，集中、简约、精干；体制上，决策、执行、监督分离；机制上，政府、社会、民众共谋；律制上，法律、他律、自律结合；运作上，财政、公益、市场多元；服务上，直接与间接、提供与购买、垄断与竞争嫁接；效果上，协调、平衡、持续。

二、城市管理的特征与制式

（一）城市管理的一般特征

1. 城市管理的政治特性

城市管理主要主体是政府，因此，其管理在很大程度上代表了国家意志，这种意志的内涵在不同的历史发展阶段和不同的占统治地位的政党的执政时期各不相同，有代表皇权的、代表资本权益的，也有代表民权的。随着世界性民主进程的加速，现代城市管理的公共性日益突出，公开、公平、公正的"三公"性，以及共管、共建、共奉、共赢、共享、共乐的"六共"性，成为各国各地城市管理的追求目标。

2. 城市管理的整体特性

城市是一个由相关子系统架构而成的巨系统，每一个环节的失范、断裂，都会导致巨系统的整体呆滞甚至破灭。因此，管理的上下位之间、内外层之间、左右邻之间、前中后序之间，务必同舟共济、互相补充、协调一致、形成合力，确保全系统规范、有效、低耗、持续地运行。

3. 城市管理的动态特性

城市是在动态中发展的，变是绝对的、永恒的、无条件的，不变是相对的、暂时的、有条件的。因此，城市管理必须适应这种动态的发展。发现变、应对变、引导变，在变中求新，在变中完善。

4. 城市管理的开放特性

城市是社会体系的一部分，不仅城与城之间、城与非城之间，而且本国城与外国城及其非城之间，都有各种各样的联系：有形的、无形的；经济的、社会的；物质的、人文的；历史的、现代的。城市是一个名副其实的开放体。因此，城市管理也具有鲜明的开放性：适应联系、推进沟通；兼容并蓄、扬长避短。

（二）城市管理的三维结构

第一，从参与角色上，城市管理的主体包括政府（市、区、街道、社区各级政府及相关管理部门）、市场（包括企业等市场经济的各个主体）和社会（包括社区、民间组织、媒体和学术机构等）。第二，从管理层次上，城市管理机构包括市级、区级、街道、社区、网格等多个层次。第三，从时间维度上，城市管理包括前期决策与规划管理、中期设计与建设管理、后期运行与保障管理多个部分。第四，从逻辑维度上，城市管理包括预测、决策、组织、实施、协调和控制等一系列递进的程序、机制。第五，从专业维度上，城市管理包括市政基础设施、各类公用事业、立体组合交通、市容环卫景观、生态气候环境、社会安全网络等众多子系统，而每个子系统又包含许多分系统，整个系统呈现出多主体、多层次、多形态、多组合、非线性的繁复、庞杂的特性。第六，从知识维度上，城市管理作为一个巨系统，需要各领域、各专业知识的高度集成，需要跨学科、跨行业专业人才同心协力，需要利用信息网络和大数据、云计算、物联网技术，实现知识、技术、人才的多维组合，进行先人、今人与未来智慧的有机融汇。

（三）城市管理的差别模式

1. 政府统筹的大包总揽模式

这种模式的体制基础是计划经济。城市基础设施和服务的供给实行政府独家垄断，公用企业事业化、公共产品计划化、公众服务福利化、资源配置行政化；导致公共产品严重短缺、职工躺在事业怀抱、企业睡在财政怀抱、市政设施效率低下、市政建设长期欠账，公共产品和公共服务仅能满足市民最低生活需求；政企不分、政事不分、企事不分，条块分割、行业垄断、机构重叠、政出多门、管理分散。这种模式曾盛行于前苏东国家和我国的计划经济年代。

2. 政府社会的互补管理模式

这种模式的体制基础是市场经济。非竞争性、排他性市政设施和服务由政府供给和管理，竞争性、非排他性准公用设施和服务由社会投资、市场化运作、行业管理。政府在公共产品供给和管理上遵循有所为、有所不为的原则，政府公共管理和服务的职能法定，管理边界清晰，以法律管理和标准管理为主，管理成本低、效益高，属长效、可持续型管理。

3. 政府条块的分级管理模式

这种模式的体制基础是联邦制分级分权架构。政府对大型公用设施实施"条条"管理，如联邦政府管理洲际公用设施，州政府管理市际公用设施，市政府管理区际公用设施，层层监控、专业化管理。对涉及居民日常生活的公共品与服务由"块块"负责，综合执法、属地管理。这种模式有利于减轻大城市市级政府的管理负担，使政府从琐碎的微观管理中解脱，集中精力抓好城市管理的法规、标准的制定和管理效果的监督，有利于调动市、区、街道、居委会、物业公司、市民共同参与城市管理的积极性。

4. 政府调控的市场管理模式

这种模式的体制基础是完善的基础设施市场和强有力的政府宏观调控能力。城市公用设施和公共服务的市场化与社会化受政府调控，政府通过利率、价格、税收、特许经营权拍卖和部分共产品与服务的市场购买等方式，引导城市基础设施建设和发展方向。城市公共产品与服务的社会化供给方式包括公办民营、公私合营、私营、专营、BOT 等方式，公共产品与服务实行政府指导价和价格听证制度，通过基础设施和公共产品与服务市场，城市政府以有限财力调动社会资源参与市政设施建设、管理和运营。

（四）城市管理的多元机制

1. 城市管理的目标责任机制

城市管理目标责任制，是一种将总目标层层分解到每一个管理环节和每一个管理者，市、区、街道、社区层层签订目标责任书的管理方法。城市管理目标责任制，可以把城市纵向管理链和横向管理链用责任状连接起来，综合运用 GIS、遥感、仿真等现代网络和数字技术，构造一张可测量、可控制、可监督的城市管理网，消除城市管理上的责任盲区，以及职责不清、相互扯皮、交叉管理和管理黑洞，实现城市管理的规范化、制度化、科学化、长效化。

2. 城市管理的社会参与机制

人民城市人民管，管好城市为人民。建立政府主导，营利组织、非营利组织和社会公众共同参与的城市管理机制，实行城市管理市民听证制度，让市民从决策、执法、监督全过程参与城市管理。建立由政府官员、专家学者、市民代表组成的城市管理咨询机构，广泛吸纳社会各方面意见，择优配置社会民意和社会智力，实现城市管理社会化。

3. 城市管理的市场运作机制

欧美城市管理界崇尚以"企业家政府"和"虚拟政府"为代表的新公共管理理念，在公共管理领域引入竞争机制、利益机制和顾客至上意识，通过委托、招标、租赁、承包等形式，把政府公共管理职能转移给企业、社区和私人机构，政府只负责市政公用设施的规划、管理标准的制定、价格的监督和服务质量的监察。环卫、市政、园林的养护实行企业化管理，行业协会、中介机构等非政府组织承担市政设施的招标、监理、评估等专业性工作，政企分开、政事分开、政市分开、事企分开，实现城市管理市场化。

4. 城市管理的绩效评价机制

建立城市管理的效率指标、效益指标和百姓满意度指标等的综合评价体系，用以动态评价城市各级政府的实际绩效，并在此基础上形成城市管理发展的年度指数和年度白皮书。科学管理离不开科学的评价体系，这是科学发展观和科学执政理念在城市管理领域的活学活用。

5. 城市管理的多方监督机制

建立行政监督机制，把城市管理绩效作为考评各级政府和官员政绩的主要指标；建立司法监督机制，对政府行政行为进行法律监督；建立群众监督机制，通过投诉电话、投诉信箱、政府听证和领导接访日，随时接受群众监督；建立舆论监督机制，利用报纸、广播、电视、互联网等大众媒体，广泛接受社会舆论监督。

6. 城市管理全天候作业机制

建立360度全方位城市管理作业机制，在城市管理上没有重要路段与非重要路段、重要街道与非重要街道、重要地区与非重要地区之分，城市管理必须全覆盖，不留死角；建立360天全天候城市管理作业机制，在城市管理上没有白天与夜晚、上班时段与休息时段、节假日与非节假日、晴天与雨天、冬天与夏天之分。

第三节　城市管理的由来与演进

一、城市管理的理论渊源

（一）原始城市管理的想象

人们相信，任何管理在系统理论形成之前，原始和首先展现于社会的是长期经验的累积，城市管理也不例外。也就是说，世界的城市管理，自城市诞生之日起就已经开始，其理论的原始形态就是早期管理者的经验和对城市发展具有敏锐觉察力的智者的丰富想象。

据资料显示，在美国学者L·芒福德的《乌托邦系谱》、柏拉图的《理想图》、托马斯·莫尔的《乌托邦》，以及19世纪初的乌托邦文学作品中，多达24个乌托邦的系谱，对"理想城市"的思考，不论是科学家还是文学家，都有着共同的理念，"把田园的宽裕带给城市，把城市的活力带给田园"，目标是让城市和农村协调，并融为一体。虽然这只是想象，却对人类城市的以往和未来发展产生了深远的影响。比如，早期的"田园城市"，后来的"生态城市"，当代的"宜居城市"，以及"城乡一体"、"产城一体"、"产住一体"等发展理念，都有着"城市乌托邦"思想的影子。

（二）近代城管理论的萌芽

自从有了城市文明，就开始有了城市管理的实践，这一点是毋庸置疑的。但是，城市管理从感性的经验积累到理性的学科研究，却是一个相当漫长的过程。在近百年的现代城市科学发生、发展的过程中，古代城市管理的经验总结和理论积累，为城市管理学科的诞生奠定了坚实的基础。但是，真正促使城市管理学由经验积累到理性学科建设的，却是文艺复兴的巨大贡献。自文艺复兴到现代城市管理思想的萌发，诸多哲人、智者对人类理想居所的创造性想象与理性设计，才拉开了城市管理学学科建设的序幕。

1. 霍华德规划学说的奠基

19世纪末，英国学者E·霍华德发表了《明日，一条通向真正改革的和平道路》一文，成为现代城市科学史上一位划时代的人物。他认为，应该建设一种兼有城市和乡村优点的理想城市——"田园城市"。他从城市最佳规模入手，创造性地提出了田园城镇体系的设想，这一构思已不限于对城市形态设计和人口规模的简单测算，而是经过较精确的经济分析和图解，将19世纪的城市构造设计和建设理论推向了科学化的新高度。霍华德对田园城市本质的探索可归纳为以下三个方面：其一，田园城市的是本质城乡一体化的新城市；其二，田园城市的关键是满足广大普通公民安居乐业需要的家园城市；其三，田园城市的前提是消灭了贫民窟和贫富差距的公平和平等的城市。

2. 管理与规划的理论融合

真正的城市管理理论的诞生是在20世纪30年代现代管理科学与发达的规划科学结合之后。这种结合源于两项重要理论成果的诞生。

（1）"雅典宪章"的诞生

1928年成立的国际现代建筑协会（CIAM）于1933年（第4次会议）颁布了都市计划宪章，又称为"雅典宪章"的诞生。其核心是确立了城市发展要"以大多数人为本"的理念，在空间上倡导"以人的居住为原点进行布局"的思想。第一，雅典宪章是站在市民的都市生活活动的立场来建构都市计划的原则，主张满足市民心理的、生理的欲求与满足社会、经济、政治条件一样重要；同时认为个人的利益，必须与集团（社会）的利益协调，无法调和时，个人须服从于集团。因而，都市计划必须为全体利益，不能因个人利益、欲求而损害全体。第二，雅典宪章揭示，工业文明的推进，改变了人类生活活动的形态，而都市计划的尺度正是按工业文明的要求设定的。但事实上，人类无法摒弃自身所具有的尺度（面积、距离、时间等的尺度）概念，以致两者之间产生了矛盾。都市的混乱，正是这种由工业文明尺度导致的矛盾而生成的。第三，雅典宪章主张，都市计划的出发点，应以居住为原点，考察居住环境与其设施、居住与工作、居住与休闲之间的区位及联络的尺度。显然，"雅典宪章"已超越了当时一般建筑、规划以空间形态为建设主体的城市理论，开始从多学科的结合上考虑城市住宅、娱乐、交通、工业生产、文物保护等各方面的规划建设与管理，它的以人为本原则和社会系统观念一直影响到今天的城市规划乃至都市圈的发展战略设计。我们将"雅典宪章"评价为由近代城市单一规划，设计理念向现代综合管理建设理论过渡的重要里程碑似不为过。

（2）著名的"霍桑实验"

以G·梅奥为首的一批管理学先驱进行的著名的"霍桑实验"，运用社会学、心理学、经济学和管理学的理论与方法，得出了众多与传统管理理论不同的新观点、新理念，创立了具有现代管理科学意义的行为科学。被后人评价为"管理历史中一次至关重要的航程的开端。"其主要基调有四：其一，强调更加关心人而非纯粹的突出生产；其二，强调必须破除管理机构的僵化体制，以更好地满足被管理者的需要；其三，强调更多地通过协调人际关系、优化激励机制增强经济和社会效益；其四，强调更多地关心情感的非逻辑而非效率的逻辑。梅奥的德霍桑实验为城市管理者敲响了警钟，强化了城市政府的管理职能，并将实践上升到理论的高度，为城市管理理论的发展做出了重要的贡献，成为现代城市管理学孕育的重要标志。

正是上述理论与科学的突破，以及此后城市科学与现代管理学的快速发展，特别是新推出了行为学、人际关系学、管理运筹学、组织结构理论、系统论、控制论等一大批科学理论，终于在 20 世纪五六十年代诞生了现代城市管理学，并使之具有了多维度的立体结构。

（三）现代城管理论的确立

20 世纪 50 年代以来，不论是工业化较发达的国家还是发展中国家，研究城市管理问题的专家学者越来越多。城市学者们纷纷将 21 世纪以来的城市规划、设计以及经济学理论与新兴的行为理论和管理科学相结合，深入研究现代城市发展中的各类问题，在城市管理学领域发表的研究成果及论著的数量与日俱增，质量不断提高。纵观国外有关文献，美国的现代城市管理学发展得较早，很多大学专门开设了城市管理专业，并设立了城市管理学位，还成立了公共管理学会、国际城市管理协会等专业机构。据统计，美国已有近 10% 的高级官员拥有城市管理方面的学位，也诞生了一批著名的城市管理学者，形成了各不相同的学术观点和理论学派。美国加州大学的城市社会学教授 H·孔兹在《城市社会学理论和方法》一书中曾将之归纳为城市管理六学派：

1. 管理社会学派

管理社会学派认为城市是社会体系的一环，亦即城市社区是整个人类社会组织的重要组成部分，城市管理与社会制度密不可分，应充分考虑城市与社会的关系，城市管理的重点是作为城市细胞的社区。

管理社会学派的代表人物是罗伯特·帕克（Robert·Park），曾经是芝加哥学派的掌门人。帕克大学毕业后曾辗转于明尼苏达、底特律、丹佛、纽约和芝加哥五大新兴城市，11 年的记者生涯使他对城市生活有了独特的感受，这种感受显然与芝加哥的社会学家将城市作为自己的研究对象不谋而合。凭着对城市生活深入的理解，加之丰厚的社会学和社会心理学知识底蕴，帕克为社会学派的创立打下了坚实的基础。帕克与伯吉斯、麦肯齐和沃斯合作的《论城市》（1925）鲜明地提出，城市绝不是一种与人类无关的外在物，也不只是住宅区的组合，相反，它是一种心理形态，是各种礼俗和传统构成的整体。城市已同其居民们的各种重要活动密切地联系在一起，它是自然尤其是人类属性的产物。也正是这本著作连同这些作者的其他文献，拉开了社会管理学派发展的序幕。

2. 管理经验学派

管理经验学派认为，城市管理是凭借管理者经验累积的，经验愈多，管理愈好。强调城市管理学就是研究城市管理经验，主张通过对城市管理者在个别情况下成功和失败的经验与教训研究，使人们懂得将来如何运用有效的方法解决城市管理问题。因此，该学派的学者把对城市管理的研究重点，放在了对实际城市管理工作的经验教训上，强调从城市管理的实际经验，而不是从一般原理出发来研究城市，用比较的方法来研究和概括城市管理经验。

管理经验学派源于经验主义学派，其主要代表人物是彼得·德鲁克（Peter F·Drucker），主要作品有《管理实践》（1954 年）、《管理——任务、责任、实践》（1973 年）等。另一个代表人物是欧内斯特·戴尔（Ernest·Dale），代表作是《伟大的组织者》（1960 年）。管理经验学派强调管理者的经验对城市管理的重要性。它是经验主义学派理论在城市管理领域的进一步发展，同时也是对二战以后城市管理出现的一系列新现象和经验教训的总结。经验管理在城市管理领域的应用与发展，代表着城市管理理论发展的一个重要方向。城市管理学如同医学、法学和工程学一样，是一种较强的应用学科，而不是纯理论知识学科。但城市管理又不是单纯的常识、领导能力或财务技巧的应用，而是以知识和经验为依据，同时又以一定的理论为指导。

3. 管理行为学派

管理行为学派认为，城市管理应着重研究与人性相关的现象，把激发城市管理者和市民的潜力作为城市管理成功的首要因素。同时强调，城市管理还应着重研究管理者个体和市民个体的双向反应，因为构成行为基础的是个体的反应，了解多个个体的反应即可知行为的整体。管理行为学派还认为，个体行为不是与生俱来的，不是由遗传决定的，而是受环境因素影响的。所以，城市管理不仅要注重对城市活动的管理，还要注重对城市环境的管理。

管理行为学派作为行为主义理论在城市管理领域的积极应用者，其代表人物是美国心理学家华生（J·Watson）。该学派强调心理学在城市管理实践中的应用，因为心理学是一门行为科学，重在研究以客观的方法处理客观的事务，其目的在于寻求预测与控制行为的途径，而这恰恰是城市管理的主要内涵。管理行为学派主张对人的心理因素的把握，强调通过激发城市管理者和市民的内在积极性，进而促进城市的发展。

4. 管理决策学派

管理决策学派认为，城市管理的关键在于管理者所作出的决策，决策好管理效果就好，决策做得不好，城市管理效果就差。该学派强调城市管理过程中决策者的决定性作用，认为城市管理就在于如何促进决策者改善决策，从而提升城市管理的多重效益。管理决策学派主张，城市管理的决策是城市管理的核心，任何城市管理活动在开始之前都要先做决策，组织、领导和控制等城市管理活动，也都离不开决策。同时，该学派要求在城市管理决策标准的衡量上，用"令人满意"的准则代替"最优化"准则。因为，城市管理是一个复杂的施政过程，其目的是满足被管理方诉求，机械地用最优化标准很难衡量，采用"令人满意"的准则，更能做出令人被管理者满意的决策。此外，管理决策学派认为，城市管理的决策，可以根据其活动是否反复出现分为程序化决策和非程序决策，经常性活动的决策应程序化，以降低决策过程的成本，只有非经常性的活动，才需要进行非程序化的决策。

管理决策学派是决策理论在城市管理领域的积极倡导者，其代表人物是曾获 1978 年度诺贝尔经济学奖的赫伯特·西蒙。西蒙发展了巴纳德的社会系统学理论，提出了决策理论，建立了决策理论学派，形成了一门有关决策过程、准则、类型及方法的理论体系，主要著作有《管理行为》、《组织》、《管理决策的新科学》等。

5. 管理数量学派

管理数量学派认为，城市管理可以用数学的方法将管理事务作最佳的定量处理。强调对城市管理定量模型的研究和应用，认为城市管理就是利用数学模型和程序系统表示管理的计划、组织、控制、决策等职能，并使之合乎逻辑的过程。同时，主张通过对各种数据的最优解答，实现城市管理的综合目标。该学派还强调城市管理数量方法和工具的科学性与精确性，认为这一方面能够把城市管理复杂、大型的问题分解为若干简单、较小的分项，便于诊断、处理；另一方面，也能够使城市管理的具体模式更加注重细节、遵循逻辑、合乎规范，从而把决策置于系统研究的基础之上，增进决策的科学性。同时，管理数量学派更强调运用科学的管理方法和管理工具，以有助于城市管理者进行多视角、多维度的必选，进一步明确各种方案包含的风险与机会，进而作出正确的抉择。

管理数量学派是伴随数量管理科学被广泛应用于城市管理领域而发展起来的，其代表人物是美国的伯法（E. S. Buffa）等。随着数量管理科学管理工具和方法的越来越趋于现代化、数量化，城市管理在发展过程中也越来越多地受到数量管理科学的影响，城市管理的工具和研究方法也越来越科学化、数量化。

6. 管理方法学派

管理方法学派认为，城市管理是靠各种科学管理的方法作为管理工具、发挥管理效能的。管理方法学派的奠基人是弗雷德里克·泰勒（Erederick·Taylor）。他倡导科学管理方法与城市管理实践的紧密结合、灵活应用，进一步促进了城市管理的科学化、规范化发展。

继泰勒之后，亨利·甘特用图表法进行计划和项目控制的管理，进一步促进了管理的科学化、精准化。这一方法也丰富了城市管理的内涵和方法，并使管理方法学派因此获得了二战前快速发展的动力。与此同时，亨利·福特在泰勒流水线单工序动作研究的基础之上，进一步深化了对标准化工作的探索，并逐渐应用于城市管理领域，使城市管理的方法和科学性得到了较大的提高，也促进了管理方法学派的理论发展。

以上各学派的主张，都具有各自的倾向性和单一的管理重点，却未能将城市管理的体系作综合的考量。要真正对城市作有效的管理，必须按照管理全过程，将上述各学派的侧重点作有机的整合，进行综合运用，方能取得成效。值得肯定的是，这些管理学派的学术成果，为以后现代城市管理学提供了大量的科学理论基础，对推动现代城市管理学的产生和发展起了重要作用。

二、城市管理的多元创新

(一) 现代城市管理的理论创新

随着人类城市的逐步现代化，诸多适应时代、前瞻未来、融汇众智的学者，对传统城市理论进行了服务当下、因应变革的大胆创新，一批具有时代感、革命性的新城市管理理论相继涌现。

1. 新公共服务管理理论的创新

（1）新公共服务理论的美国发端

新公共服务理论是以美国著名公共管理学家罗伯特·丹哈特为代表的一批公共管理学

者基于对新公共管理理论的反思，特别是针对作为新公共管理理论精髓的企业家政府理论缺陷的批判而建立的一种新的公共管理理论。新公共服务理论认为，公共管理者在其管理公共组织和执行公共政策时应该集中于承担为公民服务和向公民放权的职责，他们的工作重点既不应该是为政府航船掌舵，也不应该是为其划桨，而应该是建立一些明显具有完善整合力和回应力的公共机构。

（2）新公共服务思想的独特原则

1）服务而非掌舵。这被丹哈特认为是七大原则中最突出的原则。公共管理者的重要作用并不是体现在对社会的控制或驾驭，而是在于帮助公民表达和实现他们的共同利益。

2）公共利益是目标而非副产品。公共利益是管理者和公民共同的利益和责任，是目标而不是副产品。新公共服务理论认为，建立社会远景目标的过程并不能只委托给民选的政治领袖或被任命的公共行政官员。政府的作用将更多地体现在把人们聚集到能无拘无束、真诚地进行对话的环境中，共商社会应该选择的发展战略。

3）战略地思考、民主地行动。新公共服务理论认为，符合公共需要的政策和计划，只有通过集体努力和协作的过程，才能够最有效地、最负责任地得到贯彻执行。为了实现集体的远景目标，在具体的计划实施过程中，依然需要公民的积极参与，使各方的力量集中到执行过程中去，从而迈向预期的理想目标。通过参与和推动公民教育计划、培养更多的公民领袖，政府就可以激发公民自豪感和责任感。

4）服务于公民而不是顾客。新公共服务理论认为，政府与公民之间的关系不同于工商企业与顾客之间的关系，是公仆与主人的关系、是用税者与纳税人的关系、是服务者与被服务人的关系。

5）责任并不是单一的。新公共服务要求公务员不应当仅仅关注市场，他们也应该关注宪法和法令，关注社会价值、政治行为准则、职业标准和公民利益。新公共服务理论意识到了这些责任的必要性、现实性和落实的复杂性。

6）重视人而不只是生产率。新公共服务理论家在探讨管理和组织时十分强调"通过人来进行管理"的重要性。在新公共服务理论家看来，如果要求公务员善待公民，那么公务员本身就必须受到公共机构管理者的善待。

7）超越企业家身份，重视公民权和公共事务。新公共服务理论明确提出，公共行政官员并不是其机构和项目的业务所有者，政府为全体公民所有。

（3）新公共服务理论的创新价值

新公共服务理论提出和建立了一种更加关注民主价值与公共利益，更加适合现代公共社会和公共管理实践需要的新的理论选择。同时，吸收了传统公共行政的合理内容，承认新公共管理理论对于改进当代公共管理实践所具有的重要价值，但摒弃了新公共管理理论特别是企业家政府理论的固有缺陷。而且，把效率和生产力置于民主、社区、公共利益等更广泛的框架体系中，对传统的公共行政理论和目前占主导地位的管理主义公共行政模式都具有某种替代作用，有助于建立一种以公共协商对话和公共利益为基础的公共服务行政。

2. 新城市主义管理理论的创新

（1）新城市主义的西方提出

20世纪60～80年代，伴随着美国大城市人口大批向郊区迁移而出现城市空心化日益严重的趋势，西方学者提出了"新城市主义"的理论。新城市主义的特点在于关注传统、邻里感、社区性、场所精神，强调全面、整体、有机、持续发展，主张恢复城市人文价值以提高城市生活的品质。其思想内涵和原则主要体现在：尊重自然——构建完整的城市生态系统；尊重社会与个人——建设充满人情味的生态社区；保持"多样性"——维持城市生态系统的稳定；节约资源——实现城市生态系统的平衡、协调、可持续。可以说，新城市主义和当今最富魅力的"生态城市"具有殊途同归的内在一致性。

（2）新城市主义的思想精髓

新城市主义的理论精髓可以追溯到霍德华的"田园城市"思想，其根植于对自然地理、生态环境、历史文化和"新经济"时代的内在规律的理解，以及对必要的城市规划与设计原则的尊重，试图寻找一条走向 21 世纪的实现城市持续发展的道路。也可以说，新城市主义代表了人类对于城市的一种新梦想，是人类都市梦想的精华。新城市主义是现代主义批判的产物，同时又是 20 世纪 60 年代各种建筑和城市规划与设计研究的成果。它带着田园新城的气息一路走过，在汲取了人文主义、历史主义、生态和可持续发展思想精华的基础上，向人们展示了一个 21 世纪城市规划与发展的理想蓝图。

（3）新城市主义的深远影响

尽管新城市主义的本质是城市规划理论，但基于新城市主义的城市管理思想，则强调了在城市管理中要体现对人的尊重，注重人的感受，重视培养城市的宜居性和舒适性，提升城市对人的吸引力，通过对人的科学聚集与合理配置来保持城市的发展活力。这种管理思想一方面实现了城市环境对人的关怀，另一方面也提升了城市本身的魅力，因此，对城市管理工作同样有着重要启示。

3. 城市营销管理理论的创新

（1）城市营销的应用而生

随着全球化趋势的日益显现化，城市之间的竞争进一步加剧，西方国家的一些城市在近一二十年来陷入了城市财政入不敷出、人口大量失业、收入不断下降、投资日益减少等经济困境。针对这些问题，城市营销的概念浮出了水面。20 世纪 80 年代末和 90 年代初，科特勒等人系统地提出了"城市营销"的理论，使之正式独立成为营销学的一个分支，并获得了进一步发展。

（2）城市营销的目标对象

城市营销思想强调的是通过对城市有形、无形资产的整合来满足居民、旅游者和投资者的需要，从而产生价值。在这一理念基础上，城市营销将城市的土地、基础设施、旅游资源以及依附于城市本身的某种品质、意象、文化视为"产品"，并为了提高城市竞争能力，对这些"产品"进行形象和服务组合设计。其营销对象是市民、外地来访者、现有和潜在的未来投资者，以及外部竞争的都市；其营销目的是引进新兴产业、留住和鼓励扩张原有的有潜力的优势产业。用经济学的语言来说，城市营销的思想就是通过引进投资，来增强其活力；通过引进企业和增加居民数量，来降低城市公共物品的平均成本。

（3）城市营销的路径手段

基于城市营销思想的城市管理就是要将城市可提供给营销对象满足感的各种有形和无形资源加以包装整合，以营销的思想促进旅游业、吸引投资、扩大优势产业，提升整个城市的经济活力，继而促进城市的发展。但是也应看到，由于城市营销本身属于营销学的一个分支，其目的与所有营销行为的目的是相同的，即追求经济效益的最大化；而城市作为一个承载着多种功能的社会经济单元，对它的管理固然要考虑经济效益，但更重要的是城市各项功能和价值的实现，即环境和社会效益。

4. 平衡行政管理理论的创新

（1）平衡论产生的时代背景

平衡思想在欧美行政法学术传统中源远流长，但第一次明确提出"现代行政法的理论基础是平衡论"这一命题、将之初步发展为一种系统的行政法理论的，却出于中国行政法学者的努力。平衡行政理论最重要的背景是中国社会转型和公共治理的兴起。

（2）平衡论内含的精神实质

平衡论可以被理解为在传统社会及其行政法学术思想转型发展时期的一种关于现代行政法应诉诸何种价值导向和制度选择的规范性理论。平衡论最基本的主张是：现代行政法的目的、功能以及整个制度设置应该是平衡行政权与公民权以及相应的公共利益和个人利益等社会多元利益，它包括两方面的内涵：一是立法上权利义务的公平配置，二是以利益衡量方法贯穿于整个行政法的解释与适用过程。根据平衡论的观点，行政权与公民权的关系，是行政法所调整的一对基本矛盾。在总体上实现行政权与公民权的平衡，对于实现行政机关与公民义务的平衡、两者各自权利义务之间的平衡，乃至各方法律地位（权利义务综合体现）的平衡，具有基础性、决定性的意义。基于此，平衡论就行政法的价值导向、概念范畴、调整对象、基本原则、法律关系、主体责任及其相关的制度，以及行政法学科体系等问题提出了一系列观点，对行政法的上述基本问题作了较为系统的回答，并在这过程中，试图探索如何在现代社会中构建有效的约束和激励机制。这些机制主要包括制约机制、激励机制和协商机制，以平衡行政权与公民权、公共利益与个人利益、行政效率与个案公正，促进市场经济和法治政府的形成。

（3）平衡论主张的本质诉求

平衡论主张，行政法应当通过协商机制实现各方主体之间的平衡和稳定。协商机制关注的是法律关系主体之间平等的对话、商讨乃至辩论的过程。就制度结构而言，平衡论认为行政管理制度与监督行政制度在总体上应当是协调的，同时要建立多元的纠纷解决机制和权利救济制度。就利益结构而言，则应兼顾公益和私益，二者既不是对立的，也不是简单等同的。就规范结构而言，整个行政法的规范体系可以划分为硬法、软法和混合法三类。就价值结构而言，行政法应当兼顾秩序与自由、公平与效率，通过制度安排实现价值的均衡。行政法平衡论的实践方法包括统筹兼顾、结构调整、利益衡量和竞争博弈。平衡论的思想应用于现代城市管理，人们将更关注管理与被管理双方的权力共享、义务共担、契约为媒、平等协商，求同存异、协调可续。

（二）现代城市管理的理念更新

1. 城市顶层管理的理念更新

城市，肩负着演绎人类文明历史的使命；城市，承担着改善人类生存条件的重任；城市，更负有优化人类繁衍环境的职责。因此，当人们为城市的规模扩张、景观美化、现代便捷而欣喜的时候，更需要谨防这种表面繁荣给城市可持续发展带来的负面影响，更需要进行城市顶层管理者的理念更新。

（1）倡导新政。城市政府应倡导转型为责任政府、效率政府、透明政府、法治政府、学习政府、创新政府、服务政府和经营政府。

（2）关注公利。作为现代城市政府，应比以往任何时候都更注重行政的公众性、公共性、公平性、共赢性，以及在法制与公众利益一致基础上的选择性。

（3）实行联动。各级政府，应结合放权实行城市管理扁平化的流程再造；结合增强政府公职人员的市场竞争压力，提高其工作绩效；结合提高政府公信力，不断增强对公众的诚信度；结合加大政府对公众的扶持力，不断增强公众的自持力；结合提高社会自由度，不断增加公众的自律度。

（4）转换职能。城市政府应在公共服务与公共产品的提供上实行职能转换，由直接转为间接，由过程负责转为标准制定、环境营造、委托授权、过程监督和结果评判。

总之，应使城市管理由战术型、具体化、包揽式转向战略型、抽象化、多元式；由主位式、单向化、支配型转向平衡式、双向化、互动型。

2. 城市宏观管理的理念更新

现代城市在宏观管理上必须实现社会化、市场化、专业化和信息化，这是世界各国城市管理的总趋势，也是发达国家城市现代化管理的主要特征。实现城市管理"四化"的核心就是政社分离、民主参与、依法治市，政市分离、市场运作、降本增效，政事分离、专业管理、提升品质，优化手段、畅通渠道、提高工效。

（1）城市管理的社会化统筹

所谓城市管理社会化，就是社会各方共同而非政府独家按分工对城市运转和发展进行有序控制，重点是公众参与、社会自律、政府监督（含服务）、法制保障（创造良好的运作环境）。

城市管理社会化的基本特征，是指政府从一切社会能够而且应该承担的城市管理领域退出，保留和强化市场失灵、社会需要但又无法承担的城市管理职能。

具体而言，就是政府从过去对城市事务的直接、微观、具体的干预、管理、指导，转为间接、宏观、抽象的组织、调控、引导；由对城市事务垄断型的独家包揽式管理，转向与社会相关组织（营利型的、非营利型的、非政府的）的有序分工和广大市民共同参与式的管理；由单向的指令式管理，转为双向交互式的服务型管理；由主要依靠行政手段、经济杠杆的封闭、强制和调控式管理，转为主要依靠法规、辅之以经济与行政手段的开放、疏导和调节式的管理。在这种形态下，政府、相关的社会组织、广大的市民，共同扮演着城市事务管理主体的角色。其中，政府在依法行政的同时，更自觉地听取来自市民和社会相关组织的意见和建议；社会相关组织在法律框架内有序司职的同时，更好地接受政府的宏观调控、严格监督；广大市民在依法参与政府决策、行政监督的同时，更好地实行社会自治、个人自律。

（2）城市管理的市场化增效

城市管理市场化，是指充分依靠市场而非完全由政府独家消化成本对城市运作与发展进行有序控制，重点是市场调节（充分发挥市场作用）、政策导向（宏观调控）、财政补缺（支撑社会必须而又无经济效益的项目）。

城市管理市场化的基本特征，是把有条件通过市场运作、依靠市场投入产出机制消化成本的城市管理职能从政府职能中剥离出去，把有限的财政开支用于强化无法依靠市场消化成本的城市管理职能。

具体而言，就是政府要从过去对城市管理费用的统包、统拨、统审，转为增加对近期无明显绩效而今后对社会有益的城市管理项目、社会需要而无明显和直接经济效益的城市管理项目的投入；把对每一项城市管理项目的直接、具体的经济投入与调控，转为对这些项目的目标引导、市场运作机制的构建与完善、市场运作环境的优化、市场监督保障的强化；从对某些政策性亏损的城市管理项目的直接的财政补贴，转为引进市场调节、竞争机制和税率浮动机制，减少或转移政府的财政支出；政府必须直接投入的城市管理费用，则由以往的多头、以过程为依据的支付，转为集中、以结果为根本的调控（如政府采购，植绿以成活量作为结算依据等）；由政府直属机构从事、政府直接出资完成的某些城市管理职能，根据政事、政社、政企分离，管建、管养、管营分开的原则，或撤销机构、下放职能，实行特许经营权授予、完全市场化运作、政府免于支付，或精简人员、转变职能、部分市场化运作、政府减少支出。

（3）城市管理的专业化规范

城市管理专业化，即：依靠社会各界专业人士、专门机构而非政府独家包揽对城市运作与发展的具体事物进行有序控制，重点是社会专门机构、专业人员从事原属于政府实施的城市的微观、直接管理。

城市管理专业化的基本特征，是指无论对城市管理实行社会化还是市场化，乃至政府的宏观调控及其支撑的城市微观、直接的管理，都应由受过专业训练的专门人员来从事，其中相当一部分管理应由社会专业机构来组织实施，政府直接从事的只能是城市的宏观调控、依法监督，以及为城市的正常运作创造良好的法治环境。

具体而言，就是所有从事城市管理的人员，上至市长，下到某一机构或组织的工作人员，除了具备所从事管理的某一专业领域的专业知识与技术，还必须具备与自身所在城市管理岗位层次相适应的城市管理的专业知识、管理技能和艺术；所有从事城市管理的组织、机构、部门都必须做到专业对应、职能对口、分工细化、职责明确、相互制衡、高效低耗。

（4）城市管理的信息化提速

城市管理信息化，是指城市的管理者充分利用以现代信息技术为支撑的网络设施及其他有效的信息载体、信息资源与信息运用系统，对城市运作与发展实行即时、准确、低耗、高效、安全和有序的控制，重点是实现城市管理与被管理双方信息交换的对称化和便捷化。

城市管理信息化的基本特征，包括：现代信息技术为支撑的信息资源、信息系统被广泛地应用于城市管理的各个领域，成为城市管理社会化、市场化、专业化的基础；城市管理应用信息系统成为城市管理和被管理双方管理城市的主要手段和重要工具；城市管理和被管理双方能够凭借现代城市信息系统，实现各类信息获取、创新、交换、存储的时间上的最短化、空间距离上的最小化、程序上的最简化、速度上的最快化、资源利用上的充分化、质量上的最优化、成本上的最低化、安全上的最可靠。

具体而言，就是城市的政府，能够凭借城市的现代信息系统，在第一时间、以各类形式、多种渠道、最低的成本、准确而安全地处置所要的或提供所应提供出去的一切城市管理的信息，接受来自城市市民和其他合法的城市社会组织的监督，以及对其他应该接受政府调控的城市社会组织与个人进行监督与控制；城市的其他社会组织，能够凭借城市的现代信息系统，及时、便捷、快速、准确、安全、低耗地获取、提供所要和所应交换的城市管理的信息，接受来自城市管理监督方的监督，实施对被监督方的监督；城市的市民，能够凭借城市的现代信息系统，合法、安全、及时、便捷、快速、准确、低耗地获取或提供各类有利国家、方便工作、得益个人的各类有关城市管理的信息，接受来自城市管理监督方的监督，实施对被监督方的监督，真正体现城市管理的公众参与性。

3. 城市战术管理的理念更新

伴随中外城市现代化进程的加速、集聚化程度的提高、区域化联动的推进、同质化竞争的加剧，以及交通拥堵、环境污染、人口过量、资源匮乏等矛盾的凸显，城市已经从初期建设为主的大投入、中期建管并举的大协同，转向现代管理引领的大完善。

（1）加速城市现代化管理的三大转型

第一，由单向管控型转向多元平衡性。城市管理主体由单一的政府，转向政府、企业、市民、非政府组织的多元化；管理制式由政府对公众的行政管控，转向平等协商和决策、执行、监督的多元制约；管理性质由政府包揽治理，转向多方协调服务；管理对象由立足企业经济，转向关注公共福祉。第二，由低效粗放型转向高效精细型。城市管理结构由繁复层叠转向简约扁平；管理流程由条块分割转向系统一体；管理模式由静态固化转向动态变化；管理方式由简单粗放转向科学精细；管理结果由只看目标转向兼顾过程；管理控制由单项排斥转向双向反馈。第三，由传统人工型转向现代数字型。城市管理信息由纸面转向数字；管理联系由人工转向电子；管理监控由迟滞转向实时；管理数据由单机转向云联；管理覆盖由有线转向无线。

（2）实现城市现代化管理的六大调整

其一，产业结构调整。使产业结构与经济的发展阶段相适应：由高耗到低耗，由污染到低碳，由制造到创造，由普通到核心。其二，空间结构调整。使空间布局与城市发展的新阶段相适应：由单一到多元，由附庸到兄弟，由分割到互补，由被动到联动。其三，消费结构调整。使消费与主体和对象的多样化相适应：由外需到内需，由城市到农村，由低端到高端，由富国到富民。其四，人才结构调整。使人才类型与城市发展的新需要相适应：由本地到全国，由本土到全球，由制造到服务，由白领到蓝领。其五，关系结构调整。使城市关系与区域的合纵连横相适应：由雷同到错位，由竞争到合作，由内耗到互补，由孤立到系统。其六，管理结构调整。使城市管理与社会的发展阶段相适应：由主谓到平衡，由繁杂到扁平，由服从到服务，由人治到法治。

（3）强化城市现代化管理的十有意识

一是因地制宜，有差别的城市特色定位；二是着眼长远，有科学的城市合理布局；三是杜绝污染，有低碳的城市生态环境；四是根据需要，有合理的城市多元功能；五是跟上时代，有智慧的城市运行系统；六是依法规范，有动态的城市精细管理；七是增强实力，有适合的城市支柱产业；八是集约节约，有循环的城市高效经济；九是适应发展，有便捷的城市立体交通；十是满足生活，有适宜的城市居住空间。

（4）确立城市现代化管理的优质理念

第一，确立城市规划的优质化前瞻理念，包括：规划决策应民主而非官僚（政府引导、社会监督、市民听证）；规划制定须规范而非随意（循制度、合法理、有规制）；规划内容应前瞻而非滞后（定位准、起点高、可持续）。同时，要关注民族民俗、坚持返璞归真、体现个性多样、做到渐进持续。第二，确立城市建设的优质化耐用理念，包括：建设市场提高门槛、优胜劣汰；建设工程公开招标、优质优价；建设企业总包负责、"保险托底"；建设过程委托监理、社会监督；建设成果：甲方勘验、政府备案、第三方评估。第三，确立城市发展的优质化可续理念，包括：以过程正确、准确，保证绩效优良；以每道工序的细微优化，实现整体流程的全面完善；杜绝先开发后治理、先开工后审批、先批条后补证、先上马后杀马的乱象。有碍城市可持续发展的事再小也是大事；危及生命的公共安全再怎么设防也不为过；建设速度固然重要，功能质量更为重要，因为建设也许 3 年，使用关系 30 年；无论规划、建设、管理，城市发展的公共事务必须有错速纠、终生追责。

4. 城市可持续管理的理念更新

如果把生态引申为事物内在基本特点和运动规律的话，一个生态平衡、可持续协调发展的城市，就应该是包含了与之相适应的自然环境、城市功能、空间布局、适用资源和人力资本的生态体系。它的维系，不仅在于各个生态要素自身的内在平衡，更在于各生态要素之间的有机联系和协调互补。这种联系与协调的实现过程就是城市科学管理的多元理性。

（1）环境生态与城市发展的适应理性

①自然生态应形成系统、合理布局。包括：构筑城市大生态链，形成城市的多维生态走廊；培育点、面、群结合和花、草、树兼容的生态族；建设横向、纵向和地面、屋顶交汇的绿色景观。②生态物种应多样化、地方化、适应化。包括：注重生物的多样性；挖掘地方物种的潜能；讲究生物的地理、气候、土壤与多物种兼容的适应性。③城市环境污染的防治必须前卫化、科学化、合理化。包括：大气治理防线的迁移和防、堵、罚并举；汽车尾气治理的卡源头与路查、重罚并举；垃圾的分类收集、分类运送、分类处置与循环利用的并举。④生态环境建设与管理应实行市场化运作，实现转移支付、降本增效的良性循环。包括：盘活生态时空，向生物种植的时空利用差要效益；盘活生态引力，向生态景观的辐射效应要效益；发挥生态兼容效应，向自然与人工结合、经营与公益兼顾要效益。

（2）空间布局与城市发展的适合理性

①城市战略空间布局必须与城市定位相协调。包括：为城市长远发展留出可持续的地域布局空间；为城市发展中可能的变化预留接轨的空间；形成与城市定位相协调、最合理、有特色的布局结构。②城市产业空间布局必须与城市经济发展相协调。包括：产业布局的郊区边缘化合理层递；布局密度由内核向外围递减与递增的交叉互补；网点布局的集聚性与地域扩散性的有机结合；点状分布与线性分布的科学统一。③城市居住空间布局必须与城市公民收入水平、从业分布、居住理念相协调。包括：对居住郊区化与从业市区化加剧的规避；对高、中、低档楼宇绝对隔离化地域性分布的规避；对市区商业空心化、行政拥挤化、夜间死城化弊端的消弭。

（3）交通功能与城市发展的适配理性

①城市交通容量必须与城市综合流量相协调。包括：与城市实际人口、物资运输、车辆出行等的总量相协调。②城市交通架构必须与城市空间布局及其趋势相协调。包括：与城市战略空间布局、产业空间布局、居住空间布局及其未来发展趋势相协调。③城市交通管理必须与城市流量与流向相协调。包括：对城市交通特定时段、特定空间流量与流向的调控和人性化适应；对城市交通特定的区域化集聚形态的调控与人性化适应。④城市静态

交通必须与城市车辆总数、增量趋势、车主地域分布、车辆日常流向相协调。城市交通通行与调控设施的前卫性必须与城市交通综合变量（车辆的质量、流量、流速、流向及其时段、空间、区域的不同分布）相协调。

（4）资源耗用与城市发展的可续理性

①城市资源耗用必须与城市资源的提供可能相协调。包括：与城市资源提供的数量、质量、类别、品种、时段、地域分布等的协调。②城市资源耗用必须与等量的效益产出相协调。包括：与等量的经济增量相协调；与等量的市民生活综合质量提升相协调；与城市综合生态平衡相协调。③城市资源的耗用必须与城市的承受能力相协调。包括：对资源耗用带来的废弃物的排泄；对资源耗用产生的能量的承受；对资源耗用引发的负效应的消弭。④城市资源的耗用必须与城市开发循环经济的能力相协调。包括：耗用资源的可再生性、可重复利用性、无害性、无污染性、可降解性等。

（5）人文生态与城市发展的协调理性

①城市的协调发展，需要城市市民拥有与之相适应的素养。包括：道德素养、知识素养、技能素养和体能素养。②人力资源转化为可资创造财富的人力资本，必须构筑完善的终身教育体系。即：这是一种以革新的学校教育为基础、以服务经济建设的职业教育为中心、以整合校外社会资源的社区教育为依托、以构筑现代伦理价值观为核心的家庭教育为纽带的新型教育体系；这种体系的基本特征是——教育制度一体化、教育资源整合化、教育渠道多元化、教育对象全民化、教育形式开放化。③人的学习力需要终生学习环境的依托，即创建学习型城市：这种城市应该是一种能支持市民终生学习、终身教育，以及学习贯穿任何时候、任何领域和任何过程的城市；这种城市应该是一种以学习意识普遍化、学习行为终身化、学习体系社会化为特征的城市；这种城市应该是一种培育人人是学习之人、时时有学习之机、处处是学习之所的文化氛围，并形成全民性、整体性和连续性的教育体系，实现学习的充分个性化、开放化和网络化的城市。④良好的人文生态将使城市的协调发展成为可能。良好的人文生态是指城市市民愉悦地生活在那种人人愿学习、个个能学习、时时可学习、处处有学习、终生在学习的学习愿景中，并自觉地不断提升自己作用于城市协调发展的核力——学习力。一个具备良好人文生态的城市，应该是构建了完善终身教育体系的、形成了良好的终生学习环境的、市民积极参与终生学习的、人人具备强大学习力的城市，这样的城市定将是一个可持续和协调发展的城市。

第二章　现代城市的战略管理及其践行模式

　　战略，原本是一个军事术语，意指对战争的全局预见、整体研判和科学指挥。后被引申为对决策对象的方向性、全局性、根本性、成败关键性事物的谋划，包括预测、定位、计划、原则、途径、目标。大到全球战略、国家战略，中有区域战略、城市战略，小到行业战略、企业战略和人生战略。

　　城市战略，是指城市整体经济、社会、环境等发展的方向性、全局性、根本性、成败关键性事物的谋划，是对城市发展整体预测、定位、计划、原则、途径、目标等的集中概括，具有引领性、长远性和总体指导性。

　　现代城市战略管理，是最高管理层对城市根据内在需求、外在许可所确立的远期目标、主体定位、整体决策与具体实施行为所进行的一种动态的科学平衡和有机协调的全过程，包括：城市战略的依据提供、范围确定、原则掌控、设想预测、科学编制、评价审核、实施指导、运行监督、目标保障和结果反馈等。其对城市全面、平衡、协调、可持续发展具有极其重要的引领、规范和促进作用。

　　作为对城市前瞻性、基础性、引领性政务的顶层管理，现代城市战略管理涉及的管理领域对城市的发展具有某种程度的原则的规定性、基础的制约性、总体的限定性和行政的掌控性。行使这些约束职能的主要包括：代表城市政府进行发展定位、空间布局、形态规范的城市规划部门，开展国土资源定性、划分、配置的城市土地管理部门，以及实行人口控量、定编、分流等的城市人口主管机构。

　　现代城市战略管理有四大原则，即：坚持范围的全面和系统性、注重内容的前瞻和可行性、确保实施的有序和协同性、实现监管的动态和法理性；有五种手段，包括：平台的网络化、信息的对称化、资料的数字化、过程的精细化和控制的智能化。

第一节　现代城市的规划管理

　　城市规划是城市政府对城市发展进行宏观调控、微观管制的刚性工具，是城市主要公共政策制订的重要依据。城市规划管理是城市规划编制、审批、实施全过程监管的统称，是对城市规划这一政府规范城市发展、建设的法定性文件执行过程的及时性、强制性、准确性、全面性、适应性的科学管控。确定城市定位与总体发展目标、城市土地和空间资源利用范围、城市发展空间布局和各项建设部署，促进经济、社会和环境在城市空间上的协调，保障城市健康、可持续发展等，是城市规划管理的主要目的。规范城市体系规划（城乡统筹与城镇体系、城郊组团与功能片区等）、城市总体规划（人口数量、总体布局、用地规模、空间结构等）、城市控制性详细规划（空间层次、主城、郊区、片区、建设区域、非建设用地等）、项目修建性详细规划等，是城市规划编制管理的主要内容。城市建设用地管理、建设项目选址管理、建设工程申报管理、历史文化遗产保护等，是城市规划审批管理的主要事项。对规划落实的时间节点、准确程度进行动态监督、检查和及时协调、纠正、奖惩，以及对规划实施管理的督察，是城市规划实施管理的主要举措。

一、现代城市规划管理的本质与目标

（一）现代城市规划管理的性质

1. 现代城市规划管理的定义

城市规划管理，是城市规划编制、审批和实施等管理工作的总称。是城市政府为了促进城市经济、社会、环境的全面、协调和可持续发展，依法组织制定城市规划，并以此为依据，对城市规划区内的土地使用和各项建设、风貌保护等进行目标控制、科学协调、有序引导、过程监督、违规查处等行政管理活动的过程。城市规划管理也是对城市发展与具体建设活动施加的一种行政性干预、协调和控制，是使城市沿着城市规划所确定的总体方向、时间节点、层次范围、性质规模、数量尺度等有序、优质推进的综合保障。

2. 现代城市规划管理的属性

城市规划管理具有行政与法制、服务与强制的多重属性。作为行政行为，这一管理是对城市定位、发展方向、建设方式与方法的统筹、协调和服务。作为法制方式，这一管理是以法定程序、法规文本对参与城市发展和建设的单位与个体进行有序、有理、有节和严肃、严格、严细的规范、约束和惩戒。作为服务，这一管理是让规划尽可能前置化、公开化、适应化、可遵循、可持续，使之更好地作为目标、方向、原则服务于城市发展与建设的各项工作。作为强制，是因为城市规划一旦经相关机关批准，就具有明确的法定性，任何单位、个人未经规定程序不得变更，必须严格遵照执行。

3. 现代城市规划管理的类型

城市规划管理可分为积极主动的柔性引导与消极被动的刚性控制两种。前者以规划管理的服务性为主，积极使规划符合发展、主动向社会推介规划、科学向用户解读规划、努力使各方适应规划、诚恳帮大家用好规划，使贯彻执行规划的单位和个人不仅不误读、不违反、不懈怠执行规划，而且通过认真落实规划实现社会与单位和个体的多快好省。后者，以规划管理的强制性为主，常常以少数人编制规划替代社会化反复求证、以一般规划公布替代事前推介引导、以事后对照纠错替代事中动态督导、以简单惩戒罚没替代释疑解惑归正，使贯彻执行规划的单位和个人往往因规划曲高而和者孤寡、因缺乏指导而误读规划、因事中失督而执行失准、因简单惩戒而屡禁屡犯。我们的城市需要而且倡导积极主动的柔性规划管理，慎用、少用刚性的惩戒式管理。

（二）现代城市规划管理的目标

城市规划管理的目标，是用行政、法制、经济和社会的手段，通过城市规划编制的组织、规划的审批与实施及其过程监管，对城市土地和空间资源的使用以及各项建设活动进行引导、管控和监督，使之纳入城市规划的轨道，促进经济、社会、环境和功能在城市空间上协调、有序、可持续地发展，确保城市规划的目标变为城市建设与发展的现实。具体而言有 6 点：

1. 使城市规划合法正确精准

城市规划是调整城市发展、建设和管理中各种社会关系的法定规范，关系城市长远发展，关系城市各方利益，关系社会的公平公正，城市政府必须通过严格管理，使之所编内容依法、编制程序循法、审批过程合法、精准施行遵法，确保其法定文件的权威、公允、有效性。城市规划管理既是一种行政管理工作，也是一项依法治市的重要事项；既是城市管理的重要方式，也是城市管理的主要目的。

2. 使城市建设纳入规划轨道

城市规划管理作为一个行政过程，包括编制、审批和实施及督察管控三个环节。各个环节或多或少都会受到各种因素和条件的制约，因此，需要通过实施严格的管理，梳理、协调、破解各种问题，使实施规划的行为各方能依法公正地推进规划、循规蹈矩地执行规划、不折不扣地落实规划。由于规划各方各种因素和条件的多变性，在城市规划实施过程中，还要对规划本身进行科学地完善。因此城市规划管理既是城市规划的具体化，也是城市规划不断完善和深化的过程。

3. 让城市规划保障各方权益

城市规划对城市发展的保障具有整体性、公共性和长远性，体现了城市经济、社会和环境三大效益的高度统一。城市政府对城市规划的管理，一个重要目的就是要让规划作为一种法定的规范性文件，保障城市公共利益的最大化，保障多数人诉求先满足，保障相关各方合法权益的动态、相对平衡，最终保障城市发展的多快好省。

4. 使城市与经济发展相适应

城市是经济活动的载体。经济的结构、规模、发展阶段和水平等的不同，对城市的要求也不同；经济发展是城市发展的动力，经济不发展城市也难以发展。城市规划管理的首要目的，就是保证规划准确编制、正确贯彻，以促进城市经济健康发展，并使之与城市的发展在特色上、时序上、功能上相得益彰。

5. 使城市与社会发展相匹配

城市建设的根本目的是不断地满足市民日益增长的物质和精神生活需求。城市社会由不同的人群和利益集团所组成，随着经济发展和市民生活水平的不断提高，不同城市社会阶层对物质设施和生活环境的要求不尽相同。规划管理的重要目的，就是使规划在满足不同人群需求时，首先满足绝大多数人的需要，并协调不同利益群体、集团的不同需求，进而使城市发展与社会发展在阶段上相互匹配。

6. 使城市与承载能力相协调

城市是一个资源、环境与功能的综合载体，城市的发展目标必须与载体的承受能力相一致，与载体上的各项功能保持动态平衡。其中，城市空间的拓展要与交通设施等的建设相匹配，建筑量的增加要与市政基础设施的扩容相吻合，居民生活水平的提高要与环境质量的改善相适应，城市物质财富的积累要与城市精神文明建设相协调。

二、现代城市规划管理的原则与方式

（一）现代城市规划管理的原则

1. 城市规划管理的依法合规原则

无论是规划编制的组织、各级规划的审批、规划实施的管控、规划管理的监管，都要严格依照《城市规划法》及其相关的地方法规有序推进。要以《城市规划法》，以及经过批准的城市规划和有关的城市规划管理法则为依据，规范城市规划管理与城市规划贯彻落实各方的行为和工作成效，防止和抵制以言代法、以权代法的行为，对一切违背《城市规划法》、有关城市规划管理法则和城市规划的违法行为，都要依法追究当事人应负的法律责任。充分运用法制手段，是切实搞好城市规划管理工作的根本保证。各级城市规划行政主管部门必须抓紧城市规划法制建设工作，以《城市规划法》为中心和基本依据，建立健全城市规划行政主管部门履行职能，避免不必要和擅自的人为行政干预。

2. 城市规划管理的循序合律原则

要使城市规划管理遵循城市发展与规划建设的客观规律，就必须按照科学的程序进行规划的编制、审批、实施和监督管理。也就是在城市规划区内的土地使用和各种建设活动，都必须依照《城市规划法》的规定，经过申请、审查、征询有关部门意见、报批、核发有关法律性凭证和批后管理等必要的环节来进行。只有这样，才可以有效地防止出现规划编制、审批和实施监督管理的随意性，切实制止各种不按科学程序进行规划编制、审批和实施监管的越权、却权、滥用职权的行为。

3. 城市规划管理的前置动态原则

城市规划在城市诸多法定文件中具有独特的宏观和战略性指导作用，是城市发展与建设的纲领性、方向性、约束性管控规则，不了解、不清楚、贯彻不力、误读曲解，都会对城市和行为主体的发展造成严重后果。因此，无论是规划编制、审批和批准后的规划实施及其监管，都要做到管理前置，即：规划编制前明确规划的要求、审批的原则、实施的规范，规划批准前要进行社会公示、听证求证，规划实施前要进行网络推介、贯彻培训、监管教育，规划实施中要做到审批及时、监管公平、惩戒公正，总体管理要动态跟进、阳光透明。经过批准的城市规划一经公布公布实施，任何单位和个人都无权擅自改变，一切与城市规划有关的土地利用和建设活动都必须按照《城市规划法》及其相关地方法规进行。同时，还要将城市规划管理审批程序、具体办法、工作制度、有关政策和审批结果以及审批工作过程置于社会监督之下，促使城市规划行政主管部门提高工作效率，并公正执法，也使规划管理工作的行政监督检查与社会监督相结合，更加有效地制约和避免各种违反《城市规划法》和城市规划实施的事件发生。

4. 城市规划管理的分合协调原则

城市规划管理要有分有合、统筹协调。一是在城市规划编制、审批、实施及其监管过程中，要依据《城市规划法》，做好与其他专门法规、相关地方法规的统合协调，理顺城市规划主管部门与相关立法和行政主管部门的法定与业务关系，分清职责范围，各司其职、各负其责，避免出现职能交叉、多头管理等的不正常现象。二是明确规定各级城市规划行政主管部门的职能，做到分级管控、分工合作、上下协同、职责到位，防止出现越级审批、滥用职权的现象。

5. 城市规划管理的全面精准原则

城市规划管理作为一种城市政府战略性、方向性、约束性的过程化行政，工作程序非常严格，工作对象涉及面广，工作成效关系重大，因此，不仅管理要全面，而且管控要精准。所谓全面，就是城市规划管理要做到体系化、广覆盖、全过程，即：规划编制的组织、规划产生的审批、规划实施及其监管，必须依法、依规形成完整的管控体系、规范的工作流程、严谨的监管机制，应该严格按体系设置机构、岗位，按流程设定职责、权限，用机制规范管理，并做到事事有人管、件件有落实、管理动态化、监督全过程。所谓精准，因为城市规划无小事，所以，引导规范地贯彻城市规划要耐心细致，防止城市规划实施失范要前置及时，处置城市规划编制、审批和实施及监管的违规要恰当、精准，要不放过任何违规行为、不冤枉一个守法主体，让规划管理在阳光下完成，使规划实施在法理下实现。

（二）现代城市规划管理的方式

1. 城市规划管理的行政方式

城市规划主管部门运用行政权力、按照行政层次、采用行政措施，直接管控（组织、指挥、监督等）城市规划的编制、审批、实施及其监管的全过程，并借以约束过程中的相关组织和个人的行为。这种行政的措施主要包括命令、指示、规定、制度、计划、标准、工作程序等。城市规划管理的行政方式具有权威性、直接性，但必须避免随意化的人为干预、官僚化的盲政懒政。

2. 城市规划管理的法制方式

城市规划是城市发展的法定性规范文件，以法制的方式对城市规划从编制组织、审批程序、正确实施及其监管进行全过程管控，理所当然。其中，城市规划的编制组织要有法可依，城市规划的审批和变更要走法定程序，城市规划的实施要严格按照依法批准后的城市规划逐项落实，城市规划的各项监管做到法无授权绝不为、法无禁止皆可为、法有授权必须为，以及有法必依、执法必严、违法必究。城市规划管理法制化，可以更好地调整和规范管理中行政与社会的相关关系和各类活动，使城市发展中的各项建设活动、项目实施更趋规范。

3. 城市规划管理的经济方式

城市规划管理可以按照城市经济的发展规律、现实需要，运用合法合规的市场方式、经济手段，科学调节政府、社会相关各方的利益关系，用以引导组织和个人在城市规划管理过程中的相关行为，从而灵活有效地对城市规划管理的各个环节进行监督和指导。城市规划管理的经济方式主要包括：适时适度地对城市相关的违法违规建设行为进行处罚（如依法依规重新编制或复核相关规划、取消相关建设立项、拆除违规建筑、对违法违规主体进行罚款），对认真贯彻执行规划并产生优于法规规定的城市建设发展成果的社会主体给予奖励（如适度提高容积率等）。

4. 城市规划管理的咨询方式

在整个城市规划管理的过程中，相关管理部门和管理人员必须注意汲取社会智囊团和各类现代化咨询研究机构、大专院校中专家、学者的集体智慧，帮助政府领导、帮助开发建设单位对各项总体规划、分项规划、开发建设活动进行科学的决策。同时，规划批准、实施前，要广泛听取社会公众的意见和建议，给他们知情权，让他们参与决策，帮城市完善规划，并减少批准后的城市规划施行中的阻力、矛盾、失误和违法、违规行为。

三、现代城市规划管理的领域与内容

（一）现代城市规划的编审管理

1. 城市规划编审管理与要求

（1）城市规划的分级组织编制

国务院城市规划行政主管部门和省、自治区、直辖区人民政府分别组织编制全国和省、自治区、直辖市的城镇体系规划。城市人民政府负责组织编制城市总体规划。县级人民政府负责编制县级人民政府所在地建制镇的总体规划，其他建制镇的总体规划由镇人民政府组织编制；县人民政府所在地建制镇的总体规划应当包含县辖区内居民点和基础设施的布局。城市人民政府的城市规划行政主管部门负责组织编制分区规划和详细规划；县人民政府负责编制县人民政府所在地建制镇的详细规划；其他建制镇的详细规划由镇人民政府负责组织编制。国家重点风景名胜区规划由风景名胜区所在地的县级以上地方人民政府组织编制；省、自治区、直辖市内跨行政区的国家重点风景名胜区规划，由其共同的上一级人民政府组织编制；跨省、自治区、直辖市的国家重点风景名胜区规划，由住建部组织有关省、自治区、直辖市编制。

（2）城市规划组织编制的要求

一是必须严格按照《城市规划法》规定的权限组织编制城市规划，下级人民政府及其城市规划行政主管部门不能超越权限编制应由上级人民政府及其城市规划行政主管部门负责编制的各类规划。二是无论编制城市总体规划还是城镇体系规划或者是详细规划，都应对城市规划法律法规所要求的规划内容作出综合部署和全面安排。三是各级人民政府及其城市规划行政主管部门必须为编制城市规划备齐应当具备的所有基础资料。四是各级人民政府及城市规划行政主管部门组织编制的城市规划，应当满足城市防火、防爆、抗震、防洪、防泥石流以及治安管理、交通管理和人民防空建设等要求，以保证城市安全和社会安定。五是各级人民政府及其城市规划行政主管部门在组织编制城市规划时必须注意保护和改善城市生态环境，使城市规划、经济建设与生态环境相协调。

（3）城市规划的分级组织审批

国家《城市规划法》规定，城市规划实行分级审批制度。第一，全国和省、自治区、直辖市的城镇体系规划，报国务院审批；直辖市的城市总体规划，由直辖市人民政府报国务院审批；省和自治区人民政府所在地城市、常住人口在100万以上的城市和国务院指定的其他计划单列城市的总体规划，由省、自治区、直辖市人民政府审查同意后，报国务院审批。第二，其他设市城市的总体规划、县人民政府所在地建制镇的总体规划，报省、自治区、直辖市人民政府审批。第三，其他市管辖的县级人民政府所在地建制镇的总体规划，报市人民政府审批。第四，城市的分区规划、控制性详细规划由城市人民政府审批。第五，修建性详细规划，除重要的由城市人民政府审批外，一般由城市人民政府规划行政主管部门审批。第六，城市和县人民政府在向上级人民政府报请审批城市总体规划前，其规划必须经同级人民代表大会或其常务委员会审查同意。第七，国家重点风景名胜区总体规划由省、自治区、直辖市人民政府报国务院审批；国家重点风景名胜区的重点保护区、重要景区的详细规划，由省、自治区、直辖市建设（规划）行政主管部门初审，报住建部审批；其他景区的详细规划，由省、自治区、直辖市建设（规划）行政主管部门审批。

（4）城市规划的分级审批要求

各级人民政府及其城市规划行政主管部门，应严格按照规定的程序，遵循法律、规章和强制性标准，认真审批各类城市规划，重点关注以下六个方面：

第一，必须严格依照法律、规章和强制性标准审查城市规划中涉及安全的事项，不达标的一律不批。第二，应该严格按照法定的程序，组织专家和有关部门对城市总体规划的防火、防爆、抗震、防洪、防范地质灾害和治安、交通管理、人民防空建设等要求进行审查。第三，严格审查城市规划是否与国土规划、区域规划、江河流域规划、土地利用总体规划相协调。第四，全面审查城市规划是否有利于保护与改善城市生态环境，是否有利于防止污染和其他公害。第五，重点审查城市规划是否有利于城市历史文化遗产的保护和民族与地方特色的保持。第六，分类审查城市规划是否做到了合理节约与利用土地资源、水资源和其他自然资源。

2. 城市规划分类组编与内容

(1) 组织编制城市的总体规划

城市总体规划是指导城市建设发展的纲领性文件，是市域城镇体系规划、城市分区规划和各类详细规划的基础，是城市政府进行城市规划管理的法律依据。城市总体规划的期限一般为 20～30 年，县所在地建制镇总体规划的期限可以为 10～20 年。组织编制城市总体规划前，应确立城市总体规划纲要，并作为城市总体规划编制的主要依据，其基本内容是城市总体规划的各项重大原则。

城市总体规划的主要内容包括：其一，确定城市性质、特色和发展定位与方向，划定城市规划区范围；提出规划期内城市人口及用地发展规模，确定城市建设与发展用地的空间布局、功能分区，以及市中心、区中心的位置。其二，确定城市对外交通的体系布局，以及港口、车站、铁路枢纽、路口、机场等主要交通设施规模、位置；确定城市主、次干道系统走向、断面、主要交叉口形式，以及主要广场、停车场的位置、容量。其三，确定城市供水、排水、防洪、供电、通讯、燃气、供热、消防、环卫等设施的发展目标和总体布局。其四，确定城市河湖水系治理目标和总体布局，分配沿海、沿江岸线；确定城市园林绿地体系发展目标及总体布局。其五，确定城市环境保护目标与各类防治污染的措施。其六，根据城市防灾要求，提出人防建设、抗震防灾规划目标和网点的总体布局。其七，确定需要保护的风景名胜、文物古迹、传统街区，划定保护和控制范围，提出保护措施，历史文化名城还要编制专门的保护规划；确定旧区改造、用地调整的原则、方法和步骤，提出改善旧城区生产、生活环境的要求和措施。其八，综合协调市区与近郊区村庄、集镇的各项建设，统筹安排近郊区村庄、集镇的居住用地、公共服务设施、乡镇企业、基础设施和菜地、园地、牧草地、副食品基地，划定需要保留和控制的绿色空间。其九，进行综合技术经济论证，提出规划实施的步骤、措施与方法；确定近期建设规划、目标、内容与实施部署。

(2) 组织编制城镇的体系规划

城镇体系规划是指在全国或一定地区内，确定城市数量、性质、规模和布局的综合部署，是社会经济发展的空间表现形式，是政府对全国或者一定地区经济社会发展实行宏观调控的重要手段，通常由国务院或国家相关部委、省、自治区、直辖市人民政府组织编制。但设市的城市应根据本级城市总体规划确定的城市性质、规模和空间形态，科学组织编制本市域范围的基于城乡一体发展的城镇体系规划，县（自治县、旗）人民政府所在地的建制镇应编制县域城镇体系规划。

市域和县域城镇体系规划的主要内容包括：第一，分析所辖区域经济社会发展条件与制约因素，提出区域内城乡一体发展的整体战略，确定资源开发、产业配置和保护生态环境、历史文化遗产的综合目标。第二，预测区域内未来的城市化进程和可能达到的水平，调整现有城镇体系的规模结构、职能分工和空间布局，确定重点发展的城镇区域，以及城乡一体化的科学路径。第三，原则确定所辖区域体系化的城镇交通、通信、能源、供水、排水、防洪等设施的布局与重点建设目标。第四，提出实施所辖区域城镇体系规划的措施和有关技术经济政策的建议。

（3）组织编制城市的分区规划

为了使城市总体规划与详细规划更好地衔接，城市政府规划主管部门要科学组织编制城市分区规划。这是大、中城市为了更准确地控制不同地段的土地利用、人口分布，协调各项基础设施和其他公共设施的建设，在城市总体规划的基础上所制订的特定分区的具体规划。

城市分区规划的主要内容包括：一是确定城市分区内土地使用性质与数量、居住人口规模与分布、建筑用地的容量控制指标。二是确定市、区公共设施的分布及其用地范围。三是确定城市主次干道的红线位置、断面、控制点坐标与标高，以及主要交叉口、广场、停车场等的位置和控制范围。四是确定绿化系统、河湖水面、供电高压线走廊、对外交通设施、风景名胜的用地界限，以及文物古迹、传统街区的保护范围，提出空间形态的保护要求。五是确定工程干管的位置、走向、管径、服务范围，以及主要工程设施的位置和用地范围。

（4）组织编制城市的详细规划

城市详细规划是以总体规划和分区规划为依据，详细规定建设用地的各项控制指标和规划管理要求，或直接对建设项目作出具体的安排和规划设计。城市详细规划可分为控制性详细规划和修建性详细规划，而城市规划管理的重点是控制性详细规划。

① 根据城市规划的深化和管理的需要，一般应当编制控制性详细规划，以控制建设用地的性质、使用强度和空间环境，作为城市规划管理的依据，并指导修建性详细规划的编制。控制性详细规划主要包括以下六大内容：其一，详细规定各类用地的使用性质和界限，规定各类用地内适建、不适建或者有条件地允许建设的建筑类型，其中各项建设的具体用地范围、用地性质，是编制详细规划的核心。其二，安排各地块的建筑控制指标，包括建筑高度、密度和容积率，建筑体量、体形和色彩，建筑后退红线距离和建筑间距等。其三，提出各地块有关设施的要求，包括绿地率、交通出入口方位和停车泊位等。其四，确定各级支路的红线位置、控制点坐标和标高。其五，根据规划容量，确定工程管线的走向、管径和工程设施的用地界限。其六，制订相应的土地使用与建筑管理的规定。

② 对于当前要进行建设的地区，应当编制修建性详细规划，用以指导各项建筑和工程设施的设计和施工。修建性详细规划涉及下列五个方面：第一，进行建设条件分析以及综合技术经济论证。第二，制作建筑、道路和绿地等的空间布局和景观规划设计布置总平面图。第三，开展详细的道路交通、绿地系统和工程管线等规划设计。第四，进行竖向规划设计，即确定主要建筑物、构筑物和场地的控制坐标与标高。第五，估算工程量、拆迁量和总造价，分析投资效益。

（二）现代城市规划的实施管理

1. 市域内建设用地的规划管理

城市规划区域内建设用地的规划管理，就是依据城市规划确定的不同地段的土地使用性质和总体空间布局，决定建设工程可以或不可以使用哪些土地，以及在满足建设项目功能和使用要求的前提下，如何经济合理地使用土地。具体包括两个方面：一是城市规划区内的土地利用和各项建设，以及工程的选址与布局必须符合既定的；项目设计任务书报请批准时，必须附有城市规划行政主管部门的选址意见书。二是在城市规划区内进行建设需要申请用地的，必须持有国家批准建设项目的有关文件，向城市规划行政主管部门申请定点，由城市规划行政主管部门核定其用地位置和界限，提供规划设计条件，核发建设用地规划许可证。建设单位和个人在取得建设用地规划许可证后，方可向县级以上土地管理部门申请用地。

（1）建设项目选址定点的规划管理

建设项目的选址定点涉及两个方面：一是国家和地方重点项目的选址，如大型水利工程、大型工矿企业、大规模居民区等的建设，其立项、选址和布局必须符合城市规划的要求。各级计划部门在审批建设项目建议书和设计任务书时，应征求同级城市规划行政主管部门的意见，城市规划行政主管部门在审批项目建议书和设计任务书阶段，均要参与意见。二是在城市规划区内进行建设而需要申请用地的项目、需要扩大原有用地而进行改扩建的项目、改变原有用地性质进行建设的项目，都必须向城市规划行政主管部门申请选址定点。

建设项目选址意见书的内容包括三个方面：第一，建设项目的基本情况，主要是指建设项目的名称、性质、用地与建设规模、供水与能源的需求量，采取的运输方式与运输量，以及废水、废气、废渣的排放方式和排放量。第二，建设项目规划选址的依据，主要有：经批准的项目建议书；建设项目与城市规划是否协调，与城市交通、通讯、能源、市政、防灾规划是否协调，建设项目配套的生活设施与城市生活居住及公共设施规划是否衔接与协调；建设项目对城市环境可能造成的污染和影响。第三，建设项目与城市环境保护规划，与风景名胜、文物古迹保护规划是否协调。

（2）建设项目选址意见书的核发管理

建设项目选址意见书的核发须履行下列程序：其一，由建设单位提出申请，报送建设项目选址申请书及城市规划行政主管部门要求的其他材料。其二，城市规划行政主管部门进行现场检查，审核有关文件，符合城市规划要求的发给建设项目选址意见书，同时提出规划对建设项目的限定要求。其三，城市规划行政主管部门进行现场调查后对部分不符合规划要求的，提出调整意见或调整选址要求，经重新调整后符合规划要求的发给建设项目选址意见书，并提出规划设计要求。其四，对不符合规划要求的设计项目，由城市规划行政主管部门书面通知报请单位，告知选址不当的主要理由。

（3）建设用地的规划审批与许可证核发

根据国家住建部规定，建设用地的规划许可证的申领与核发应按下列法定程序进行，即：第一，凡是在城市规划区内进行建设需要申请用地的，必须持国家批准建设项目的有关文件，向城市规划行政主管部门提出建设项目定点申请。第二，城市规划行政主管部门根据用地项目性质、规模等，按照城市规划要求，初步选用用地项目的具体位置和界线。第三，根据需要征求有关行政主管部门对用地位置和界线的具体意见。第四，城市规划行政主管部门根据城市规划要求向用地单位提供规划设计约束性条件。第五，审核用地单位提供的规划设计总图。第六，符合条件的，核发建设项目用地规划许可证。建设单位和个人在取得建设用地规划许可证后，可向县级以上地方政府土地管理部门申请用地，经县级以上政府审查批准后，由土地管理部门划拨土地；建设用地上有房屋需要拆迁的，还应按照拆迁房屋管理办法，向房产管理部门办理审批手续。

（4）建设用地规划许可证的适用范围

建设用地的规划审批是城市规划管理工作的核心内容，是规划选址定点工作的具体化。通过建设用地的审批，确定并保证建设项目的位置、性质、规模和发展方向等各个方面均符合城市规划的要求，并发给建设用地规划许可证。建设用地规划许可证的一般适用于以下情形：其一，新建、扩建、迁建需要使用土地的，如国家重点工程建设需要征用农田、集体土地进行建设的；工矿企业等扩大规模需要使用本单位以外土地的。其二，需要改变本单位土地使用性质进行建设的，如原居住用地变为工业用地、办公用地变为商业用地的。其三，调整交换用地建设的，如相关或相邻单位为生产、生活方便，需要交换用地进行建设的。其四，国有土地使用权出让、转让的，如国家或地方政府进行土地招标、单位或个人转让土地使用权进行建设的。其五，因建设而需要临时使用土地的。

（5）建设用地其他方面的规划许可管理

首先，任何单位和个人必须服从城市政府根据城市规划作出的调整用地的决定。其次，城市公共绿地、专用绿地、道路、广场、公共活动用地、高压供电走廊、体育运动场地和学校用地等，必须妥善保护，任何单位和任何个人不得任意占用或改变用途。第三，在城市规划区内开展挖取砂石、土方等活动，须经城市规划等部门批准，不得影响城市规划的实施，破坏城市环境。第四，私房的修建，不得扩大原有宅基地的面积，不得妨碍道路交通。

（6）建设用地许可管理的注意事项

一是审查申请用地的建设项目是否符合有关法律、规章，是否符合基本建设程序，特别应对建设项目防火、防爆等安全条件以及发生自然灾害的可能性进行审查。二是对用地现场进行实地调查，充分了解建设用地地段与周边环境的现状，弄清拟建项目和周边环境的相关影响，使拟建项目符合功能分区的要求。三是了解总体规划、分区规划、交通道路规划及有关专业规划对该地段的要求与影响。四是需要征用农业用地的，要了解该地段是否属于国家或地方的菜田保护区、基本农田保护区、水利设施相关区域。五是了解该用地的现状权属及有关历史情况，征求相关行业管理部门的意见。六是根据建设项目规模与内容，合理确定用地的规模，确定用地的周边界线，避免用地的浪费与闲置。

2. 市域内建设工程的规划管理

市域内建设工程的规划管理，是指城市规划行政主管部门应用审查、发证、事后监督等程序与手段，管理城市的各类建设活动，使各项建设工程能严格按照城市规划进行的行政行为。凡在城市规划区内的各类建设活动，其建设项目无论是永久性的还是临时性的，都必须由城市规划行政主管部门审查批准，实行统一管控。建设工程规划管理，是规划行政主管部门对建设单位或个人在取得建设用地规划许可证后，通过核发建设工程规划许可证来实施的。

（1）建设工程规划管理的法定程序

根据国家住建部《关于统一实行建设用地规划许可证和建设工程规划许可证的通知》规定，申请与核发建设工程规划许可证的一般程序为：一是建设申请。建设单位持批准的计划投资文件、上级主管部门批准项目建设的批件和建设用地规划许可证，向城市规划行政主管部门提出申请。城市规划行政主管部门对该建设项目申请进行审查；对于建设工程涉及相关主管部门的，需征求有关行政主管部门的意见。二是确定建设工程规划设计要求。城市规划行政主管部门对建设申请进行审查后，根据建设工程所在地段详细规划要求，提出规划设计要求，核发规划设计要点通知书。建设单位按规划设计要点通知书要求，委托设计部门进行方案设计工作。三是方案审查。建设单位制备设计方案、文件、图纸后，城市规划行政主管部门进行审查比较，确定规划设计方案，核发设计方案通知书。建设单位据此委托设计单位进行施工图设计。四是核发建设工程规划许可证。建设单位持注明勘察设计证号的施工图纸，交城市规划行政主管部门进行审查；审查批准后，发给建设工程规划许可证。

（2）建设工程规划管理的注意事项

建设工程规划管理事关重大，不仅要认真、谨慎、细致，而且必须注意六大事项，包括：

其一，严格依法依规管控建设项目。建设工程规划管理是政策性、法制性很强的工作，国家和地方颁布了一系列有关的法律、规章，在实际工作中必须严格遵照执行，做到有法可依、有法必依。建设工程规划许可证制度具有很强的约束，在工程规划管理中必须按其规定程序进行管理，不能有半点违背或随意变通。

其二，严格按政府计划审批建设项目。我国现行建筑工程投向与规模由各级政府计划部门控制，按基本建设管理程序，政府计划是办理工程规划手续的依据，其主要体现为：批准的建设项目设计任务书或可行性研究报告；批准的计划投资文件；技术改造项目计划批准文件；城市建设综合开发计划批准文件等。

其三，严格按既定规划核准建设项目。城市规划兼有专业技术性和法律强制性的双重特点。城市规划一经批准，就具有法律效力，是一切城市建设活动的指导和依据，一切城市建设活动都必须按照城市规划的要求来进行。在城市建设规划管理中，必须使审批的建设项目全面符合各类规划（包括总体规划、分区规划、详细规划以及其他相关规划）。

其四，使建设项目科学满足经济技术要求。国家在建筑的经济、技术和规划诸方面都有具体的指标要求，并以此来规范建设活动，建设工程的规划管理也应遵循此类指标。这些指标主要包括建筑技术标准、规范以及相关建设项目的具体经济指标、规划标准和技术要求等。

其五，使建设项目为城市空间优化增辉。城市规划管理与城市空间环境的塑造有着直接的关系，它是决定城市空间艺术效果优劣的关键环节之一。在城市规划管理中，要充分注意建筑与周边环境的协调，重视改善原有周边环境，塑造新的良好的城市艺术空间。

其六，使建设项目与城市生态规划相吻合。城市生态规划最终目标是为了维护和恢复城市的生态平衡，其内容包括人口适宜的容量规划、土地利用的适宜度规划、环境污染的防治规划、生物保护与利用规划、资源利用与保护规划等。在建设工程规划管理中，必须强化生态保护及生态规划意识，使各项建设活动符合城市生态平衡的目标。

（3）一般建筑建设的规划许可管理

首先，在城市规划区内新建、扩建和改建建筑物、构筑物、道路、管线和其他工程设施，建设单位和个人必须填报《建设工程规划设计送审单》，并附地形图、土地使用权属证件和建设项目批准文件，向城市规划部门提出申请；城市规划部门应在一定期限内核定设计范围，并提出规划设计要求。然后，建设单位和个人在一定期限内向城市规划部门报送建筑设计方案，城市规划部门予以复核。最后，建设单位和个人填报《建筑工程执照申请单》，并附施工图及消防、卫生防疫等有关部门的审核意见。城市规划部门在审查施工图与批准的建筑设计方案相符后，即可核发建筑工程执照，即建设工程规划许可证。

城市规划部门在审查建筑设计方案和施工图时，应特别关注下列问题：一是建筑工程设计必须符合国家和地方关于建筑密度、建筑面积密度、建筑间距、沿路建筑高度和沿路建筑后退距离等规划管理的技术规定。二是建筑工程设计涉及环境保护、卫生防疫、绿化、国防、消防、抗震、防汛、交通、工程管线、文物保护和农田水利等方面要求的，必须符合国家和地方的有关规定。三是城市规划部门应制订城市道路规划红线，报经市政府批准后，公布执行；沿道路建造的建筑物、构筑物及其附属设施，不碍逾越道路规划红线。四是建设工程的设计必须与周围环境相协调。五是各类建筑附设的污水排放和处理设施的设计，应征得环境保护、卫生防疫、市容环卫和市政工程等管理部门的同意。六是建筑物的室外地面标高，必须符合地区详细规划的要求，不得妨碍相邻各方的排水。七是建设单位和个人在取得建设工程规划许可证和其他有关批准文件后，可向城市政府的建筑管理部门申请办理开工手续；在申办开工获准后，建设单位和个人委托施工单位放线，并向城市规划部门申请复验灰线，经核实后方可开工建设。

（4）城市管线铺设的规划许可管理

核发城市管线敷设规划许可证，是城市规划部门根据城市工程管线规划，对城市基础设施中管线建设和维修，特别是地下管线与地上建筑、地下管线之间关系进行规范的一种城市规划管理，其主要内容包括：

第一，会同城市政府的道路管理部门和管线铺设公司，编制年度道路与管线修建综合计划，统一施工；在新区开发和旧区改造中，按照详细规划确定的管线口径和先地下后地上的程序，一次性敷设；在其他地段需要更新或扩容，也须与道路工程协同施工。

第二，审查管线平面设计图，确定管线位置、管线相互间水平距离和垂直距离，以及管线交叉点；鼓励敷设地下共同沟，以节约地下空间、提高敷设效率，便于日常检修。

第三，核发城市管线铺设规划许可证。各单位或个体，在规划区内修建城市基础设施的各类管线，除了按规定向市政府的路政部门和交通管理部门申请掘路执照和道路施工许可证外，必须向城市规划部门申请核发建设工程规划许可证。申请时，应附管线平面设计图。城市规划部门核发建设工程规划许可证后，管线工程应按核准的位置铺设，并绘制竣工图。城市规划部门根据管线工程竣工图，绘制城市道路地下管网图，便于日后换设管线时找出合适的位置。

（5）城市道桥施工的规划许可管理

新建、改建道路桥梁，除了按照规定先申请城市建设用地规划许可证外，也需要按照规定协议设计要点，申请建设工程规划许可证。城市规划部门对道路桥梁审核建设工程规划许可证的内容主要有：道路的走向、中心线不能擅自改变；道路桥梁的标高必须与两旁房屋建筑的标高相协调；道路的宽度、等级、交叉口设计须符合规划要求；道路的横断面设计须和地下管线相配合。

（6）城市建筑其他情形的规划管理

对城市建筑的其他情形的规划管理主要包括：第一，在城市规划区内进行临时建设，必须于批准的使用期限内及时拆除。第二，禁止在批准临时使用的土地上建设永久性建筑物、构筑物和其他设施。第三，私房的修建，不得妨碍道路交通和消防安全，并依法处理好截水、排水、通风和采光等方面的相邻关系。

（三）现代城市规划的督察管理

城市政府的规划主管部门不仅要严格核发建设用地和建设工程的规划许可证，更重要的是要根据城市规划法和规划许可标准，对建设用地和建设工程进行严格的许可后的监督检查，并予以相应的奖惩。这是全面、规范、系统实施城市规划的有力保障。

1. 建设用地规划许可后的督察管理

建设用地规划审核批准后，城市规划行政主管部门应加强监督、检查工作，监督检查的内容包括建设项目征用土地的复核和用地情况监督检查，具体如下：其一，用地复核，主要是指城市规划行政主管部门对征用划拨的土地进行验桩。其二，用地检查，主要是指城市规划主管部门根据城市规模的要求，对建设用地的使用进行监督检查，以便随时发现问题、了解问题，杜绝违章占地情况的发生。

2. 建筑工程规划许可后的督察管理

建设工程规划审核批准后，城市规划行政主管部门应进行严格的监督检查，具体包括：第一，放线，即建设单位按照建设工程规划许可证的要求放线，并经城市规划行政主管部门验收后方可施工。第二，现场检查，即城市规划管理工作人员深入有关单位的施工现场，了解建设工程的位置、施工等情况是否符合规划设计条件。第三，竣工验收，即竣工验收作为基本建设程序的最后一个阶段，规划部门应即时与，对建设工程是否符合规划设计条件的要求进行最后把关；建设工程竣工验收后半年内，建设单位应及时将竣工资料报送城市规划行政主管部门。

3. 建设用地和工程督察的多元奖惩

其一，对实施城市规划作出显著成绩，或城市规划管理人员忠于职守作出显著成绩，或检举违反城市规划的建设活动、城市规划管理人员以权谋私经调查属实的，由城市政府或城市规划主管部门给予表彰和奖励。其二，在城市规划区内，未取得建设用地规划许可证的，建设用地批准文件无效，占用的土地由县级以上政府责令退回。其三，在城市规划区内，未取得建设工程规划许可证或违反规划许可证的规定进行建设，严重影响城市规划的，由县级以上政府的城市规划部门责令停建，限期拆除或没收违法建筑物；影响城市规划，但可以采取改正措施的，由县级以上政府的城市规划部门责令限期改正，并处以罚款。其四，对违反规划许可的单位有关责任人员，由所在单位或上级主管机关给予行政处分。其五，对违章建筑，除了罚款外，严重影响城市规划的，限期拆除；可采取措施改善的，限期改正；无不良影响的，限期补照。其六，对逾期不拆除的临时建（构）筑物，由城市规划部门责令搭建者限期拆除，并处以罚款。其七，当事人对行政处罚决定不服，可以向作出处罚决定的机关的上级部门申请复议；对复议决定不服，可以向法院起诉，也可以在接到处罚通知后直接向法院起诉；当事人逾期不申请复议，也不向法院起诉，又不履行处罚决定的，由作出处罚决定的机关申请法院强制执行。其八，对阻挠城市规划部门的监察员依法执行公务，违反治安管理处罚条例的，公安机关应及时处理；情节严重构成犯罪的，依法追究刑事责任。其九，城市规划部门工作人员以权谋私或玩忽职守，由其所在单位或上级主管机关给予行政处分；构成犯罪的，依法追究刑事责任。

（四）历史文化名城的现代保护

历史文化名城是不可再生的先人文化遗产，在城市现代化发展的今天，城市规划主管部门有义务、也有职责，且更应该十分重视对它们的保护，使遗产绽放新蕊、让古典透射新韵。

1. 历史文化名城的保护原则

（1）整体性原则。从城市全局和城市整体发展的高度做好历史文化名城的保护和规划工作，而不是单纯地考虑保护一些历史遗迹和历史建筑。

（2）协调性原则。历史文化名城保护既要兼顾历史文化遗产保护，又要有助于社会进步、经济发展和生活环境的改善，即协调好保护与发展的关系。

（3）独特性原则。城市的独特性、唯一性是历史文化名城的核心。研究分析城市独特的建筑风貌、自然人文景观、传统生活方式，充分发掘和继承城市历史文化内涵，是历史文化名城保护的关键。

（4）真实性原则。历史文化名城的保护、维修、整治、修复要"修旧如旧、整旧如故"，"以存其真"；文物古迹、历史建设的保护应使其"延年益寿"，而不是"返老还童"。

（5）合理性原则。在有效保护历史环境、历史文化的前提下，对一些历史文化遗产进行合理的开发和利用，并通过有限的、合理的开发，达到积极保护的目的。

2. 历史文化名城的保护对象

（1）文物古迹。文物古迹包括类别众多、零星分布的古建筑、古园林、历史遗迹、遗址及古代或近现代杰出人物纪念地，还包括古木、古桥等历史构筑物等。

（2）历史地段。历史地段包括文物古迹地段和历史街区。文物古迹地段，即由文物古迹（遗迹）集中地区及其周围环境组成的地段；历史街区，是指保存有一定数量和规模的历史建（构）筑物且风貌相对完整的生活地区，该地区内的建筑可能并不全都具有文物价值，但它们所构成的环境和秩序却反映了某一历史时期的风貌。

（3）古城风貌特色。一是古城空间格局，包括古城的平面形状、方位轴线以及与之相关的道路骨架、河网水系等。它一方面反映城市受地理环境制约的结果，另一方面也反映出社会文化模式、历史发展进程和城市文化景观上的差异和特点。二是古城自然环境，包括城市及其郊区的景观特征和生态环境，如重要地形、地貌和有关山川、树林、原野特征。城市的自然地理环境是城市文化的重要载体和组成部分。三是城市建筑风格，包括建筑的式样、高度、体量、材料、色彩、平面设计乃至与周围建筑的关系处理等综合性内容。有鉴于建筑风格直接影响城市风貌特色，要注重处理新旧建筑的关系，尤其是文物建筑、历史地段与周围新建建筑风格的协调。新区建设也应研究继承传统建筑风格与创造新城特色的关系。四是历史传统文化，包括传统艺术、民间工艺、民俗精品、名人轶事、传统产业等等，它们与有形文物相互依存、相互烘托，共同反映城市的历史文化积淀，共同构成城市珍贵的历史文化遗产。

第二节　现代城市的土地管理

土地是人类赖以生存和进行物质生产的不可再生的自然资源，其数量是有限的。破坏作为不可再生资源的土地，就是危及人类的生存基础，从这种意义上说，土地也是一种社会资源。对于土地资源的利用，不仅是权利人对自己权利的行使，而且还关系到其他社会成员生存的权利。所以，保护、管理和合理利用土地，既是土地使用单位和个人对土地生产能力的保护，也是对土地生态及其环境质量的保护，更是对人类生命的保护。

城市土地管理，是城市政府根据国家有关城市土地的法律法规，对城市土地占有、分配、实用的规划、组织、控制和监督。我国城市土地管理包括了城市的土地地籍管理、土地权属管理、土地利用管理和土地市场管理四个方面。我国土地管理的指导思想是：坚定不移地贯彻执行"十分珍惜、合理利用土地和切实保护耕地"的基本国策。由于城市土地的稀缺性，城市综合实力的竞争在一定程度上就是土地科学利用的竞争。因此，必须以服务城市发展战略、经济结构调整、可持续建设运营为目标，推进建设用地节约集约利用、分层分类开发，实现土地利用方式由粗放向精细的根本转变，实现土地供应从增量为主向盘活存量、控制增量转变，使有限的城市土地产生尽可能大的经济、社会、生态效应。

我国现有城市土地管理制度经历了五个发展阶段。第一阶段：从无偿划拨到有偿使用。计划经济时代，中国城市土地实行单一行政划拨制度，其主要特征为彻底否认土地的商品属性，土地完全退出流通领域，土地收益流失严重。第二阶段：城市土地市场的建立与逐步完善。在城市土地有偿使用制度起步阶段，由于土地交易量有限，土地价格不能通过市场机制自然形成。改革开放之后城市土地制度进行相应改革，1990年国务院颁布《中华人民共和国城镇国有土地使用权出让和转让暂行条例》，规定国家按照所有权与使用权分离的原则，实行城镇国有土地使用权出让、转让制度，标志着中国城市土地有偿使用制度的正式确立。第三阶段：城市土地储备制度的创立。土地储备是为了配合企业改制、盘活城市存量土地资产、优化土地资源配置，有利于政府对土地市场实施调控。1996年，上海成立了我国第一家土地储备机构——土地发展中心，接受市政府委托实施土地收购、储备、出让工作，机构列为事业单位编制。第四阶段：省以下垂直管理模式的建立。2003年底，中央提出土地管理模式实行省以下垂直管理，即省以下地方土地管理部门业务管理权和人事权全部上收到省，地方政府不再具有对同级土地管理部门的监督管理权力。从2004年起，各省市土地管理逐步向省以下垂直管理模式转型，强化了中央对土地管理调控的力度，地方政府违法用地的现象大大减少。第五阶段：城乡土地管理事权的不断拓展。2006年7月，国务院办公厅发出《关于建立国家土地督察制度有关问题的通知》，在全国建立土地督察制度，由国土资源部向地方派驻9个国家土地督察局。中央政府希望能将土地管理置于自己的直接控制之下。2007年，针对"以租代征"、"未批先用"等三类农地、耕地违法行为，中央又展开土地执法"百日行动"，在全国各地集中查违法用地。

一、现代城市土地管理的本质与特征

(一) 现代城市土地管理的本质

1. 城市土地管理的定义

城市土地管理，是城市政府根据国家有关城市土地的法律法规，对城市土地占有、分配、实用、保护的规划、组织、控制和监督。我国城市土地管理，是指国家通过各级政府及其土地管理部门，维护社会主义土地公有制、保护土地所有者和使用者的合法权益、协调土地关系、提高土地生产力，满足人民群众日益增长的物质文化需要，按照依法、统

一、全面、科学的原则和要求，对土地的开发、利用作一系列的组织协调、控制、监督等综合性措施和活动。土地管理的重点是确保土地利用的科学、合理，即使土地的利用与其自然的、社会的特性相适应，充分发挥土地要素在生产活动中的基础的支撑作用和稀不可再生的束作用，以获得最佳的经济、社会、生态综合效益。

2. 城市土地管理的属性

城市土地管理具有自然和社会的双重属性：一方面，土地具有的不可再生的稀缺性、人类生存对其的不可替代的依赖性，以及作为生态环境载体的必须予以的规律上的适应性和开发利用上的适度性，使之具有了无可违背的自然规定性。另一方面，从人类社会发展对土地利用与开发的需要性、不同群体对土地权属、支配能力和需求程度的差异性，以及不同地域土地需求与资源总量匹配的不对称性和调控的可能性，使之具有了诸多不可预测和调谐的社会属性。正是土地管理的这种独特的双重性，使管理具有了天然的艰巨性，也决定了土地管理必须遵循尊重自然、服务社会、适应可持续发展的基本原则。

3. 城市土地管理的作用

城市土地管理体现的是城市政府对土地的宏观调控、中观平衡和微观制约，包括权属明晰、性质明确、总量控制、供需平衡、价格稳定等诸多方面，用以科学保障城市基础设施用地，减少土地利用的外部性，保证土地市场的稳定运行，促进土地资源公平分配。

一是有利于明确土地所有权与使用权的区别及其利益的归属。我国城市土地属国家所有，进入市场的只是使用权。城市土地管理主要内容之一是管控市场的土地两权归属，尤其是土地使用权转让的合理、合法、公平、公正，从而达到减少土地市场交易的失序与失控、土地收益分配的失衡与失范现象的目的。二是有利于城市土地资源配置的科学合理。城市土地供需调控是保障城市土地市场健康发展的政策性工具，能使土地利用总体规划与城市定位和各类规划衔接、配套，即与城市发展定位衔接、与城市规划指标体系衔接、与城镇体系规划衔接，从而优化城市土地分布格局、提高城市土地利用效率、强化城市土地调控功能。三是有利城市土地市场的价格稳定、供需平衡。通过城市土地管理，可以规范和稳定土地市场价格，防止国有土地收益流失，发挥地价杠杆调节作用，抑制土地投机、炒卖，平衡土地市场供需。

(二) 现代城市土地管理的特征

1. 国家所有的土地权属管理

土地公有制是我国社会主义制度的基础，《土地管理法》第二条规定了"中华人民共和国实行土地的社会主义公有制"，因此进行土地管理和土地利用都必须以土地公有制为前提。土地的社会主义全民所有制，具体采取的是社会主义国家所有制的形式，由社会主义国家代表全体劳动人民占有属于全民的土地，行使占有、使用、收益和处分等权利，这也是城市土地管理的重要前提。《宪法》第十条规定："城市的土地属于国家所有。"《土地管理法》第八条更明确规定："城市市区的土地属于国家所有。"《土地管理法》第二条规定："全民所有，即国家所有土地的所有权由国务院代表国家行使。"因此城市市区的土地属于国家所有，其所有权由国家代表城市全体人民行使，具体又由国务院代表国家行使。

2. 有偿有限的土地使用管理

除了国家核准的划拨土地以外，凡新增土地和原使用的土地改变用途或使用条件、进行市场交易等，均实行有偿有限期使用。现行城市土地使用制是在不改变土地所有权归国家所有的情况下，国家采用拍卖、招标或协议的方式将土地使用权有偿、有限期地出让给土地使用者；土地使用者在使用年限内可以将土地使用权依法转让、出租、抵押或者用于其他经济活动，其合法权益受国家法律保护；土地使用权期满，土地由政府无偿收回；需要继续使用的，可以申请续期，申请批准后，期限可以延长，同时按当时市场行情补交出让金；在特殊情况下，根据社会公共利益的需要，国家可以依照法律程序提前收回，并根据土地使用者已使用的年限和开发、利用土地的实际情况给予相应的补偿。

3. 用途本位的土地分类管理

城市土地管理，严格按照国家土地法则进行分类分级的行政监管，实行土地用途管制，所有使用土地的单位和个人必须按土地利用总体规划确定的用途使用土地。目前我国编制土地利用总体规划，按用途将土地分为农用地、建设用地和未利用地，限制农用地转为建设用地，并严格控制建设用地总量，对耕地实行特殊保护。这里的农用地是指直接用于农业生产的土地，包括耕地、林地、草地、农田水利用地、养殖水面等；建设用地是指建造建筑物、构筑物的土地，包括城乡住宅和公共设施用地、工矿用地、交通水利设施用地、旅游用地、军事设施用地等；未利用地是指农用地和建设用地以外的土地。通过土地管理，可以形成一套长效土地监管机制，进而，从根源上杜绝城市大建大拆现象，为城市进一步可持续发展拓宽空间。

4. 从上至下的土地分级管理

（1）中央政府的土地管理

依照法律制定全国土地管理办法；编制和执行全国土地利用总体规划，审批下级政府的土地利用总体规划；行使重大农地转用和征地的审批权（对基本农田审批权中央专属）、耕地开垦的监督权、土地供应总量的控制权、土地权属纠纷处理权、土地执法监督权、土地违法案件查处权。

（2）省级政府的土地管理

依照法规制定本省土地管理规章；编制和执行省级土地利用总体规划，审批下级政府的土地利用总体规划；行使本级农地转用和征地审批权、耕地开垦监督权、土地供应总量控制权、土地权属纠纷处理权、土地执法监督权、土地违法案件查处权。

（3）市县政府的土地管理

开展本级土地利用规划和计划的编制和执行，地级以上城市政府审批下级政府的土地利用总体规划；行使本级土地登记权、征地组织和实施权、已经批准的建设用地区域内具体项目用地的审批和供应权、土地供应部分收益权、国有土地的收回权、土地权属纠纷处理权、土地违法案件的查处权等。

（4）乡镇政府的土地管理权限

负责本级土地利用规划和计划的编制和执行；行使宅基地用地的审批或审核权、土地权属纠纷处理权，以及乡村公共设施、公益事业用地的审核权等。

5. 严格规范的土地制式管理

（1）地籍管理制度。包括对土地的利用分类，进行土地调查，对城镇土地定级与估价，土地统计与档案管理。

（2）土地权属管理制度。包括城市国有土地所有权和使用权的区分、确认，征收土地，对城市国有土地使用权行使流转权，调停土地权属等纠纷。

（3）城市土地利用管理制度。包括评价及判定城市用地条件，利用城市建设用地、未利用地，规划、开发和管理城市用地。

（4）城市土地市场管理制度。包括调控城市土地市场的供需，进行城市土地市场的价格管理，盘活城市土地资源，进行城市土地储备。

（5）土地信息管理制度。广泛应用"3S"技术进行土地信息化管理，包括GPS（全球定位系统）、RS（遥感）和GIS（地理信息系统），并在完善城市土地管理数据库、全面建立城市土地管理信息系统中发挥重要作用。

二、现代城市土地管理的原则与目标

（一）现代城市土地管理的原则

1. 城市土地监管的有序原则

城市土地管理，必须加强对土地市场的制度建设和监管力度，明晰土地产权和用益物权。对土地招标、拍卖、挂牌出让的进行严格的法制化管控和程序化监督，使土地价格在市场机制下自然形成，并将土地市场的各类信息，包括招投标程序、招投标信息、招投标结果等对社会进行公布，以便于公众监督。要通过政府监察和公众监督对地方政府权力进行约束，使土地配置能够反映国家与地方利益的平衡与协调。此外，还必须丰富和完善土地相关权利与法律体系，对土地使用权的各权力层次进行细化分割和明确界定，建立土地发展权、地上通行权、空间使用权、地役权等土地权能，不断提高城市土地的管理和使用效率。

2. 城市土地调控的动态原则

城市土地管理，必须建立基准地价动态监测系统，借助市场交易的历史和近期资料，分析土地的经济效益，得出各级别土地的平均地价，以科学应对地区差异和用途差异。由于土地市场供需变化会影响基准地价的高低，因此土地基准价格应该是动态的，要随经济发展和城市建设的变化进行及时调整。在调整中，既要注重地价的长期不断提高趋势和大尺度周期性，使基准地价的形成反映长期的经济趋势和土地市场状况，又要考虑土地市场的波动所导致的地价的相应变化，反映适时的动态需要。应开发建立城市土地基准地价动态信息系统，对基准地价进行动态监测，并对监测结果进行经常性的发布。

3. 城市土地储备的科学原则

城市土地管理，必须完善土地储备制度，明确土地储备制度主体，即土地收购储备机构的角色和定位。土地储备一要实现政府目标，二要通过市场运作，把目标主体和运营主体分割开来，尤其在利益关系上分割开来，实现公共目标和规范市场运作的双赢。为保证政府目标的实现，政府委托时应有对企业的限制性法律规定，企业对存量土地的收购以及出租、出售的项目立项要由政府批准；政府也可派监督小组常驻企业，对其运营进行全程监督，以形成相应的监督和激励机制。

4. 城市土地统筹的兼顾原则

城市土地管理，牵涉农用地的用途变更，要建立城乡统一、规范的土地市场，以避免政府滥用征地权力、扩大征地范围、谋取不当利益，或者使征地补偿标准偏低，农民利益受损。要打破农村土地进入市场的政府征地权力垄断，有效保护农民土地的用益物权。要加大打击违法用地、隐形交易的土地市场乱象的力度，维护土地市场的正常秩序，规避土地价格的扭曲，让农民和国家的地权利益获得双赢。

（二）现代城市土地管理的目标

1. 建立规范化的城市土地市场供需机制

（1）一级土地市场供需机制

供给机制：这是政府财政收入的重要保障，有三方面约束，即城市规划对一级市场土地供给的约束、土地管理体制对一级市场土地供给的约束（中央对地方、中央土管对地方土管）、土地收益分配对一级市场土地供给的约束。

需求机制：对相关企业具有的双重属性，即城市土地既是企业生产经营的载体，又是企业投机的对象。但需求机制受制于四方面约束，即地价约束、银行信贷约束、企业决策约束、供给对需求的约束。

（2）二级土地市场供需机制

供给机制：表现为资金对供给的约束、地税对供给的约束。

需求机制：表现为四层关系，即房地产企业自用和用于投资之间的需求关系，市场需求量与房价、购房贷款利率之间的悖逆关系，居民收入水平、住房商品化程度、住房负债之间的交叉关系，消费观念和房地产投资观念之间的正相关关系。

2. 建立有形化的城市土地市场管控机制

在管理机制上，以土地有形市场（土地交易中心）的建立和完善为标志，形成体现廉洁高效、平等透明、规范有序、良性互动的土地管理运行体系。按照传统的土地协议有偿出让方式，开发商物色到土地后，先要与原有土地单位谈妥转让事宜或与政府协议出让，然后再经过一系列的审批环节，约100个工作日才能取得土地。土地交易中心成立后，投资者只要竞标成功，凭出让合同就可以直接向政府申领各项批文，免去了繁琐的审批环节，省时省力省钱。因此，土地交易中心的建立，不仅可以充分发挥市场配置土地资源的作用，还有利于推动政府土地管理的依法行政和廉政建设。

3. 建立多元化的城市土地储备运作机制

城市土地的储备，一是新增城市用地的征用，二是存量城市土地的收购、置换、回收。对于进入储备体系的土地，储备机构会根据城市规划和建设用地的要求，对其进行开发、整理。其中，通过对农用地的开发，可以使其达到建设所需的"三通一平"（指基本建设项目开工前通水、通电、通路和场地平整）或"五通一平"（即通水、通电、通路、通信、通气与平整土地）的状态；通过对原城市用地拆迁、归并组合、平整以及基础设施的完善，则可以使其更符合城市建设的需要。城市土地储备制度对完善我国城市土地市场起着积极的作用，可以垄断城市一级土地市场，合理控制新增城市供地数量，保障土地市场交易公开、透明、公正，提高土地配置的市场化程度，优化城市土地的利用结构，改善城市功能，提升城市土地利用价值，调节城市经济发展的速度和规模。

4. 实现有规划的土地资源可持续利用

城市土地管理必须坚持以土地利用总体规划为引导，并实现与城市总体规划、城乡体系规划和产业布局规划的有机结合，使土地资源配置最优化。要严格实行土地的差别化用途管理、有计划利用管理、可持续总量限控，努力提高城市土地的节约、集约、高效利用水平。

5. 实现民本化的土地资源科学化利用

城市土地管理，必须贯彻落实城乡统筹的科学化总体发展战略，符合建设生态城市、宜居城市、海绵城市的基本定位和长远目标，符合城乡资源统筹、优势互补、利益共享方针，使城市发展更绿色、让乡村建设更现代，使城乡基础设施一体化、公共资源共享化，让城乡空间形态有区别、具体功能适配化。

6. 实现法制化的土地资源集约化利用

城市土地管理，必须建立查防结合、预防为主的制度，通过开展国土资源法律法规知识普及与培训、案例分析与研讨，不断增强全民依法用地、积极参与管地、严格保护城市土地及其生态环境的意识。同时，要建立健全违法违规用地举报制度，畅通土地违法行为举报渠道，充分发挥广大人民群众的监督作用，对违法违规用地单位和个人做到"查处—执行—追究—移送"四到位，并实现各级相关部门的通力合作，切实杜绝违规批地、违法用地等现象的发生和蔓延。

三、现代城市土地管理的领域与方式

（一）现代城市土地管理的领域

当前中国城市土地管理存在着机构重叠、职能交叉的现象，且土地管理的内容较多、情况复杂，主要管理领域包括以下四个方面：

1. 城市土地的规划管理

城市土地规划是城市土地管理的重要内容，表现为城市土地管理部门根据社会经济发展的要求，对城市土地资源进行的合理安排和科学布局，其核心是对城市土地的用途作出规划，包括居住用地、工业用地（轻工业和重工业）、商业用地、机关和公用事业用地（学校、公园、影剧院、风景区、绿化带、草坪等）、城市交通用地（公路、铁路、桥梁、码头、机场、街道、停车场等），对土地所有者和使用者的权利进行限制、调节和确认，实现城市经济效益、社会效益、生态效益的最大化。

2. 城市土地的地籍管理

城市土地地籍管理，是城市政府为取得有关地籍资料和为全面研究土地的法律（权属）、自然和经济状况而采取的以土地调查（含测量）、土地登记、土地统计、地籍档案归整等为主要内容的国家行政行为。地籍管理的对象是作为自然资源和生产资料的土地，主要包括如下三个方面：一是土地调查和统计。查清土地的位置、数量、等级、利用和权属状况。通过调查获得准确的土地数量、质量、利用和权属状况的资料，为编制国民经济计划和制定有关政策提供依据。二是土地登记。确认土地所有权、使用权和他项权利的享有者，并将其登记在案。三是地籍档案管理。对地籍管理工作中直接形成的具有保存价值的历史记录，如文件、图册、图像资料等，进行搜集、鉴定、整理、统计、编码，并将之保存下来。

3. 城市土地的市场管理

城市土地市场包括城市各类用地市场，即住宅用地市场、商业用地市场、工业用地市场等。其宏观管理表现为国家从社会经济发展的总体和长远目标出发，通过法律、经济和行政手段，对城市土地市场进行干预，以达到抑制土地市场投机、维护土地市场秩序、优化土地资源配置、合理分配土地收益的目的，包括城市土地市场供需管理和城市土地市场价格管理两个方面。其微观管理表现为国家通过法律、经济和行政手段，对城市土地市场主体、客体和交易程序进行管理，保证土地市场公平交易，以发挥土地市场机制对城市用地的多元调节功能。

　　4. 城市土地的资产管理

　　城市土地管理中的土地资本经营，可以使有限的城市空间发挥最大的效用，提高城市土地资本的利用效率和地域空间的生态效益及经济效益。由于土地是稀缺的和不可移动的资源，同一个城市的建设、管理、经济、环境等方面的水平与土地收益关系密切，因此，通过土地资产的有偿使用，能为城市建设和国有企业改革积蓄大量的资金，有利于从机制上摆脱计划经济时期城市公共设施、基础设施等只有投入而没有产出的困境，形成"投入—产出—再投入"的良性循环。

(二) 现代城市土地管理的方式

　　1. 城市土地的行政化管理

　　城市土地的行政化管理，是指国家通过行政机构，采用带强制性的行政命令、指示、规定等措施，来调节和管理土地的具体手段，是国家土地政务推进的重要方式，体现在当前和未来土地事务的组织和管理活动中。城市土地的行政化管理，有利于土地资源的优化配置、土地利用中的相对公平、土地资源的可持续利用，促进政府整体行政效率的提高。

　　2. 城市土地的经济化管理

　　城市土地的经济化管理，是指政府直接运用经济手段管控城市土地，把投入城市土地的大量资金通过城市土地的有偿使用予以收回，并进行城市土地的整治和开发，从而实现城市建设资金的良性循环。同时，用经济手段管理城市土地，是城市政府指导城市用地的重要杠杆，能充实现城市土地效用的最大化。目前，我国城市土地循环利用或者可持续利用机制主要包含两方面内容：一是城市土地供给的储备—开发循环机制；二是城市土地开发资金的投入—产出循环机制。

　　3. 城市土地的法制化管理

　　城市土地的法制化管理，是指城市政府用法律手段管理城市土地。事实上，城市土地的规划管理、行政管理和经济管理，都要有法律依据和保障，以规范人们在开发、利用、管理和保护土地过程中所形成的权利与义务关系。采取法制手段，同时可以规范土地民事法律责任、土地行政法律责任，行使对城市土地管用的行政处罚、行政处分权，并对土地非法转让或倒卖土地使用权、非法占用耕地、非法批准征用或占用土地、非法低价出让国有土地使用权等犯罪行为，行使刑事法律责任。

　　4. 城市土地的信息化管理

　　城市土地的信息化管理，包括云平台构建、大数据应用、网络化关联、数字化收集，以及地籍管理、政务信息、地价评估、动态监测等技术的高新化。运用信息化高新技术手段，可以使城市土地管理创建"运转高效、渠道畅通、更新有序、使用方便"的管理与信息流转体系，加大各管理部门工作程序上的融合性、可识别性，使城市土地管理进一步实现标准化、规范化、精细化、动态化和可持续化。

第三节　现代城市的人口管理

　　城市人口，从广义的角度理解，是指与城市活动有密切关系、常年居住在城市的人口，他们既是城市的主人（城市建设、发展、维持正常运作的主体），又是城市服务的对象（依赖城市而生存的客体）。城市人口管理，是城市政府对城市常住人口户籍、各类人口身份、人口数量质量、人口计划生育、外来流动人口，以及人口统计预测等行政性调控的总称。搞好城市人口管理，是城市政府的重要职能之一，是加速城市发展的客观要求，是充分发挥城市功能的有力保障，是维护城市正常生产生活秩序的必要条件。

国家对城市人口进行有计划的战略管控，地方对城市人口进行法制化的有序管控，城市对本地与外地人口进行精细化的分类管控、对常住与暂住人口进行科学化的差别管控、对各类人口进行条与块融合管控。我国城市人口管理主要遵循四大原则，即社会公正、地方自治、严细高效和智慧规范。城市人口管理的主要领域包括：户籍与身份管理、普查与预测管理、总控与计生管理、流动与迁徙管理。城市人口管理的方式主要有：户籍制管理、身份化管理、计划制管理、导流式管理、结构型管理、信息化管理。城市人口管理的目标是实现人口规模与城市发展需求的匹配、人口总量与城市资源环境的匹配、人口结构与城市公共服务的匹配、人口素质与城市竞争能力的匹配。

一、现代城市人口管理的本质与特征

（一）现代城市人口管理的本质

1. 城市人口的主要内涵

城市人口，从广义的角度理解，是指与城市活动有密切关系、常年居住在城市的人口，他们既是城市的主人（城市建设、发展、维持正常运作的主体），又是城市服务的对象（依赖城市而生存的客体）。城市人口既包括拥有本座城市户籍的常住人口，也包括来自其他城市和农村但常住或暂住于本城市的流动人口。从我国现行的城市人口统计口径来看，市区和城市郊区的农业人口均统计为城镇人口。可见，我国城市常住人口，既包括城市非农业人口，也包括城市农业人口。

2. 城市人口管理的属性

城市人口管理，是指城市政府对城市常住人口户籍、各类人口身份，以及人口总量、质量、结构、流动人口，以及人口统计、预测等进行调控化行政的总称。按管理对象分，城市人口管理包括了常住人口和流动人口的管理；按管理事务分，城市人口管理的分为人口户政管理、人口普查与预测、人口计划生育管理等。城市人口规模合理化、素质优良化、结构多元化、流动有序化等，是城市人口管理的基本目标。搞好城市人口管理，是城市政府的重要职能之一，是加速城市发展的客观要求，是充分发挥城市功能的有力保障，是维护城市正常生产生活秩序的必要条件。我国现有城市，按常住人口规模分为五类七档，即 1000 万以上的超大城市、500 万以上 1000 万以下的特大城市、300 万以上 500 万以下的Ⅰ型大城市、100 万以上 300 万以下的Ⅱ型大城市、50 万以上 100 万以下的中等城市、20 万以上 50 万以下的Ⅰ型小城市和 10 万以上 20 万以下的Ⅱ型小城市。

3. 城市人口管理的作用

（1）有益于城市的健康发展

一是落户人口的政策性倾斜，有利于吸引外来、留住本地高素质人才，有益于优化城市的人口素质与产业结构；二是吸引青壮年人口进城，有助于拉动城市消费、扩大市场规模、提振经济总量、提高城市的竞争力；三是大规模农业富余劳动力进城，大大活跃劳动力市场，有力促进城市的就业，更好增强经济活力。

（2）有利于城乡的多元统筹

吸引农业富余劳动力入城，可以缓解农村人多地少的倒挂矛盾，更加合理地开发和利用农业土地资源，更好地保护农村的自然环境。大量农村人口进入城市，在加速国家城市化、弥补城市相关领域劳动力不足的同时，也可以更快地帮助农村转移人口提高素养、优化技能、脱贫致富。

（3）有助于城市的文化繁荣

跨地区的人口迁移、大量异地甚至异域高素质人才的流入，在为城市带来青壮劳力、高新技能的同时，也带来了竞争的意识、创新的理念、进取的精神，以及多彩的外来文化、丰富的异族民俗，为城市文化的多元性注入了新的元素。

（4）有便于人口的规模控制

城市人口管理，不仅要吸引，还要进行未知预测、总量控制，因为城市的资源禀赋有限、承载能力有度。通过分析，可以明晰未来城市发展的自身人口增量、社会需求总量、可能流入变量，从而提前设防、科学调控，做到人口的有计划地增长、有目的地引入、有保障地承载。要防止人口的无序流动、盲目进城、随意驱赶，要在总量受控的情况下，让城乡人口享受同等的公共服务、均能有尊严地生活、都享有劳动就业的权利。

（二）现代城市人口管理的特征

1. 国家对城市人口的战略性计划管控

我国人口管理主要涉及三大部门，即国家发展改革委、公安部和国家卫生计生委。其一，国家发展和改革委员会负责研究提出国家人口发展战略，拟订人口发展规划和人口政策，研究提出人口与经济、社会、资源、环境协调可持续发展，以及统筹促进人口长期均衡发展的政策建议。其二，国家公安部主要通过有关户籍管理（包括户口登记、身份证、居住证、暂住证等载体）政策法规的制定与实施，实现对人口居住、流动、流向等的管控。其三，国家卫生和计划生育委员会负责拟订计划生育政策，研究提出与计划生育相关的人口数量、素质、结构、分布方面的政策建议，促进计划生育政策与相关经济社会发展政策的衔接配合，参与制定人口发展规划和政策，落实国家人口发展规划中的有关任务。同时，统筹规划计划生育服务资源配置，指导区域卫生和计划生育规划的编制和实施；负责完善生育政策，组织实施促进出生人口性别平衡的政策措施，组织监测计划生育发展动态，提出发布计划生育安全预警预报信息建议；制定和监督实施计划生育技术服务管理制度，制定并组织实施优生优育和提高出生人口素质的政策措施，推动实施计划生育生殖健康促进计划，降低出生缺陷人口数量；组织建立计划生育利益导向、计划生育特殊困难家庭扶助和促进计划生育家庭发展等机制；负责协调推进有关部门、群众团体履行计划生育工作相关职责，建立与经济社会发展政策的衔接机制，督促国家二孩政策的实施；制定并组织落实流动人口计划生育服务管理制度，推动建立流动人口计划生育信息共享和公共服务工作机制；指导地方计划生育工作，监督落实计划生育一票否决制，依法组织参与人口统计调查和国家人口基础信息库建设。

2. 地方对城市人口的法制化有序管控

第一，贯彻落实党和国家关于人口和计划生育的方针、政策和法律、法规、规章；起草省市县等的地方性相关法规草案、政府规章草案和政策规定；会同有关部门提出促进出生人口性别平衡的政策措施；协助有关部门拟订相关的社会经济衔接政策。第二，拟订省市县人口规划草案，加强人口规模、趋势、素质、结构等重大问题的战略性、前瞻性研究，提出统筹解决人口问题的目标和任务建议，提出人口与经济、社会、资源、环境协调可持续发展的政策建议。第三，制定并组织实施省市县地区人口和计划生育中长期规划、年度计划和事业发展规划，对人口和计划生育规划执行情况进行监督和评估，稳定低生育水平。第四，负责省市县人口和计划生育工作的综合协调和与治理，协调推动统筹解决人口问题目标和任务的实施；负责协调推动有关部门、群众团体履行人口和计划生育工作相关职责，促进人口和计划生育方针政策与各项工作的衔接配合。第五，监测省市县人口和计划生育发展动态，提出发布人口和计划生育安全预警预报建议，负责人口和计划生育的信息综合及信息化建设，参与城市人口基础信息数据库建设。第六，研究提出省市县地区促进人口有序流动、合理分布的政策建议；拟订流动人口计划生育服务管理规划，负责推动建立流动人口计划生育信息共享和公共服务工作机制，负责流动人口计划生育服务与管理。第七，制定省市县计划生育技术服务发展规划并监督实施；依法监督、管理计划生育各项技术服务工作。第八，组织实施省市县计划生育的生殖健康促进计划，提高人口素质，协同有关部门降低出生缺陷人口数量。第九，组织搞好省市县人口和计划生育的宣传、教育、培训和内外交流工作。

3. 城市对本地与外地人口的分类管控

我国城市对本地人口实行户政管理，包括分户登记、人口卡片、居民身份证制发和人口统计四个方面。我国各城市的公安局、公安分局均设有户口管理部门，其下属派出所是城市常住人口户政管理的基层单位，也是户口登记的专门机关。户口登记以户为单位，分为集体和家庭户口两种。对城市外来人口，我国城市实行综合性的户政管理，也称非城市常住户口而暂住或滞留城市的人口管理。城市外来人口可分为正常流动人口和非正常流动人口两大类。正常流动人口包括探亲访友、旅游、求学、公务、商务、劳务等类型的外来人员；非正常流动人口则包括盲目流入城市的无业游民、乞丐、逃避计划生育者，以及流窜作案的犯罪分子和逃避通缉的罪犯等。对城市流动人口实行综合管理，主要是限制流入量与居住时间、依法驱逐或缉拿、分类分片归口管理、把流动人口纳入城市规划管理轨道等四个方面。

4. 城市对常住与暂住人口的差别管控

我国城市人口管理中，将城市常住人口和暂住人口进行差别管控，这有利于控制城市人口的总体规模、城市劳动就业的质量匹配，也有利于保障城市居民公共服务公平共享。对城市常住人口的管理，按照户籍政策进行相应的制度性、福利性供给。而城市人口管理的重点是暂住和流动人口。对暂住人口主要实施暂住人口证、居住证制度，推行出租屋租赁合同登记、治安和安监及计生等综合管理责任制度，强化出租屋暂住人口登记和管理制度。在将所有出租屋纳入管理范围的基础上，按照分类指导原则，采取各有侧重的管理手段和措施，将居住于工厂宿舍、建筑工棚、租赁屋、自购屋等各类住所的人员全部纳入登记和管理范围。对城市暂住人口的管理，实行社区、警区、安全文明小区联动，警员、社区综合协管员、物业管理员联合作业的模式，并根据各社区实际，推广完善旅业式、围合式、公寓式等形式多样的管理方法，既可以掌握社区内暂住人口异动情况，也有利于提高治安防范和管理水平。

5. 城市对各类人口的条与块融合管控

我国的城市人口管理，是将人口繁衍与人口调控相结合，建立和完善与城市人口战略相适应的人口管理模式和调控手段，遏制人口规模过快膨胀，并寓管理于服务之中，以服务体现管理，创造便民利民和安居乐业的环境，保持城市人才竞争力，理顺区域人口管理关系，推行条块结合、以块为主的管理体制。这可以明确区政府、街道办事处作为暂住人口管理责任主体的定位，合理划分市职能部门、区政府及街道办事处在人口管理中的职责和权限，实现人口管理中各职能部门管理重心、管理权限、管理队伍和管理经费向区、街道办事处的下移，实现区域和街道办事处人口管理的责、权、利统一，保证人口管理机构的正常运转。

二、现代城市人口管理的原则与目标

（一）现代城市人口管理的原则

1. 城市人口管理的社会公正原则

城市人口管理的社会公正，体现的是国家对人的尊重和人权的保障，具体表现为对城市人生存权、就业权、受教育权以及社会保障权的护佑。在这个原则下，无论是本地户籍人口还是外来流动人口，城市都要给予公平的竞争机会、公正的权益分配和共享的社会保障。要按照每个城市社会成员所投入劳动的数量和质量、所投入生产要素的价值与价格，给予其个体对社会所做具体贡献的公平合理的利益回报，以期调动每个社会成员的积极性，激发整个城市社会的活力，化解社会群体之间的各种矛盾，形成全体人民各尽所能、各得其所而又和谐相处的社会。

2. 城市人口管理的地方自治原则

这里的所谓地方自治，是指在一定地域范围内的地方自治团体或者公民，按照宪法和法律的规定，运用本地区的人力、物力、财力自主管理或治理本辖区内公共事务的地方政治制度。通俗地讲，就是本地方的人，用本地方的钱，办本地方的事。城市人口管理的地方自治是相对而言的，是基于分权原理的地方自理，有助于不同城市根据本城市区域规模确立适宜的城市人口管理方式，有利于城市的特色化发展，也有利于城市治安机关和其他治理主体依法开展预防和打击违法犯罪的各项管理活动开展。

3. 城市人口管理的严细高效原则

这里的所谓高效运行，体现的是城市人口管理的执行力和精准度，表现为管理标准的一致性、工作流程的详细性、绩效考核的严谨性、信息反馈的持续性，使城市发展和人口繁衍达到协同、适配。一个国家或地区的环境人口容量，是指在可预见的时期内利用本地资源及其他资源和智力、技术等条件，在保证符合思想文化准则和物质生活水平条件下，所能持续供养的人口数量。人口管理的严细高效，可以保证我们的城市，不仅具有所承载人口必须的精神慰藉、文化愉悦、生理健康的软实力，而且具备居住舒适、出行便捷、吃穿时尚的硬实力，并得以平衡、协调、可持续。

4. 城市人口管理的智慧规范原则

城市人口管理是一项复杂的系统工程，只有智慧、规范，才能确保系统完整、低耗高效。如实行人口信息系统"三级联网"，可以使人口管理逐步走上规范化录入、信息化储备、微机化管理、智慧化协同的能效之路。进行程序化、标准化、范式化协同，可以有助于规范审批制度、简化审批手续、强化双向反馈、增进上下交流，使户籍登记、社会治安、计划生育、人口流动、市场就业、人口结构、人口规模、人口素质、社会养老等城市人口管理诸方面，更趋规范化、更为透明化、更显人性化、更加精准化。

(二) 现代城市人口管理的目标

1. 实现人口规模与城市发展需求的匹配

合理的以及符合地方发展战略、城市特色定位的城市人口规模，有利于城市的社会充分就业、市场积极消费、交通住房保障、产业经济发展、教育文化繁荣，以及整体的可持续发展。相反，盲目地增加人口、不加管控地流入人口、超越需求地扩充人口，会带来诸多的社会矛盾，包括失业诱发的巨大贫富落差、拥堵造成的市容环境恶化、无房酿成的违章违法搭建，以及更多的噪声、废物、水体、大气、强光等的污染，乃至社会人际关系恶化、社会治安难度增加等。当然，人口规模过小也会阻碍城市发展，诸如产业所需的劳动力供不应求、产品上市的消费需求不足、房地产开发的大量空置、新区建成后的鬼城现象等。因此，城市人口规模应该而且必须与城市发展的需求相匹配，这是城市人口管控的重要目标。

2. 实现人口总量与城市资源环境的匹配

城市是一个三维的立体生态空间，包含了人、资源和环境三大要素，三者必须匹配，才能平衡协调。在一定条件下，城市人口的增加可能会产生诸多积极效应，包括劳动力增加带来的产业振兴和资源禀赋利用率提高、就业人口增加带来的市场购买力提高，以及经济发展后对环境改造和维护能力的增强等等。但与此同时，人口的膨胀也会增加资源禀赋的消耗、各类污染的排放、整体环境的恶化，人口的过度集聚，还会导致空间难以容纳、环境无法承载、资源供不应求。所以，这里的关键是一个度，是需求、供给、承载三者的匹配。城市人口既不能过多，也不宜过少，应做到"六适"，即人口规模要适度、人的需求要适当、改造力度要适合、科技进步要适应，城市资源要适配、城市环境要适宜。也就是说，城市人口要控制在不突破城市资源禀赋供给和环境生态承载极限的范围之内，使城市人的需求与资源禀赋的满足及整体环境的承载之间，具有一定的调节空间、优化余地和可持续平衡的可能。

3. 实现人口结构与城市公共服务的匹配

城市人口规模要适度，不仅因为城市发展需求、空间容量、资源禀赋、环境承载的有限性，还与城市公共服务的提供能力息息相关。生活、学习、工作在城市的每一位国民，包括郊区的农业居民，尽管户籍性质或属地有不同，但享受基本公共服务的权利是平等的。所以，一个城市有多少常住人口，政府就必须具备与之同等的向他们提供基本公共服务的能力，包括警务、社会救助等突发应急服务能力，工商、税务、政务、就业、信息等的生产工作支撑服务能力，法律、教育、医疗、体育和交通、能源、市政等的市民生活保障服务能力。不管这些能力源于政府自备，还是通过社会购买，基本的保障性公共服务必不可少，这是纳税人应享的权利，也城市政府应尽的工作职责。与此同时，城市公共服务还具有一定的户籍属地的差别性，即本地户籍人口还可享有的基本公共服务之外的部分附加公共服务。这是我国现行经济社会条件下、发达国家地域差别条件长期存在的公共服务保底均等、附加差别的现象。正是这一制度性差异的长期存在，所以，城市公共服务的重量适应，还取决于入城人口的属地结构，即本地城市户籍、农村户籍，以及外地、外国户籍的所占比例。同样总量的城市常住人口，当地方政府公共服务能力较弱时，本地城市户籍人口占比不宜太高，可以相对增加本地农村户籍、外地户籍乃至外国户籍的人口占比；随着地方政府公共服务能力的不断提高，这些人口占比应逐步向本地城市户籍偏转，让更多城市常住人口现有基本加附加的城市公共服务，用以吸引更多优秀外来人才、稳定在市既有人才。

4. 实现人口素质与城市竞争能力的匹配

城市的竞争能力是由综合竞争力、产业竞争力、财金竞争力、商贸竞争力、设施竞争力、体制竞争力、环境竞争力、资源竞争力、人才竞争力、科教竞争力和文化竞争力等构成，其中，人才、科教与文化竞争力，虽然是软实力，却是关键性的城市竞争力，直接关系城市的发展推力、攻坚能力、可持续耐力。因此，城市人口不仅数量规模要适度、属地结构要适合，而且，能力素养更要适配。从这个意义上说，城市人口的扩张、劳力的增加、人才的引进，要有总量需求的预测支撑、技能需求的专业选择、素养需求的结构调控，即要可用之人、进有用之才、增稀缺高才，使城市的人口总量适度、人才济济、以一顶十；使城市的竞争力综合、强大、独特。

三、现代城市人口管理的领域与方式

（一）现代城市人口管理的领域

1. 城市人口的户籍与身份管理

城市人口的户政管理机构是城市公安局或公安分局的派出所。派出所管辖区即户口管辖区。辖区内机关、团体、学校、企业、事业单位内部和集体宿舍的居民户口由各单位指定专人协助户口登记机关办理户口登记；分散居住的居民户口，由户口登记机关直接办理户口登记。户口登记以户为单位，户主住处设一户，人户必须统一。城市户政管理机构对城市常住人口的户政管理主要有以下四个方面：

（1）开展户口登记

城市户口登记实行常住、暂住、出生、死亡、迁出、迁入、变更更正七项登记制度，由户口登记机关用其设立的户口登记簿进行登记。

（2）建立人口卡片

在户口登记的基础上，户口登记机关应以人为单位建立具有户口登记项目的人口卡片，以便于管理和查找。这项工作目前已逐步应用计算机进行联网管理。

（3）颁发居民身份证

我国于1985年9月正式公布的《中华人民共和国居民身份证条例》，居民身份证由公安机关统一印制、颁发和管理。

（4）进行人口统计

城市户口管理部门在户口登记和资料调查的基础上，按公安部统一制发的人口统计报表进行统计，逐级汇总上报，并向城市政府和有关部门提供人口统计资料。

2. 城市人口的普查与预测管理

（1）开展人口普查

人口普查是一种多目标的调查，是一次性的、直接的、普遍的调查。目的在于了解一个时点某一个国家或整个地区、城市内人口的静态状况。城市政府要在国家统一部署下，以公安、民政部门为主组织专门队伍，负责进行此项工作。人口普查时间性很强，人口流动性又大，为了准确，应一律以一个时点的常住人口为普查对象，普查项目必须严格、科学、明确，被调查人必须逐项填写，不允许遗漏。新中国成立以来，我国已在1953年、1964年、1982年、1990年、2000年、2010年进行了六次全国性人口普查工作。

（2）进行人口预测

人口预测又称城市人口发展规模的预测，就是根据城镇人口的现状和发展特点，通过运用科学的方法，推测若干年后城市人口的状况。人口预测包括人口数量预测与人口质量预测两个方面。人口规模决定城市规模，人口质量决定城市层次，城市人口数量是城市规划的重要依据。因此，搞好城市人口量与质预测对制定城市发展规划、预见城市未来经济和社会发展趋势有重要意义。城市人口预测既为制定国民经济计划提供依据，也是计划期内人口指标的重要内容。

3. 城市人口的总控与计生管理

我国人口已经接近14亿，控制人口数量、提高人口质量是我国的一项基本国策。计划生育管理对我国经济和社会发展具有重大的战略意义。城市政府负责计划生育管理的常设机构是卫生和计划生育委员会。由于计划生育工作涉及千家万户、各行各业，加之传统的多子多孙、重男轻女的封建意识影响，难度很大。做好计划生育工作必须在城市政府统一领导下，宣传部门、公安部门、民政部门、医药卫生部门通力协作，并在共产党市委领导下，依靠各级党组织和工会、共青团、妇联等群众团体的力量，群策群力地进行。落实计划生育政策是一项经常性的工作，目标是有效地控制城市人口过快地自然增长，提高城市人口质量，使城市人口增长与城市经济和社会发展状况相适应。

随着我国老龄化加速与城市人口增速的减缓，一个严峻的问题摆在我们面前：出生率逐年降低，年轻人越来越少，今后谁来工作、谁来纳税、谁来养活数以亿计的老年人？对此，2015年10月，中共十八届五次会议提出了"全面实施一对夫妇可生育两个孩子政策，积极开展应对人口老龄化行动"的号召，我国计划生育开始步入"两孩时代"。"全面两孩"政策是根据我国人口发展形势、人口与经济社会发展变化的现实状况，有计划、有步骤实施的人口调整政策，具有重要的现实意义和深远的历史意义。

4. 城市人口的流动与迁徙管理

流动人口是指非城市常住户口而又暂住或暂时逗留于城市的人口。城市流动人口的存在是一种客观的现象，是城乡经济和社会发展的必然结果。城市流动人口可分为正常流动人口和非正常流动人口两大类。正常流动人口包括探亲访友、旅游、求学、公务、劳务等类型的外地人；非正常流动人口包括盲目流入城市的无业游民、乞丐、躲避计划生育进城生育的孕妇以及流窜作案的犯罪分子和逃避通缉的罪犯等。

城市流动人口是一种动态的人群，有的逗留时间长，有的逗留时间短，城市流动人口管理就是要让每个城市根据自身发展的需要，使流动人口大体维持在某一种可以接纳、能够存续、愿意驻留的水平。流动人口数量一般以日流动人口量为统计标准，往往按用工需求急缓、劳动技能高低、创新能力强弱进行导流，通常用暂住证、居住证、正式落户予以分层、分类安排。城市流动人口增加是城市化进程加快、城市经济发展加速的必然结果。随着城市市场的开放，城乡和城市间横向联系的加强，以及城市辐射力、吸引力的增大，城市流动人口的迁徙、转移、驻留将会更趋活跃、更加规范、更为便利。

（二）现代城市人口管理的方式

1. 城市人口的户籍制管理

户籍制度是一项基本的国家行政制度。我国现代户籍制度，则是国家依法收集、确认、登记公民出生、死亡、亲属关系、法定地址等公民人口基本信息，以保障公民在就业、教育、社会福利等方面权益的，以个人为本位的人口管理方式。通过户籍制管理，我国人口按非农和务农，分为了城镇户籍和农村户籍；按原始注册地不同，分为了常住户籍人口和非户籍流动人口。

我国城市人口户籍制管理经历了三个阶段：第一阶段着重户籍的登记管理职能，这时的户籍管理政策主要目的在于对人口居住地点与基本信息的登记，并不涉及公民的自由迁徙与利益权利的分配；第二阶段着重户籍在限定人口自由流动方面的功能，其中最主要的是针对人口的乡城流动行为进行严格的约束与规制；第三阶段着重在相关的利益分配方面，其最突出地变现为就业、教育、住房、医疗、社会保障等诸多公共福利权益与户口的关联。

可以说，历史上的城市人口户籍制管理，既有积极效应，也存在消极影响，特别是对城乡二元的分割和户籍附加福利的分配不公。对此，中共十八大和全国城镇工作会议都提出了加快户籍制度改革的要求，重点是通过调整完善户口迁移政策，促进有能力在城镇稳定就业和生活的常住人口有序实现市民化，主要任务是解决已经转移到城镇就业的农业转移人口落户问题，稳步提高户籍人口城镇化水平，稳步推进城镇基本公共服务常住人口全覆盖。

2. 城市人口的身份化管理

通过对居民身份证信息的登记、注册和身份证的发放、查验，国家更好地实现了对城市常住户籍人口和非常住流动人口行动信息的静态和动态的了解，为城市人口身份化实时管控提供了有效的信息载体、实施途径和达标方式。

我国国民身份的证明长期由户口簿替代，验证很不方便。随着国家经济社会发展，人口异地流动、证明居民身份成为生活、学习和工作的一种常态。为了便于查验证明居民身份，1984年4月6日，国务院批转公安部关于颁发居民身份证若干问题请示的通知，同时公布了《中华人民共和国居民身份证试行条例》。自此，我国通过实施居民身份证制度，揭开了居民户籍和身份的证件化管理序幕，并且开始颁发第一代居民身份证，其登记项目包括姓名、性别、民族、出生日期、住址，有效期分为10年、20年、长期三种，是用于证明持有人身份的唯一证件。1999年10月1日起，经国务院批准，在全国范围内建立和实行公民身份号码制度，国家为每个公民从出生之日起就编定唯一的、终生不变的身份代码。2004年3月29日起，中国大陆正式开始为居民换发内藏非接触式IC卡智能芯片的第二代居民身份证。2013年1月1日起，一代身份证停止使用，新一代身份证中还将登记指纹信息。2015年11月，为方便长期离开常住户口所在地的群众就近办理居民身份证，同时创造更加安全的居民身份证社会应用环境，经中央全面深化改革领导小组第十五次会议审议通过，公安部印发《关于建立居民身份证异地受理挂失申报和丢失招领制度的意见》。2016年7月，在全国大中城市和有条件的县（市）推广异地受理。2017年7月，将在全国各地全面实施异地受理、挂失申报和丢失招领工作。

3. 城市人口的计划制管理

所谓人口的计划制管理，主要体现在城市人口的总量控制和自然增长的计划控制。人口总量主要根据城市自身的空间容量、资源总量、承载能力、发展需要，通过户籍制（包括有条件入城的暂住证、居住证制）进行有计划地限制。人口自然增长，主要根据国家计划生育的基本国策加以引导，实行"属地管理、单位负责、居民自治、社区服务"的管理机制，其核心内容包括：将辖区户籍人口、人户分离的常住人口、流动人口和各单位职工的计划生育，按照"以房管人"、"以现居住地为主"的属地化管理原则，全面纳入社区、街道办事处的管理范围，本辖区内居住的所有育龄人员和单位职工都必须接受和服从社区的计划生育管理与服务。构建街道、社区和单元小组上下贯通、左右联动的服务网络，实行社区"定人、定位、定责、定时"的"网格化"无缝隙管理。随着我国老龄化加速与城市人口增速的减缓，我国计划生育开始步入"两孩时代"。"全面两孩"政策作为有计划、有步骤的人口自然增长调控政策，具有重要的现实意义和深远的历史意义。

4. 城市人口的导流式管理

我国人口众多，各地发展落差很大，单一城市对人口的需求与吸引力大相径庭，有些城市人满为患，有的则成为无人向往、无业可就的"死城、鬼城"。为此，各地采取措施实行有计划、有条件、有目的的人口导向性流动、迁徙。根据中央城镇工作会议精神，我国主张放开中小城市外来人口的落户限制，鼓励农村富余劳力就地、就近城镇化；大城市、特大城市则有条件地开放外来人口落户；北、上、广、深等一线超大城市严格控制人口增长。为了减缓、减少农村富余劳动力向超大、特大、大城市的过度集聚，国家正在推进东中西部产业布局的均衡化、城市乡镇公共服务的均等化，用以缩小东西差距、城乡差距、工农差距。

5. 城市人口的结构型管理

城市作为一个差异定位、不同层次、独特产业、灵动市场构成的繁复的巨系统，需要一定量的不同年龄、不同性别、不同族群、不同域别、不同国籍、不同素养、不同能级、不同专业的人口，以一定的比例结构活动其间、居住其中，并为其服务、促其进步。为此，城市人口除了数量管控，也需要层次、结构上的把握。我国城市人口管理的重要方式之一，就是注重根据城市发展需要和可能，集聚相适应的城市人口，其中包括适合的人口总量、急需的人才增量、一定的惠顾流量，使城市稳得住产业发展所需的基本劳力、引得来市场发展所需的消费人流、招得到创新发展急需的专门人才、留得住形成城市综合竞争力的特殊能人。我国城市调控人口结构主要表现在对急需人才引进、驻留的一系列政策倾斜，如城市给予居住证办理和落户的各种积分优惠、单位给特殊人才引进的住房补贴和科研经费等的优惠。

6. 城市人口的信息化管理

人口管理是一项量大、面广、动态的复杂行政事务，而信息化可以使这一管理化繁为简、变粗为细，由静态转为动态、由纸质变为数字、由滞后变为实时。人口的信息化管理主要包括：公民身份号码、姓名、性别、民族、出生地、出生日期、住址、亲属关系以及人口数量、结构、变动、分布、质量等基本信息的采集、储存、利用，人口管理信息的查询、交换、比对，人口历史（昨天、今天、明天）信息的分析、研究、预测，以及跨界、跨市、跨省、跨国人口事务的零距离、实时化、高效率办理等。实现人口管理信息化，可以使现代城市发展与管理有更精准的人口信息依据，使所有在城市生活、跨城市流动、进城市务工、到城市学习、去城市旅游、入城市公务的人们，身份证明、户籍变更、证照办理更便捷、更高效。

第三章 现代城市的建设管理及其践行模式

现代城市管理包含了前期的战略管理、中期的建设管理和后期的运行与保障管理。其中，建设管理是实现城市战略目标、保证城市运行功能可持续发挥作用的基础和关键所在，如因管控乏力，建设质量低下，城市就无法正常运行，或运行不可持续。因此，城市政府在城市管理三阶段行政中，高度关注具有承上启下作用的建设管理至关重要。

城市建设管理，是城市政府运用法律规范、行政举措、市场机制，对城市各类建设项目（新建、扩建、改建、恢复工程等）从可行性研究、选立项、投融资、招投标、设计、施工、监理、质检、安监，到后评估等全过程的精细化管控；是城市建设中理性选项、规范立项、科学投资、市场融资、公平招标、有序投标、精心设计、优质施工、严格监理、全程安全、项目合格的重要保障；是城市各类设施开发、建设、利用节俭材料、减少污染、降低成本的重要环节。

城市建设管理的主体，是城市政府及其主管建设的行政部门、下属事业监管机构、相关法制部门、社会第三方监督机构、广大市民群众等。城市建设管理的客体，是各级各类的市场主体（可研、设计、施工、材料和设备的生产与供应单位），以及各级各类行政、执法、监督、评估等的从业机构。城市建设管理的范围主要包括：建设项目的可行性研究、建设项目的市场投融资、建设项目的经济性分析、建设项目的市场招投标、建设项目的市场承发包、建设工程的建造价、建设项目的后评估，以及建设工程的产品质量、建设工程的施工安全等。城市建设管理的主要方式是：法制化规范、行政化监管、市场化调控、行业性自律、第三方评估、社会舆论与广大市民的监督。

城市建设管理的目的，是规范建设市场，包括市场主体的经营规范、监督管理的行为规范、市场运营的秩序规范；规范项目投融资，包括投资决策的科学性、项目投资的经济性、市场融资的规范性、投融资合作的法理性；规范建设质量，包括项目可行性研究、设计、施工、建材、监理和后评估质量；确保功能完善，包括建设项目的可持续使用功能、可拓展衔接功能、可叠加兼容功能、可优化升级功能；确保环境和谐，包括项目建设不污染自然环境、不干扰生活环境、不影响工学环境、不破坏生存环境；确保降本增效，包括减少不必要的消耗、降低可压缩的成本、去除超豪华的功能。

第一节 现代城市建设项目的可行性研究管理

一、现代城市建设项目可行性研究的性质与作用

（一）现代城市建设项目可行性研究的性质

1. 城市建设项目可行性研究的定义

城市建设项目的可行性研究，是项目投资决策的前导工作，是指对项目工程技术、经

济状况、社会条件等诸要素的系统调查、研究分析，对各种可能的技术方案的进行比较论证，并对投资项目建成后的经济、社会、环境效益进行预测和评价，考查项目技术上的先进性、适用性，经济上的合理性和财务上的盈利性，以及建设的可能性、环境的许可性，继而确定项目投资建设是否应该、可行的科学分析和深入研判的过程。

城市建设项目可行性研究的最终成果是严谨、科学的可行性研究报告，它是投资者从事项目前期准备工作的纲领性文件，是推进此后其他与项目有关的各项战略决策、战术准备工作的主要依据。

2. 城市建设项目可行性研究的程序

城市建设项目可行性研究通常分为三个阶段，即：项目投资机会研究、初步可行性研究和详细可行性研究。

（1）建设项目的投资机会研究

建设项目投资机会研究包括一般机会研究和特定项目机会研究。一般机会研究又分为地区机会研究（寻找某一特定区域内的投资机会）、部门机会研究（寻找某一特定产业部门的投资机会）和资源开发机会研究（即以资源开发和加工为目的的投资机会研究）三类。地区机会研究，旨在通过研究某一地区的自然地理状况，以及这一地区在国民经济体系中的地位、作用、优势、劣势，进而寻求投资机会。部门（或行业）机会研究，旨在分析某一部门（或行业）由于技术进步、国内外市场变化而出现的新的发展和投资机会。资源开发机会研究，旨在通过参考国内外同类项目、同类地区、同类投资环境、同类可用资源条件下的成功案例，发现自身条件下的投资机会。

建设项目投资机会研究是进行初步可行性研究之前的准备性调查研究，一般与规划研究同步进行，以此研究结果为基础，可以设立备选项目库，进行项目储备，供制定投资计划和开展投资项目深入可行性研究之用。根据建设项目一般机会研究的结论，当某项目具有投资条件时，就可进行项目具体机会研究，即具体研究某一项目得以成立的可能性，将项目设想转变为投资建议。

建设项目投资机会研究是比较粗略的研究，其对项目投资费用和生产（或经营）成本的预测一般根据同类项目加以推算，误差通常在±30％左右；建设项目投资机会研究的费用一般占总投资额的 0.2～1.0％，时间约为 1～3 个月。

（2）建设项目的初步可行性研究

建设项目初步可行性研究也被称作预可行性研究，是指在投资机会研究的基础上，对项目可行与否所作的较为详细的分析论证。初步可行性研究是介于投资机会研究与详细可行性研究之间的一个中间阶段，起着承上启下的作用。对于大型复杂项目而言，是一个不可或缺的阶段。项目初步可行性研究与详细可行性研究相比，除研究的深度与准确度有差异外，内容大致相同。初步可行性研究得出的项目投资额和生产（或经营）成本误差要求在±20％，其研究所耗费用约占项目总投资额的 0.25～1.25％，时间为 4～6 个月。

（3）建设项目的详细可行性研究

建设项目详细可行性研究乃最终的可行性研究，是投资决策的关键依据。之一阶段的研究，要全面分析项目的组成部分和可能遇到的各种问题，并最终形成书面成果，即《可行性研究报告》。详细可行性研究得出的项目投资额和生产（或经营）成本误差要求在±10％，其研究所耗费用约占项目总投资额的 1.0～3.0％（小型项目）或 0.2～1.0％（大型项目），时间为 8～12 个月甚至更长。

（4）建设项目的可行性辅助研究

对某些特定的大型复杂项目，还要进行必要的辅助性研究，即功能研究，是指对项目某一个或几个方面关键、特殊问题的专门研究。辅助性研究不是一个独立的研究程序，而是作为初步可行性研究和详细可行性研究的附加部分。辅助性研究主要包括：项目或产品的市场研究、原材料和其他投入物研究、实验室和中间实验研究、项目地址选择研究、项目规模经济研究、项目设备选择研究等。

（二）现代城市建设项目可行性研究的作用

1. 为城市建设项目投资决策提供依据

在建设项目投资之前，投资者需要委托有资质、有信誉的投资咨询机构，在充分调研和分析论证的基础上，编制可行性研究报告，并以可行性研究的结论作为其投资决策的主要依据。大量的实践证明，在拟建项目决策之前，投资者从市场、技术、工程建设、经济及社会效益等多方面对建设项目进行全面综合的可行性研究和论证，并依其结论开展投资决策可以大大提高投资的科学性。

2. 为城市建设项目筹措资金提供依据

城市建设项目投资者筹措资金，包括寻找合作者投入资金和申请金融机构贷款。在寻找合作者时，无论是国内还是国外的合作者，可行性研究报告都是招商工作的主要资料之一。对于申请金融机构贷款，无论是国内还是国外的金融机构，在受理项目贷款申请时，首先要求申请者提供可行性研究报告，然后对其进行全面细致的审查、分析和论证，并在此基础上编制项目评估报告，评估报告的结论是银行确定贷款与否的重要依据。

3. 为城市建设项目商洽签约提供依据

城市建设项目如果需要引进技术和设备，外商谈判首先要查看项目可行性研究报告的有关内容（如设备选型、生产能力、技术先进程度等），并以此为据展开洽谈。有时，谨慎的外商还会要求在项目可行性研究报告被批准之后才会同意签约。在项目实施过程与投入运营之后，都需要与供电、供水、供气、通信和原材料供应等单位或部门协作配套，它们也都要根据可行性研究报告的有关内容才会签订相关协议或合同。

4. 为城市建设项目工程设计提供依据

在可行性研究报告中，对项目的场址选择、总图布置、生产规模、产品方案、生产工艺、设备选型等进行了方案比选和论证，确定了最优方案。投资者可依据可行性研究报告进行工程设计。

5. 为环保规划部门项目审批提供依据

城市建设项目开工前，需要当地政府批准相关用地计划，规划部门审查项目建设与城市规划的匹配度，环保部门审查项目对环境的影响程度。所有这些，都必须以可行性研究报告中的总图布置、环境及生态保护方案等诸多论证结论为依据。因此，可行性研究报告是建设项目申请核准的重要依据。

6. 为项目的施工和竣工验收提供依据

可行性研究报告对拟建工程项目的施工组织、工程进度安排以及竣工验收都有明确、具体的要求。因此，建设项目的可行性研究报告，可以作为检查施工进度以及工程质量的重要指标性依据。

7. 为建设项目的整体后评估提供依据

在城市建设项目进行后评估时，都要以项目可行性研究报告的相关绩效指标为依据，将建设项目的预期效果与实际成果进行对比考核，以此作出对项目实际可持续运行成效的全面评价。

二、现代城市建设项目的分类与可行性研究内容

(一) 现代城市建设项目的内涵与分类

1. 城市建设项目的主要内涵

城市建设项目又称基本建设项目，其特征是：以扩大生产能力（或新增工程效益）为主要建设内容和目的，以利用国家预算内拨款（基本建设资金）、银行基本建设贷款为主、项目土建工作量投资占整个项目投资 30% 以上，列入城市基本建设计划的，按照一定的程序，在一定的时间内完成，符合相应质量要求，并以形成固定资产为明确目标的一次性任务。

一个基本建设项目，就是在一个总体设计或总预算范围内，由一个或若干个互相关联的单项工程所组成，建成后在经济上可以独立经营、实行统一核算，行政上有独立的组织形式、实行统一管理的建设工程总体。凡同属一个总体设计范围内的主体工程、生活设施工程、综合利用工程、供水和供电工程、运输通信工程、铁路专线工程，以及水库的干渠配套工程等，均作为一个建设项目；不属于同一总体设计、经济上分别核算、工艺流程没有直接关联的几个独立工程，则不作为一个建设项目。而在一个总体设计范围内分批、分期进行建设的若干个建设项目，均算作为一个建设项目。

2. 城市建设项目的不同分类

由于城市建设项目种类繁多，为了适应科学管理的需要，正确反映建设项目的性质、内容和规模，可以从不同角度进行分类。

(1) 按建设项目的性质分类

其一，新建项目，一般是指全新建设的项目，或对原有项目重新进行总体设计，并使其新增固定资产价值超过原有固定资产价值 3 倍以上的建设项目。其二，扩建项目，主要指相关单位为了扩大原有项目的产品生产能力（或使用效益）而增加建设的新的配套工程项目。其三，改建项目，是指原有单位为了提高生产效益、改进产品质量或调整产品结构，对原有设备或工程进行技术和能级改造的建设项目。其四，迁建项目，包含那些相关单位由于某些原因进行单位搬迁而进行的新址建设，不论规模维持原状还是扩大建设，均称作迁建项目。其五，恢复项目，主要是指企业、事业单位因受自然灾害、战争等特殊原因，其原有固定资产已全部或部分报废，需按原来规模重新建设或在恢复中进行扩建的项目。

(2) 按建设项目的用途分类

第一，生产性建设项目，主要指直接用于物质生产或为满足物质生产所需要的工程建设项目，主要包括：工业建设，内含工业、国防和能源建设项目；农业建设，内含农、林、牧、渔、水利建设项目；基础设施建设，内含交通、邮电、通信、地质普查、勘探建设项目；商业建设，内含商业、饮食、仓储、综合技术服务事业的建设项目。第二，非生产性建设项目，一般指用于满足人民物质生活和文化、福利需要的建设项目和非物质资料

生产部门的建设项目，它包括以下各项内容：办公类用房建设项目，如国家各级党政机关、社会团体、事业管理机构办公用房等；居住类建设项目，如专供居住使用的房屋及其附属设施等；公共建设项目，如科学、教育、文化艺术、广播电视、卫生、博览、体育、社会福利事业、公共事业、咨询服务、宗教、金融和保险业等的建设项目；其他建设项目，指不属于上述各类的其他非生产性建设项目。

（3）按行业性质与特点分类

一是竞争性项目，主要指投资效益比较高、竞争性比较强的一般建设项目。这类项目以企业为基本投资对象，由企业自主决策、自担投资风险。二是基础性项目，一般指具有自然垄断属性、建设周期长、投资金额大而收益较低的基础设施和需要政府重点扶持的基础工业项目，以及直接用于增强国力、具有规模效应的支柱产业项目。这类项目主要由政府集中必要的财力、物力，通过经济实体进行投资。三是公益性项目，包括科技、文教、卫生、体育和环保等设施，公、检、法等强力部门及政府机关、社会团体的办公设施等。公益性项目的投资主要来源于政府的财政资金。

（4）按建设项目的规模分类

城市建设项目按其规模可分为大型、中型和小型三类，或限额以上和限额以下建设项目两类，但其划分的标准各个行业不尽相同。

（二）现代城市建设项目可行性研究的内容

城市建设项目可行性研究报告的内容主要包括三大类：第一为市场研究，这是项目可行性研究的前提和基础，其主要任务是解答项目在拟建上的"必要性"问题；第二为技术研究，这是项目可行性研究的技术基础，主要破解项目在技术上的"可行性"问题；第三为效益研究，这是项目可行性研究的核心部分，主要解析项目在经济上的"合理性"问题。市场研究、技术研究和效益研究共同构成项目可行性研究的三大支柱。城市建设项目可行性研究的内容随项目的不同而有所差异。联合国工业发展组织编写的《工业可行性研究编制手册》，列出了一般工业项目可行性研究的内容，勾勒出建设项目可行性研究内容的基本框架，主要包括以下几个方面：

1. 建设项目的可行性研究内容概述

主要内容包括：项目的名称、主办单位、承担可行性研究的单位、项目提出的背景、投资的必要性和经济意义、投资环境、提出项目调查研究的主要依据、工作范围和要求；给出项目的历史发展概况、项目建议书及有关审批文件、可行性研究的主要结论和存在的问题与建议。

2. 建设项目的市场需求和拟建规模

主要内容包括：调查国内外市场近期对项目的需求状况，并对未来趋势进行预测，对国内同类项目现有生产能力进行统计估算，进行项目所能产出的产品销售预测、价格分析，判断这些产品的市场竞争能力以及进入国际市场的前景，确定拟建项目的规模，对拟建项目方案和发展前景进行技术经济论证和比较。

3. 建设项目的所需资源及配套设施

主要内容包括：经过正式批准的建设项目所需资源的储备量、品位、成分以及开采、利用条件的评述；建设项目所需原料、辅助材料、燃料的种类、数量、质量及其来源和供应的可能性；建设项目所需有毒、有害及危险品的种类、数量和储运条件，以及材料试验情况；建设项目所需动力（水、电、气等）公用设施的数量、供应条件、外部协作条件，以及签订协议和合同的情况等。

4. 建设项目的各类建设条件和选址

主要内容包括：确定建设项目的地理位置；根据建设项目的生产技术要求，收集相关基础资料，调查了解交通运输、通信设施以及水、电、气、热的可供现状和发展趋势；全面分析建设项目的拟建面积、占地范围、总体布置方案、建设所需条件、地价、拆迁及其他工程费用情况；对建设项目选址进行多方案的技术经济分析和比较，提出优选意见。

5. 建设项目设计方案的比较与优选

主要内容包括：对已确定的建设项目选址范围布局总图和交通运输设计进行多方案比较和选择；建设项目构成范围的确定；建设项目土建工程总量的估算；建设项目土建工程总布方案选择，包括场地平整、主要建筑和构筑物与厂外工程的规划；建设项目所用技术和工艺方案的论证，包括技术来源、工艺路线和生产方法，以及主要设备选型方案和技术工艺的比较等。

6. 建设项目的环境与安全影响评估

主要内容包括：对项目建设地区现有环境状况进行调查，分析拟建项目可能排放的"三废"（废气、废水、废渣）种类、成分和数量，预测其对环境的影响；提出拟建项目的"三废"治理方案和回收利用举措，并给出环境影响评价；提出建设项目劳动保护、安全生产、城市规划、防震、防洪、防空、文物保护等方面的要求，以及采取相应举措的方案。

7. 项目建成后的体制机构与人员配置

主要内容包括：对项目建成后经营管理体制、日常运作机构设置方案进行比选论证，并提出理想方案下工程技术和管理人员素质及数量的要求；提出项目建成后所需劳动定员的配备方案；制定项目建成后运管人员的培训规划，并估算所需费用。

8. 建设项目的施工计划和进度要求

主要内容包括：根据勘察设计、设备制造、工程施工、设施安装、试生产所需时间与进度要求，选择项目实施方案、确定总体进度，并用横道图或网络图表述项目施工计划和最佳实施方案。

9. 建设项目的投资估算与经费筹措

主要内容包括：建设项目的总投资估算、主体工程及辅助配套工程的投资估算，以及流动资金的估算；建设项目资金的来源、筹措方式、所筹资金的来源占比、资金成本及贷款的偿付方式等。

10. 建设项目的财务与综合经济评价

主要内容包括：开展建设项目的微观经济评价（财务分析）和宏观经济评价（经济分析），并通过相关指标的比较、计算，进行项目盈利能力、偿债能力、社会效益等的综合分析。

11. 建设项目的不确定性因素分析

主要内容包括：运用盈亏平衡以及敏感性、风险性不确定分析法，综合比较、计算拟建项目相关指标，考察项目抵御风险的能力。

12. 建设项目的综合评价与结论建议

主要内容包括：运用估算的拟建项目各项数据，从技术、经济、社会、财务等方面综合论证项目的可行性，推荐一个或几个优选方案供决策参考，同时，指出项目存在的问题以及改进建议。

13. 建设项目的各类辅助性文案图表

主要内容包括：用于建设项目相关问题说明的辅助性文件、图纸，一般放在项目可行性研究报告的最后，顺序编码，以备查阅；为减少项目可行性研究报告篇幅而另附的调研数据、统计表格、计算过程等，一般放在项目可行性研究报告的最后，顺序编码，以备查阅。

三、现代城市建设项目可行性研究的报告与编制

（一）现代城市建设项目可行性研究报告的编制程序

现代城市建设项目编制可行性研究报告实行资质制度。根据我国的实际情况，投资者拟定项目建议书以后，一般委托有规定资质的中介机构（如工程咨询公司、各类设计院所等）编制建设项目可行性研究报告，其编制程序包含以下环节：

1. 组建建设项目可行性研究工作小组

建设项目可行性研究工作小组是搞好项目可行性研究的组织保障，其组成人员的优劣直接关系可行性研究的成败，因此，不仅素养要好、水平要高，而且，人员的专业结构与层次配置组合要合理，分工要明确、精细。以此为基础，按可行性研究的工作内容及专业分工，分别撰写各板块的详细分调研提纲，由组长梳理、整合、充实、优化后形成可行性研究报告调研、编制的详细总编研提纲，并据此推进可行性研究的信息收集、实地调研、分析提炼、报告编制。

2. 进行建设项目可行性研究数据收集

根据分工，建设项目可行性研究工作小组各成员分别进行可行性研究数据的收集、整理、估算、分析以及有关指标的制定。在可行性研究过程中，数据的收集和现状调研分析是重点。一般来说，可行性研究所需要的数据来源于以下三个方面：一是投资者提供的资料性数据；二是中介咨询机构本身拥有的储备性数据；三是通过相应调研获取的第一手现状数据。

3. 草拟建设项目可行性研究报告初稿

在对取得的各类可行性研究信息资料进行筛选、归类、整合，以及组织有关人员展开分析论证、辨伪存真、周详精确之后，便进入可行性研究报告的草拟阶段。由于可行性研究报告具有前瞻性、周详性、专业性、精确性和多元内容的关联性、体系性，因此，草拟过程，不仅要严格按大纲构建框架、按详纲归纳内容、按专业把控技术、按要求精准计算、按目标科学预测，而且，可行性研究工作小组成员要协调互补、精准对接、统筹兼顾、联合攻坚，确保可行性研究报告的初稿资料尽可能详尽、数据尽可能准确、结构尽可能完整，为日后的优化奠定扎实的基础。

4. 建设项目可行性研究初稿的修改论证

建设项目可行性研究报告初稿拟就以后，需要进行多视角、多维度、考据式的反复讨论、修订、补充和完善，才能最终形成正式报告。在此过程中，应特别注意关键提法、衡

量标准、主要依据、结构形式的前后一致性；严格保持各类数据、推导计算、研判结论的精准性、客观性、科学性；努力做到报告编制的方法正确、有效，报告的内容周全、有用，报告的结论客观、有据；参与研讨、论证、修改的人员面要广、懂专业、敢建言，其中不乏项目发起者、各方投资者、相关决策者和专家与学者；收集的意见建议要仔细梳理、认真归纳、科学采纳。

（二）现代城市建设项目可行性研究报告的编制依据

城市建设项目可行性研究报告编制的依据主要有：

1. 国家和地方的经济、社会发展规划，以及行业、部门的发展规划；

2. 建设项目自身的建议书，及其有关的批复文件；

3. 与建设项目相关的国家专门法律、规章和政策；

4. 如属大中型重点建设项目，还必须具有国家批准的资源报告、国土开发整治规划、区域规划、江河流域规划、工业基地规划等相关文件；

5. 有关机构发布的工程建设方面的标准、规范和定额；

6. 合资、合作建设项目各方签订的协议书或意向书；

7. 建设项目委托单位的项目建设委托合同；

8. 经国家统一颁布的有关建设项目评价的基本参数和指标；

9. 与建设项目有关的各类基础性数据；

10. 与建设项目相关的专业性环境评估报告。

（三）现代城市建设项目可行性研究报告的编制要求

编制城市建设项目可行性研究报告应满足以下基本要求：

1. 可行性研究报告编制单位必须具备相应条件

由于建设项目可行性研究报告是高层次的社会、经济、科技预测报告，其质量取决于编制单位的资质和编写人员的素养。因此，报告编制单位必须具备一定的技术力量、技术装备、技术手段，必须是有合法资质、从业资格和相当实践经验的工程咨询公司、设计院所或智库等专门单位；参与报告研究、编制的人员应具有所从事专业的中级以上专业职称，并具备相关的专业知识、技能和工作经历。

2. 所编制的可行性研究报告必须真实、客观、科学

建设项目可行性研究报告是投资者进行项目最终决策的重要依据，这就要求编制单位必须保持独立性、公正性，应该切实做好报告编制的前期准备工作，要在深入、全面、严谨的调查研究基础上，根据国家规定、客观实际，实事求是的进行技术经济论证、技术方案比选，避免主观臆断和行政干预，保证可行性研究的严肃性、客观性、真实性、科学性和精准性。

3. 建设项目可行性研究内容要深入规范标准

不同行业和不同建设项目的可行性研究内容可以各有侧重，但其内容的基本要素、结构体系是相同的，报告内容的完整性、系统性是必备的，报告所研究问题的深度、广度、精度必须达到国家规定的标准，以确保建设项目投资不因可行性研究报告的肤浅、失范、失准而决策失误。

4. 建设项目可行性研究报告须经签证与审批

建设项目可行性研究报告编制完成之后，应由报告编制单位的行政、技术、经济方面

的负责人逐一签字确认，以对报告的质量负责。同时，报告还应按程序上报相关主管部门审批核准。

第二节　现代城市建设项目的市场投融资管理

一、现代城市建设项目的市场投资管理

(一) 现代城市建设项目投资估算的本质内涵

1. 建设项目投资估算的本质

投资估算是城市建设项目决策的重要依据之一。在整个建设项目投资决策过程中，很重要的一项工作就是对建设工程造价进行全面、细致、科学的估算，以此决断项目是否建设。正是由于项目投资估算对投资决策的重要作用，所以，必须保证估算方式的正确性、估算过程的严谨性、估算结果的准确性。

2. 建设项目投资估算的内容

投资估算是指在建设项目投资决策的过程中，依据现有的资料、采用特定的方法，对建设项目的投资数额进行分类预算、整体估测。它是项目建设前期编制项目建议书和可行性研究报告的重要组成部门，是项目决策的主要依据之一。

(1) 建设项目总投资的具体构成成分

建设项目总投资是由建设投资、建设期利息和流动资金所构成。建设投资是指在项目筹建与建设期间所花费的全部建设费用。建设期利息是债务资金在建设期内发生并计入固定资产原值的资金占用费，包括借款利息及手续费、承诺费、管理费等。流动资金是指生产经营性项目投产后，用于购买原材料、燃料、支付工资及其他经营费用等所需的周转资金。

(2) 建设项目总投资形成的多元资产

建设项目总投资形成的资产，是指建设项目在建成交付使用时项目投入的全部资金分别形成固定资产、无形资产、流动资产和其他资产的总和。固定资产是指使用期限在一年以上、单位价值在国家规定的限额标准以内，并在使用过程中保持原有实物形态的资产，包括房屋及建筑物、机器设备、运输设备以及其他与生产经营活动有关的工具、器具等；构成固定资产原值的费用主要包括工程费用、工程建设其他费用中按规定形成固定资产的费用、预备费、建设期利息。无形资产是指企业拥有或控制的没有实物形态的可辨认的非货币性资产；构成无形资产原值的费用主要包括土地使用权、技术转让费或技术使用费、商标权和商誉等。流动资产是指可以在一年内或超过一年的一个营业周期内变现或运用的资产，由总投资中的流动资金和流动负债共同构成。其他资产也称递延资产，是指除流动资产、长期投资、固定资产、无形资产以外的其他资产，如长期待摊费用；构成其他资产原值的费用主要包括生产准备费、开办费、出国人员费、来华人员费、图纸资料翻译复制费、样品样机购置费和农业开荒费等。

3. 建设项目投资估算的分段

建设项目决策与评价阶段一般可分为投资机会研究、初步可行性研究、可行性研究三

个阶段，以及项目的前评估期。由于不同阶段的工作深度和掌握的资料详略不同，在建设项目评价的不同时段，允许投资估算的深度和准确度有所差别。其中，投资机会研究阶段的投资估算准确度±30％以内；初步可行性研究阶段的投资估算准确度±20％以内；可行性研究阶段的投资估算准确度±10％以内；项目前评估阶段的投资估算准确度±10％以内。随着工作的进展，项目条件逐步明确，投资估算应逐步细化，准确度逐步提高。

尽管允许不同评估时段有一定的估算误差，但是投资估算必须满足以下要求：一是工程内容和费用构成应该齐全、计算合理，且不重复计算、不提高或降低估算标准、不高估冒算或漏项少算；二是选用标准与具体工程之间存在标准或条件差异时，应进行必要的换算或调整；三是投资估算准确度应能满足建设项目前期不同阶段的要求。

（二）现代城市建设项目投资估算的依据与作用

1. 建设项目投资估算的依据

建设项目投资估算的基础资料与主要依据包括以下几个方面：一是专门机构发布的建设工程造价费用构成、估算指标、计算方法以及其他有关计算工程造价的文件；二是专门机构发布的工程建设其他费用计算办法和费用标准以及政府部门发布的物价指数；三是部门或行业制定的项目投资估算办法和估算指标；四是拟建项目所需设备、材料的市场价格；五是拟建项目各单项工程的建设内容及工程量。

2. 建设项目投资估算的作用

投资估算在项目开发建设过程中的作用主要有以下几个方面：第一，项目建议书阶段的投资估算是项目主管部门审批项目建议书的依据之一，并对项目的规划、规模确定起参考作用；第二，项目可行性研究阶段的投资估算是项目投资决策的重要依据，也是研究、分析、计算项目投资经济效益的重要条件；第三，项目投资估算对工程设计概算起控制作用，即设计概算不得突破批准的投资估算额；第四，项目投资估算可作为项目资金筹措及制定建设贷款计划的依据，建设单位可根据批准的项目投资估算额进行资金筹措和贷款申请；第五，项目投资估算是核算建设项目固定资产投资需要额和编制固定资产投资计划的重要依据。

（三）现代城市建设项目投资估算的方法

建设项目投资的估算方法有简单估算法和分类估算法两类。简单估算法有单位生产能力估算法、生产能力指数估算法、系数估算法、比例估算法和指标估算法等。前四种估算方法的准确程度相对不高，主要适用于投资机会研究和初步可行性研究阶段。项目详细可行性研究阶段应采用指标估算法和分类估算法。

1. 建设项目投资的简单估算法

其一，单位生产能力估算法，它是依据调查的统计资料，利用相近规模的单位生产能力投资乘以建设规模，最终得出拟建项目投资总量。其二，生产能力指数法又称指数估算法，它是根据已建成的类似项目生产能力和投资额来粗略估算拟建项目投资额的方法。其三，生产能力指数法，包括朗格系数法和设备及厂房系数法。朗格系数法，是以设备购置费为基础，乘以适当系数来推算项目的建设费用；设备及厂房系数法，是在拟建项目工艺设备投资和厂房土建投资估算的基础上，其他专业工程参照类似项目的统计资料，与设备关系较大的按设备投资系数计算，与厂房土建关系较大的则按厂房土建投资系数计算，两类投资加起来再加上拟建项目的其他有关费用，即为拟建项目的建设投资总量。其四，比例估算法，它以拟建项目的主体工程费或主要设备费为基数，以其他工程费占主体工程费的百分比为基础，最终估算项目总投资的数量。其五，指标估算法，它把建设项目划分为建筑工程、设备安装工程、设备购置费及其他基本建设费等费用项目或单位工程，再根据各种具体的投资估算指标，进行各项费用项目或单位工程投资的估算。以此为基础，通过汇总每一单项工程的投资，再估算工程建设其他费用及预备费，即可求得建设项目总投资。

2. 建设项目投资的分类估算法

建设项目投资分类估算法，是对构成建设投资的各类费用，即工程费用（含建筑工程费、设备购置费和安装工程费）、工程建设其他费用和预备费（含基本预备费和涨价预备费）进行分类估算。一般情况下，估算的主要步骤是：第一，分别估算各单项工程所需的建筑工程费、设备及工器具购置费、安装工程费；第二，汇总建筑工程费、设备及工器具购置费、安装工程费，得出单项工程的工程费，然后合计得出项目建设所需的工程费用；第三，在工程费用的基础上，估算工程建设其他费用；第四，以工程费用和工程建设其他费用为基础估算基本预备费；第五，在确定分年投资计划的基础上估算出涨价预备费；第六，汇总所有分项费，求得建设投资。

二、现代城市建设项目的市场融资管理

城市建设项目市场融资管理，是指对建设项目市场融资主体、方式、渠道、投资权属结构等运营和风险管控的总称，是建设项目实施的重要环节。它伴随现代市场经济的发育应运而生、日臻完善。建设项目的市场融资，开始于项目前期的准备阶段，有明确的融资主体、投资产权结构、独特组织形式、资金来源渠道，以及可供选择的融资类型和融资模式。

（一）现代城市建设项目的融资主体与投资结构

1. 建设项目的融资主体

城市建设项目的融资主体，是指进行项目融资活动并承担融资责任和风险的经济实体。为了建立投资责任约束机制，规范项目法人的行为，明确其责、权、利，提高投资效益，必须实行项目法人责任制，由项目法人对项目的策划、资金筹措、建设实施、生产经营、债务偿还和资产保值增值的全过程负责。项目的融资主体必须是项目法人。按是否依托于项目组建新的项目法人实体划分，项目的融资主体分为新设法人和既有法人。两类项目法人在融资方式上和项目财务分析方面都有较大的不同。

新设法人融资，是指组建新的项目法人并开展项目建设的融资活动，其基本特点为：一是项目投资由新设法人筹集的资本金和债务资金构成；二是由新设法人承担融资责任和风险；三是从项目投产后的经济效益情况考察偿债能力。

既有法人融资是指以既有法人为项目法人开展项目建设的融资活动，其基本特点为：一是拟建项目不组建新的项目法人，由既有法人统一组织融资活动并承担融资责任和风险；二是拟建项目一般是在既有法人资产和信用基础上进行的，并形成增量资产；三是一般从既有法人的财务整体状况考察融资后的偿债能力。

2. 建设项目的投资权属结构

城市建设项目的投资权属结构，是指项目投资形成的资产所有权结构，是项目投资权益人对项目资产的拥有和处置形式、收益分配关系。投资权属结构与投融资的组织形式联系密切。

权益投资方式有三种：股权式合资结构、契约式合资结构、合伙制结构。依照《公司法》设立的有限责任公司、股份有限公司是股权式合资结构，一般情况下，公司的股东依照股权比例分配对公司的控制权及收益。契约式合资结构，是公司投资人（项目的发起人）为实现共同目的，以合作协议方式结合在一起的一种投资结构；在这种投资结构下，投资各方的权利和义务按照契约约定分配项目投资的风险和收益。合伙制结构是两个或两个以上合伙人共同从事某项投资活动建立起来的一种法律关系，分为一般合伙制和有限合伙制；一般合伙制中的每一个合伙人都将承担无限连带经济责任，有限合伙制中的一般合伙人承担无限连带责任，有限合伙人只承担有限责任。

投资权属结构是项目投资前期研究的重要内容，通常在项目研究的初期确定。项目的投资产权结构影响项目的投融资方案和融资谈判，影响项目实施的各个方面。投资权属结构的选择，要服从项目实施目标的要求。商业性的投资人需要争取投资收益，投资结构应当能够使权益投资人获取满意的投资收益。基础设施投资需要以低成本取得良好的服务效益，投资结构应当能够使得基础设施以高效率运行。

（二）现代城市建设项目的资金来源和融资方式

1. 建设项目的资金来源

城市建设项目的资金来源，按权属主体分为内部资金来源和外部资金来源两类，相应的融资则可分为内源融资和外源融资两个方面。由于内源融资不需要实际对外支付利息或股息，一般优先考虑内源融资，不足部分再考虑外源融资。

内源融资，即将作为融资主体的既有法人内部资金转化为投资的过程，也称内部融资。既有法人内部融资的渠道和方式主要有：货币现金、资产变现、企业产权转让、直接使用非现金资产。

外源融资，即吸收融资主体外部的资金。外部资金来源渠道很多，通常根据其供应的可靠性、充足性以及融资成本、融资风险等，选择合适的吸纳渠道。我国建设项目外部资金来源渠道主要有：中央和地方政府可用于项目建设的财政性资金，商业银行和政策性银行的信贷资金，证券市场的资金，非银行金融机构的资金，国际金融机构的信贷资金，外国政府提供的信贷资金、捐赠资金，企业、团体和个人可用于项目建设投资的资金，外国公司或个人直接投资的资金等等。

2. 建设项目的融资方式

融资方式，是指为筹集资金所采取的方式方法以及具体的手段和措施。同一资金来源渠道，可以采取不同的融资方式；同一融资方式也可以运用于不同的资金来源渠道。制定融资方案时，不仅要有明确的资金来源渠道，还必须要有针对来源渠道的切实可行的融资方式、合理优化的融资手段和举措。

对外源融资而言，其融资方式可分为直接与间接融资两类。所谓直接融资方式，是指融资主体不通过银行等金融中介机构而从资金提供者手中直接筹集资金，如发行股票和企业债券等。所谓间接融资方式，是指融资主体通过银行等金融中介机构向资金提供者间接筹集资金，如向商业银行申请贷款、委托信托公司进行证券化融资等。

（三）现代城市建设项目融资的类型和多元模式

1. 建设项目的不同融资类型

建设项目资金通常由权益资金和债务资金组成。根据国家项目资本金制度的规定，项目资金分为项目资本金和债务资金两个部分。相应地，资金筹措可以分为资本金融资和债务资金融资。

2. 建设项目的多元融资模式

建设项目的融资模式可以有不同的分类：一类是根据融资主体法人新旧界定，分为新设法人融资和既有法人融资；另一类是根据法人性质界定，分为项目融资和公司融资。公司融资即为既有法人融资；项目融资不完全等同于新设法人融资。项目融资有广义和狭义之分，广义的项目融资可以涵盖新建项目、收购项目以及债务重组项目所进行的融资，而狭义的项目融资往往专指具有无追索形式或有限追索形式的融资。

三、现代城市建设项目的财经分析管理

(一) 现代城市建设项目财务分析的性质与作用

1. 建设项目财务分析的性质

建设项目财务分析，是在国家现行会计准则、会计制度、税收法规和价格体系下，通过财务效益与费用的预测，编制财务报表，计算评价指标，进行财务盈利、偿债和生存能力分析，据以评价项目财务可行性的工作总和。

2. 建设项目财务分析的作用

建设项目财务分析是项目投融资管理的重要内容之一，其作用主要有四：第一，财务分析是建设项目投资决策与评价的重要组成部分，无论是建设项目的前评价、中间评价还是后评价，财务分析都是必不可少的。第二，财务分析是建设项目决策的重要依据，无论是经营性建设项目，还是那些需要政府核准的建设项目，财务分析的数据与结论都是决策的重要依据内容。第三，财务分析在建设项目或建设方案比选中起着重要重用，财务分析的结果都会反馈到建设方案的构造和研究中，用于方案比选和优化方案设计，使项目整体更趋合理。第四，财务分析中的财务生存能力分析，对项目特别是对非经营性项目的财务可持续性的考察起着重要作用。

(二) 现代城市建设项目财务分析的内容与步骤

1. 建设项目财务分析的内容

建设项目财务分析的主要内容有以下几个方面组成：一是根据项目的性质和融资的方式选取适宜的分析方法；二是选取必要的基础数据进行财务效益与费用的估算，同时编制相关辅助报表；三是编制财务分析报表和计算财务分析指标，包括盈利能力分析、偿债能力分析和财务生存能力分析；四是在对初步设定的建设方案进行财务分析后，继续开展不确定性分析，即盈亏平衡和敏感性分析。

2. 建设项目财务分析的步骤

建设项目财务分析的步骤以及各部分的关系，包括财务分析与投资估算和融资方案的关系如图 3-1 所示。

投资估算和融资方案是财务分析的基础，在实际操作中，三者互有交叉，在财务分析的方法和指标体系设置上体现了这种交叉。首先要做的是融资前的项目投资现金流量分析，其结果体现项目方案本身设计是否合理，用于投资决策以及方案或项目的比选。也就是考察项目是否基本可行，并值得为其投资。这对项目发起人、投资者、债权人和政府部门都是有用的。

项目方案设计　　　　返回　　　　　放弃

融资前分析　基础数据　→　建设投资　　→　营业收入　→　经营成本　→　流动资金

否

项目投资现金流量分析
（项目IRR、NPV、回收期）

可

基础数据　→　融资方案

否

融资后分析　基础数据　→　总成本费用　←　还本付息　←　建设期利息

利润与利润分配表　　财务计划现金流量表　　资产负债表　　资本金现金流量分析（资本金IRR）

静态分析
（总投资收益率
资本金净利润率）　　偿债能力分析
（偿债备付率
利息备付率）　　财务生存能力分析　　投资各方现金流量分析（投资各方IRR）

不确定性分析

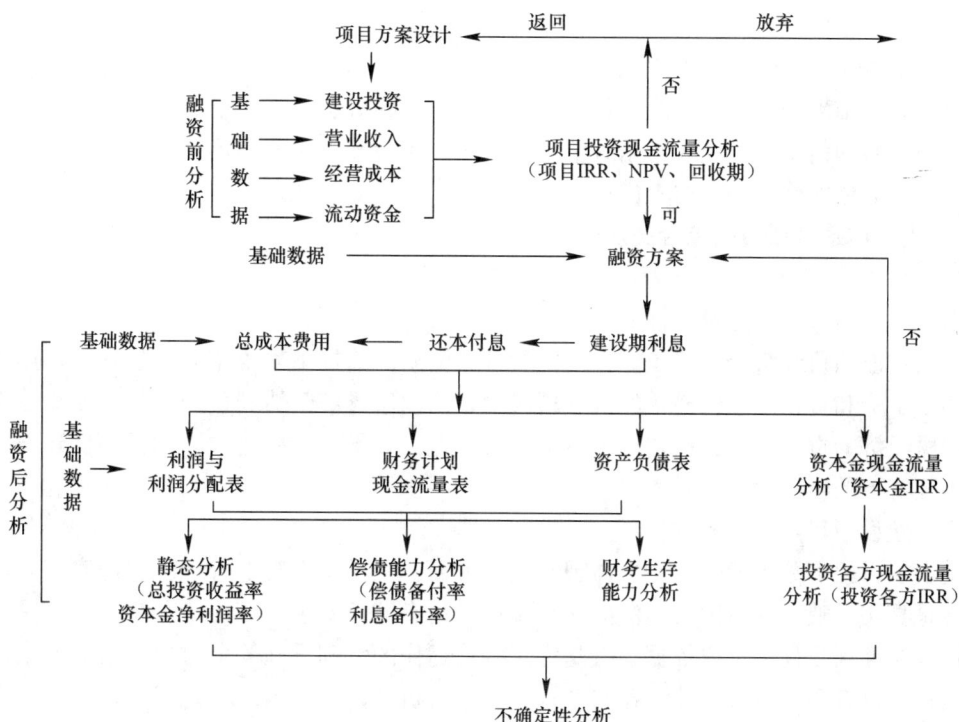

图 3-1　财务分析与投资估算和融资方案的关系图

如果第一步分析的结论是"可行"，那么才有必要考虑融资方案，进行项目融资后的分析，包括项目资本金流量分析、偿债能力分析和财务生存能力分析等。融资后分析是比选融资方案、进行融资决策和投资者最终出资的依据。如果融资前分析结果不能满足要求，可返回对项目建设方案进行修改；若多次修改后分析结果仍不能满足要求，则可以做出放弃或暂时中止项目的建议。

（三）现代城市建设项目财务分析的独特原则

1. 费用与效益计算口径一致性原则

如果在投资估算中包括了某项工程，那么因建设工程增加的效益就应该考虑，否则就低估了项目的效益；反之，如果考虑了该工程对效益项目的贡献，但投资却未计算进去，那么项目的效益就被高估。只有将投入和产出的估算限定在同一范围内，计算的净效益才是投入的真实回报。

2. 费用与效益识别的有和无对比原则

所谓"有"是指实施项目的将来状况，"无"是不实施项目的将来状况。在识别项目的效益和费用时，一定要注意只有"有无对比"的差额部分才是由于项目建设增加的效益和费用。因此，采取"有无对比"的方法就是为了识别增量效益，排除那些由于其他原因产生的效益，同时也要找出与增量效益相对应的增量费用，只有这样才能真正体现项目投资的净效益。

3. 动静结合并以动态分析为主的原则

国际通行的财务分析都是以动态分析方法为主，即根据资金时间价值原理，考虑建设项目整个计算期内各年的效益和费用，采用现金流量分析的方法，计算内部收益率和净现值等控制评价指标。

4. 建设项目基础数据确定的可靠原则

财务分析结果的准确性取决于建设项目基础数据的可靠性。为了使财务分析结果能够提供较为可靠的信息，避免人为乐观估计所带来的风险，更好地满足投资决策需要，在建设项目基础数据的确定和选取中应切实遵循稳妥、可靠的原则。

(四) 现代城市建设项目的综合经济分析

1. 建设项目经济分析的性质与作用

(1) 建设项目经济分析的性质

所谓建设项目经济分析，是在合理配置社会资源的前提下，采用社会折现率、影子汇率、影子工资和货物影子价格等经济分析参数，从国家经济整体利益的角度，计算建设项目对国民经济的贡献率，分析建设项目的经济效益、效果和对社会的影响，评价建设项目在宏观经济上的合理性。

(2) 建设项目经济分析的作用

建设项目经济分析的作用主要体现在七个方面：一是从宏观上合理配置国家有限的资源；二是真实反映项目对国民经济的净贡献；三是有助于实现投资决策科学化；四是为政府审批或核准项目提供重要依据；五是为市场化运作的基础设施等项目提供财务方案的制订依据；六是有助于实现企业利益与全社会利益有机结合和平衡；七是对建设方案比选和优化项目起重要作用。

2. 建设项目经济分析的适用范围

一般情况下，市场自行调节的行业性建设项目不需要进行经济分析，而市场配置资源失灵的建设项目则需要进行相应的经济分析。市场配置资源失灵的建设项目主要有：具有自然垄断特征的建设项目；产出具有公共产品特征的建设项目；外部效果显著的建设项目；涉及国家控制的战略性资源开发和关系国家经济安全的建设项目；受过度行政干预的建设项目。

3. 建设项目经济与财务分析的异同

(1) 建设项目经济分析与财务分析的共同点

总的来说，两者的目的相同，都是要寻求以最小的投入获得最大的产出；两者的评价方法相同，都是使用效益与费用比较的理论方法；两者的评价基础相同，都是在完成产品需求预测、工程技术方案、投资估算、资金筹措等可行性研究基础上进行评价的；两者的评价计算周期基本相同。

(2) 建设项目经济分析与财务分析的不同点

两者的不同点在于：一是评价出发点不同，财务分析是从企业财务角度或项目角度考察投资项目的可行性，而经济分析是从国民经济角度考察项目的投资合理性；二是费用、效益的划分不同，财务分析是根据项目直接发生的实际收入确定项目的效益和费用，而经济分析则着眼于项目所耗费的全社会有用资源来考察项目的效益；三是采用的价格体系不同，财务分析采用的是财务价格即现行市场价格，而经济分析采用的是根据机会成本和供求关系确定的影子价格；四是主要评价参数不同，财务分析采用的汇率一般是当时的官方汇率，折现率是因行业而异的基准收益率，经济分析采用的则是国家统一的影子汇率和社会折现率；五是评价内容不同，财务分析的内容包括盈利、偿债和财务生存能力分析，而经济分析只进行盈利性分析，即经济效益分析。

第三节 现代城市建设项目的市场招投标管理

一、现代城市建设项目的市场招投标概述

（一）现代城市建设项目招投标的本质内涵

建设项目招标，是指招标人在发包建设项目前，公开招标或邀请投标人根据招标人的意图和要求提出报价、择日开标，从中择优选定中标人的一种经济活动。建设项目投标，是项目招标的对称概念，指具有合法资格和能力的投标人根据招标条件，经过初步研究和估算，在指定期限内填写标书、提出报价，并等候开标，决定能否中标的经济活动。

从法律意义上讲，建设项目招标一般是建设单位（或业主）就拟建项目发布通告，用法定方式吸引建设项目承包单位参加竞争，进而通过法定程序从中选择条件优越者完成项目建设任务的法律行为。建设项目投标一般是经过特定审查而获得投标资格的建设项目承包单位，按照招标文件的要求，在规定的时间内向招标单位填报投标书，并争取中标的法律行为。

（二）现代城市建设项目招投标的基本特征

作为一种独特的市场交易活动，城市建设项目招投标具有以下基本特征：

1. 组织性。建设项目招投标，是一种有组织的市场交易，它有确定的招标机构、有特定的招标场所、有规定的招标时间、有规范的招标规则和条件。

2. 公平性。建设项目招投标，是一种规范的市场竞争，它按照平等、自愿、互利的原则和法定的程序进行，不得采取区别对待的政策或手段。

3. 公开性。建设项目招投标，要求打破地方保护和行业垄断，彻底开放市场，在世界范围公开征询符合条件的市场竞争主体，保证最大的竞争自由度。

4. 一次性。建设项目招投标，投标人按照招标方的要求，只有一次出价的机会，没有讨价还价的权利。

5. 竞争性。建设项目招投标，核心是公平、规范地竞争，投标人凭价格、品质、进度和服务理性竞争，优者胜、劣者汰。

（三）现代城市建设项目招投标的意义规制

1. 建设项目招投标的意义

建设项目实行市场化的招标投标，具有十分重要的意义：第一，有利于规范建设市场主体的行为，促进合格市场主体的形成；第二，有利于建设项目价格真实反映市场供求状况、显示企业实际消耗和工作效率，从而实现市场资源的优化配置；第三，有利于促使建设项目承包商不断提高企业管理水平，提高市场竞争能力；第四，有利于促进建设市场体制与机制的发育和进一步优化、完善；第五，有利于促进我国建设市场与国际的接轨，不断提高建设企业自身素质与竞争能力。

2. 建设项目招投标的规制

随着我国建设市场的发育成熟，以及与国际市场的全面接轨，我国的招标投标制度也

逐步完善，国家通过立法，不断对招标投标活动进行规范。全国人大通过的《中华人民共和国建筑法》、《中华人民共和国招标投标法》等法律，各有关部委制定的建设工程质量管理条例、工程建设项目施工招标投标办法、评标委员会和评标方法暂行规定等法规，以及各省市制定的有关政策规定，都对招标投标活动进行了相应的规定。这些基本的法律规定主要包括招标的范围、建设项目招标的条件、招标代理以及招标投标的管理等诸多方面。

二、现代城市建设项目的市场科学招标

（一）现代城市建设项目市场招标的分类

1. 建设项目按建设阶段的分类

按建设阶段分类，建设项目招标可分为项目可行性研究招标、勘察设计招标、建设监理招标、工程施工招标以及材料设备招标等。

2. 建设项目按承包范围的分类

按承包范围分类，建设项目招标可分为项目总承包招标、施工总承包招标和专项工程承包招标等。

3. 建设项目按工程专业的分类

按工程专业分类，建设项目则可分为房屋建筑工程施工招标、市政工程施工招标、交通工程施工招标、水利工程施工招标、地下空间人防避灾项目招标等，其中房屋建筑工程招标又可分为土建工程施工招标、安装工程招标和装饰工程施工招标等。

4. 建设项目按是否涉外的分类

建设项目按工程是否具有涉外因素，可分为国内建设项目招标和国际建设项目招标两类。

（二）现代城市建设项目市场招标的方式

建设项目招标的方式主要有公开招标、邀请招标、议标和两阶段招标等。

1. 建设项目公开招标

建设项目公开招标又称无限竞争招标，由招标人以招标公告的方式邀请不特定的法人或者其他组织投标，并通过国家指定的报刊、广播、电视及信息网络等媒介发布招标公告，有意的投标人接受资格预审、购买招标文件、参加投标。其优点是投标的承包商多、范围广、竞争激烈，项目建设单位有较大的选择余地，有利于降低项目造价、提高工程质量、缩短项目周期；缺点是招标工作量大，组织工作复杂，需投入较多的人力、物力和财力，招标过程所需时间较长。

2. 建设项目邀请招标

建设项目邀请招标又称有限竞争招标，是指招标人以投标邀请书的方式邀请特定的法人或其他组织投标。这种方式不发布公告，招标人根据自己的经验和所掌握的各种信息资料，向具备承担该建设项目施工能力、资格信誉良好的三个以上承包商发出投标邀请书，收到邀请书的单位参加投标。其优点是目标集中，组织工作比较容易，工作量较小，所需时间也大大缩短；缺点是竞争性较差，招标人对投标人的选择范围相对较小。

3. 建设项目内部议标

建设项目内部议标又称非竞争性招标或指定性招标，这是建设单位邀请不少于两家（含两家）的承包商，通过直接协商谈判选择承包商的招标方式。其优点是可以节省时间，

容易达成协议，迅速开展工作，保密性好；缺点是竞争性差，无法获得有竞争力的报价。这种招标方式主要适合不宜公开招标或邀请招标的特殊建设项目，如造价较低、工期紧迫的特殊建设项目（如抢险工程）、专业性强的建设项目、军事保密建设项目等。

4. 建设项目两阶段招标

建设项目两阶段招标是指在项目招标投标时将技术标和商务标分阶段评选，即先评技术标，被选中技术标的单位才有权参加商务标的竞争。如同时投技术标、商务标的，也必须将两者分开密封包装。两阶段招标不是一种独立的招标方式，其既可用在公开招标中，也可用在邀请招标中。

（三）现代城市建设项目市场招标的程序

第一，建设项目公开招标，其程序分为六个基本环节，即：建设项目报建、编制招标文件、投标人资格预审、发放招标文件、开标评标与定标、签订合同。邀请招标与公开招标在部分程序上有所差异，即邀请招标无须发布资格预审通告和招标公告，不必进行投标人资格预先审查，其他方面邀请招标与公开招标程序相同。第二，建设项目内部议标，其程序包括六大环节，即：项目报建、审查招标人资质、招标申请、议标文件编制与审查、寄发议标邀请书及招标文件、投标文件编制与递交、协商谈判、最后授标。

（四）现代城市建设项目市场招标的文件

建设项目招标人根据项目招标的特点和需要编制相应的招标文件，一般包括以下内容：前附表、投标须知、合同主要条款、格式合同、技术规范、设计图纸、评标标准和方法、格式投标文件；采用工程量清单招标的，还应提供工程量清单。建设项目招标人应在招标文件中规定实质性要求和条件，并用醒目的方式标明。

三、现代城市建设项目的市场规范投标

（一）现代城市建设项目市场投标的组织与程序

1. 建设项目投标的组织

建设项目投标过程竞争十分激烈，投标方需要有专门的机构和人员对投标全过程加以组织和管控，以提高工作效率和中标的可能性。不同的建设项目，由于其规模、性质等不同，建设单位在选择投标者时侧重不同，但一般来说主要考虑较低的价格、优良的质量和较短的工期等因素，因此，在确定投标班子人选及制定投标方案时，必须充分考虑这些重要因素。

投标班子应由三类人才组成，一是经营管理类人才，主要指专门从事工程业务承揽工作的公司经营部门管理人员和拟定的项目经理，他们负责投标工作的全面筹划与安排；二是专业技术人才，主要指工程施工中的各类技术骨干，如土木工程师、水暖电工程师、专业设备工程师等，他们负责确定各项专业实施方案；三是商务金融类人才，主要指从事预算、财务和商务等方面的人才，投标报价主要由这类人才进行具体编制。另外，在参加涉外工程投标时，还应配备懂得专业和合同管理的翻译人员。

2. 建设项目投标的程序

建设项目投标活动的一般程序包括以下环节：成立投标组织、投标初步决策、参加资格预审并购买标书、参加现场踏勘会和招标预备会、进行技术和市场环境调查、进行施工组织设计、编制并审核施工图预算、投标最终决策、标书成稿、标书装订和封包、递交标

书参加开标会议、接到中标通知书后与建设单位签订合同。

(二) 现代城市建设项目投标的文件构成与编制

1. 建设项目投标文件的构成

建设项目投标文件，是项目投标人单方面阐述自己响应招标文件要求，向招标人提出订立项目合同意愿，确定和解释有关投标事项的各种书面表达形式的统称。从合同订立的过程来分析，建设项目投标文件在性质上属于一种意愿性要约。

建设项目招标文件由一系列有关投标方面的书面资料组成，通常包括以下几个部分：一是投标书，其内容为投标报价、质量承诺、工期目标、履约保证金数额等；二是投标书附录，其内容为投标人对开工日期、履约保证金、违约金以及招标文件规定的其他要求的具体承诺；三是投标保证金、法定代表人资格证明书、授权委托书、辅助资料表、资格审查表；四是对招标文件中合同协议条款内容的确认和响应文书，该部分内容往往并入投标书或投标书附录；五是施工组织设计；六是按招标文件规定提交的其他资料。

2. 建设项目投标文件的编制

建设项目投标文件编制的一般要求包括：第一，投标人编制投标文件时必须使用招标方提供的投标文件表格格式，而在填写投标文件的空格时，实质性的项目或数字如工期、质量等级、价格等未填写的，将被作为无效或作废的投标文件处理；第二，应该编制的投标文件"正本"仅为一份，"副本"按招标文件前附表所述的份数提供，两者如有不一致之处，以正本为准；第三，投标文件应使用不能擦去的墨水打印或书写，字迹清晰端正，补充设计图纸要整洁美观；第四，所有投标文件均由投标单位的法定代表人签章，并加盖法人单位公章；第五，填报投标文件应反复校对核实，保证分项和汇总计算均无错误；第六，如招标文件规定投标保证金为合同总价的相应百分比时，开投标保函不要太早，以防泄露己方的报价；第七，投标人应将投标文件的技术标和商务标分别密封在内层包封，再统一密封在一个外层包封中，且投标文件应按时递交至招标文件所要求的单位和地址；第八，投标文件的打印应力求整洁美观，文件的装订也力求精美，以便从侧面反映投标人企业的实力。

3. 建设项目投标文件的递交

建设项目投标人应在招标文件附表规定的日期内将投标文件递交给招标人。当招标人按招标文件中投标须知规定，延长递交投标文件的截止日期时，投标人应认真核对新的截止日期，避免因标书的逾期送达而导致废标。投标人可以在递交投标文件以后，于规定的投标截止时间之前，采用书面形式向投标人递交补充、修改或撤回其投标文件的通知。在投标截止日期以后，则不能更改投标文件。

(三) 现代城市建设项目市场投标的估价与报价

1. 建设项目投标的综合估价

建设项目投标人首先应根据有关法规、取费标准、市场价格、施工方案等，并考虑上级企业管理费、风险费用、预计利润和税金等之后确定的承揽该项工程的价格，进行投标估价。建设项目投标估价是承包商生产力水平的真实体现，也是确定最终报价的基础。

2. 建设项目投标估价的依据

建设项目投标估价的主要依据有：其一，招标文件，包括招标答疑文件；其二，建设项目工程量清单计价规范、预算定额、费用定额以及地方的有关工程造价的文件，有条件的企业应尽量采用企业施工定额；其三，劳动力、材料价格信息，包括由地方造价管理部门编制的造价信息；其四，地质报告、施工图，包括施工图指明的标准图；其五，施工规范和标准；其六，施工方案和施工进度计划；其七，现场踏勘和环境调查所取得的信息；其八，采用工程量清单招标时，应包括工程量清单。

3. 建设项目投标报价的程序

承包建设项目有总价合同、单价合同、成本加酬金合同等多种形式，不同的合同形式计算报价各有不同。报价计算的主要步骤包括：研究招标文件；现场调查，包括自然地理条件、市场情况、施工条件和其他条件；进行施工组织设计；计算或复核工程量；确定工、料、机单价；计算项目工程直接费、间接费；估算上级企业管理费、预计利润、税金和风险费用；计算项目工程总估价；审核项目工程估价；确定报价策略和投标技巧；最终确定投标报价。

4. 建设项目投标报价的构成

按照住建部《建筑工程施工发包与承包计价管理办法》规定：施工图预算、招标标底和投标报价由成本（直接费、间接费）、利润和税金构成，其编制可采用以下两种计价方法：一种是工料单价法，分部分项工程量的单价为直接费，直接费以人工、材料、机械的消耗量及其相应价格确定；间接费、利润、税金按照有关规定另行计算。另一种是综合单价法，分部分项工程量的单价为全费用单价，全费用单价综合计算完成分部分项工程所发生的直接费、间接费、利润、税金。根据《建筑安装工程费用组成》的规定：建筑安装工程费由直接费、间接费、利润和税金构成。

第四节　现代城市建设项目的市场承发包管理

一、现代城市建设项目市场承发包的特质与监管

（一）现代城市建设项目承发包的性质特征

1. 建设项目承发包的概念

建设项目承发包，是指建设单位与建筑施工企业之间，以及建筑施工企业之间、建筑施工企业与劳务作业企业之间，就工程建设形成的项目总承包、项目分承包、项目施工劳务作业承包，以及总承包企业向分包企业的任务发包、分包企业向劳务作业企业的劳务发包等活动的总和。分包活动中，作为发包一方的建设或建筑施工企业是发包或分发包人，作为承包一方的建筑施工企业或劳务作业企业总承包或分承包人。由上述企业行为构成了建筑工程的一、二级市场。

由建筑企业（也称承包商）与建设单位（也称业主或开发商）在工程承、发包活动中形成的平等的财产关系，构成了建筑工程的一级市场。由建筑业总承包企业和分承包企业之间在工程承、发包活动中形成的平等的财产关系，构成了建筑工程的二级市场。在一级市场，建筑企业直接面对的是建设单位，派发与获取的是项目总承包权。在二级市场，项目分承包企业面对的是一级市场上的项目总承包企业；劳务分包企业面对的是项目总包或专业分包企业。所以，建筑工程二级市场是相对一级市场而言的，包括了专业工程承发

包市场和建筑劳务发包市场两部分，而且这两部分相互交叉、相互作用，共同构成同一的二级市场。同时，二级市场也和一级市场相互作用，共同构成同一的建设项目承发包市场。

2. 建设项目承发包的特征

（1）行为主体的特定性

总承包人兼分发包人，是直接从建设单位承接工程任务的建筑总承包企业；分承包人是从分、发包人那里承接专项工程任务的专业建筑承包企业，以及从项目总的分、发包人或者专项分、发包人那里承接劳务分包的企业，三者在市场中的地位是平等的。建设单位是发包市场的主体，但不是分包市场的主体。建设行政主管部门或工商行政管理机关等部门，既不是发包也不是分包市场的主体，而是建筑承发包市场的管理主体，它们与市场主体之间的关系是建筑市场管理活动中协调与被协调的纵向关系。

（2）行为客体的特定性

承发包交易的客体，是承发包双方权利义务共同指向的对象，包括承发包范围内的专业性建筑产品或建筑劳务。交易客体必须是建筑工程中由法律、法规或规章规定允许承发包的部分，或者从反面理解，交易客体不得是法律、法规或规章禁止承发包的部分。

（3）行为主体之间关系的平等性

鉴于建设项目承发包市场主体中项目建设单位、建筑总承包企业、专业建筑分包企业、建筑劳务分包企业，其承发包行为均建立在平等的财产关系之上，即他们之间的活动都是合法、规范的经济行为，所以，他们之间的地位是平等的，他们的关系是自愿、互利的，任何以强凌弱、压迫欺诈都是不被允许的。但不平等的情况现实中还是存在的，这也恰恰说明，引导、管理和监督建设项目承发包市场的重要。

（二）现代城市建设项目承发包的市场监管

1. 建设项目承发包市场监管的必要性

尽管建设项目承发包活动中相关法律、规范问题已经引起人们的高度关注，但是，建设项目承发包市场的失灵情形，还是严重存在：违规承包、违章分包、非法转包和挂靠等行为，不仅扰乱了市场秩序，而且，降低了工程质量、影响了施工安全、损害了社会公益。特别是承发包双方之间不平等畸形关系的存在，不仅损害分包人的合法权益，有时也在一定程度上滋生了社会腐败。因此，依法、依规、科学、严细地强化建设项目的承发包监管迫在眉睫。

2. 建设项目承发包市场监管的新思路

一是建设项目承发包市场应由合格的市场主体组成，即对承发包市场所有主体实行严格的资质、资格化市场准入管控。二是建设项目承发包市场主体之间的市场行为应该合法、规范，即对建设项目承发包市场行为实行法定化、标准化、程序化、智慧化监管。三是违法、违规、失范建设项目及其专项工程或劳务的承发包交易行为，能得到及时纠正，即对建设项目承发包市场实行强有力的评估稽查和处罚。四是实行建设项目承发包市场的公开、透明、公平、公正管理，即信息公开、过程透明、协议公平、审核公正，同时接受社会监督。

3. 建设项目承发包市场监管的总主体

对建设项目承发包市场的监督管理，是政府行政的重要组成部分。目前，虽然全国统一的建设项目承发包监督管理体制尚未形成，但相关的法律、法规、规章、政策已基本形成体系，关键是落实到位。建设项目承发包市场虽然具有很强的自我平衡功能，但也有失灵、失范、失配、失序的时候，这就要求我们的政府主管部门，既要让市场在资源配置中起决定作用，又要对市场进行事前的科学化准入设置、事中的严细化监督管控、事后的前瞻化完善优化。因为，政府担负着守夜人的职责，政府主管部门应该也必须成为建设项目承发包市场监管的当然的总主体，其他分主体还有非政府第三方专业评估机构、广大的市民群众等。

二、现代城市建设项目市场承发包的不同分类

（一）现代城市建设项目承发包方式的多元分类

建设项目承发包方式，是指发包人与承包人双方之间关于建设项目任务权属的经济关系形式。从承发包的范围、承包人所处的地位、合同计价方法、获得承包任务的途径等不同的角度，可以对建设项目承发包方式进行不同分类，其主要分类如下。

1. 建设项目按承发包范围划分可分为：建设全过程承发包、建设阶段性承发包和建设专项承发包。建设阶段性承发包和专项承发包方式还可划分为：包工包料、包工部分包料、包工不包料承发包三种方式。

2. 建设项目按承包人所处的地位可分为：建设项目总承包、分承包、独立承包、联合承包和直接承包。

3. 建设项目按获得承包任务的途径可分为：建设项目计划分配、投标竞争、委托承包和指令承包。

（二）现代城市建设项目按时段划分的承发包方式

1. 建设项目全过程承发包

建设项目全过程承发包又称统包、一揽子承包、交钥匙合同。它是指发包人一般只要提出使用要求、竣工期限或对其他重大决策性问题做出决定，承包人就可对项目建议书、可行性研究、勘察设计、材料设备采购、建筑安装工程施工、职工培训、竣工验收，直到投产使用和建设后评估等全过程，实行全面总承包，并负责对各项分包任务和必要时被吸收参与工程建设有关工作的发包人的部分力量，进行统一组织、协调和管理。建设项目全过程承发包，主要适用于大、中型建设项目。大、中型建设项目由于工程规模大、技术复杂，要求工程承包公司必须具有雄厚的技术经济实力和丰富的组织管理经验，通常由实力雄厚的工程总承包公司（集团）承担。这种承包方式的优点是由于专职的工程承包公司承包，可以充分利用其丰富的经验，还可进一步积累建设经验、节约投资、缩短建设工期，并保证建设项目的质量，提高投资效益。

2. 建设项目阶段承发包

建设项目阶段承发包，是指发包人、承包人就建设过程中某一阶段或某些阶段的工作，如勘察、设计或施工、材料设备供应等，进行发包、承包。例如由勘察设计单位承担勘察设计任务；由施工企业承担工业与民用建筑施工；由设备安装公司承担设备安装任务。其中，施工阶段承发包，还可依承发包的具体内容，再细分为以下3种方式。一是包工包料，即工程施工所用的全部人工和材料由承包人负责。其优点是便于调剂余缺，合理组织供应，加快建设速度，促进施工企业加强企业管理，精打细算，力行节约，减少损失

和浪费，有利于合理使用材料，降低工程造价，减轻了建设单位的负担。二是包工、部分包料，即承包人只负责提供施工的全部人工和一部分材料，其余部分材料由发包人或总承包人负责供应。三是包工不包料，又称包清工，实质上是劳务承包，即承包人仅提供劳务而不承担任何材料供应的义务。

3. 建设项目专项承发包

建设项目专项承发包，是指发包人、承包人就某建设阶段中的一个或几个专门项目进行承发包。专项承发包主要适用于可行性研究阶段的辅助研究项目；勘察设计阶段的工程地质勘察、供水水源勘察、基础或结构工程设计、工艺设计，供电系统、空调系统及防灾系统的设计；施工阶段的深基础施工、金属结构制作和安装、通风设备和电梯安装；建设准备阶段的设备选购和生产技术人员培训等专门项目。由于专门项目专业性强，常常是由有关专业分包人承包，所以，专项承发包也称为专业承发包。

（三）现代城市建设项目按主体划分的承发包方式

1. 建设项目总承包

建设项目总承包，简称总包，是指发包人将一个项目建设的全过程或其中某个或某几个阶段的全部工作，发包给一个承包人承包，该承包人可以将自己承包范围内的若干专业性工作，再分包给不同的专业承包人去完成，并对其进行统一协调和监督管理。各专业承包人只同总承包人发生直接关系，不与发包人发生直接关系。

建设项目总承包主要有两种情况：一是建设全过程总承包；二是建设阶段性总承包。建设阶段总承包主要分为：勘察、设计、施工、设备采购总承包；勘察、设计、施工总承包；勘察、设计总承包；施工总承包；施工、设备采购总承包；投资、设计、施工总承包，即建设项目由承包商贷款垫资，并负责规划设计、施工，建成后再转让给发包人；投资、设计、施工、经营一体化总承包，通称 BOT 方式，即发包人和承包人共同投资，承包人不仅负责项目的可行性研究、规划设计、施工，而且建成后还负责经营几年或几十年，然后再转让给发包人。

采用总承包方式时，可以根据工程具体情况，将工程总承包任务发包给有实力的具有相应资质的咨询公司、勘察设计单位、施工企业以及设计施工一体化的大型建筑公司等承担。

2. 建设项目分承包

建设项目分承包，简称分包，是相对于总承包而言的，指从总承包人承包范围内分包某一分项工程，如屋面防水、室内装修等分项工程，或某种专业工程，如钢结构制作和安装、电梯安装、卫生设备安装等。分承包人不与建设项目业主发生直接关系，而只对总承包人兼分项工程发包人负责，在现场上由总承包人统筹安排其活动。分承包人承包的工程，不能是总承包范围内的主体结构工程或主要部分（关键性部分），主体结构工程或主要部分必须由总承包人自行完成。

建设项目分承包主要有两种情形：一是总承包合同约定的分包，总承包人可以直接选择分包人，经发包人同意后与之订立分包合同；二是总承包合同未约定的分包，须经建设项目业主认可后总承包人方可选择分包人，与之订立分包合同。可见，关键性的分包，事实上都要经过建设项目业主同意后才能进行。

3. 建设项目独立承包

建设项目独立承包，是指承包人依靠自身力量自行完成承包任务的承发包方式。此方式主要适用于技术要求比较简单、规模不大的工程项目。

4. 建设项目联合承包

建设项目联合承包，是相对于独立承包而言的，指建设项目业主将一项工程任务发包给两个以上承包人，由这些承包人联合共同承包。联合承包主要适用于大型或结构复杂的工程。参加联合的各方，通常是采用成立工程项目合营公司、合资公司、联合集团等联营体形式，推选承包代表人，协调承包人之间的关系，统一与发包人（项目建设单位）签订合同，共同对发包人承担连带责任。参加联营的各方仍都是各自独立经营的企业，只是就共同承包的工程项目必须事先达成联合协议，以明确各个联合承包人的义务和权利，包括投入的资金数额、工人和管理人员的派遣、机械设备种类、临时设施的费用分摊、利润的分享以及风险的分担等。

在市场竞争日趋激烈的形势下，采取联合承包的方式，优越性十分明显，其表现在：可以有效地减弱多家承包商之间的竞争，化解和防范承包风险；能促进承包商在信息、资金、人员、技术和管理上互相取长补短，有助于充分发挥各自的优势；可增强共同承包大型或结构复杂工程的能力，增加中大标、中好标、共同获取更丰厚利润的机会。

5. 建设项目直接承包

建设项目直接承包，是指不同的承包人在同一工程项目上，分别与发包人（项目建设单位）签订承包合同，各自直接对发包人负责。各承包商之间不存在总承包、分承包的关系，现场的协调工作由发包人自行负责，或由发包人委托一个承包商牵头去做，也可聘请专门的项目经理去做。

（四）现代城市建设项目按来源划分的承发包方式

1. 建设项目分配承包

建设项目计划分配，就是在传统的计划经济体制下，由中央或地方政府的计划部门向企业分配工程建设任务，由设计、施工单位分别直接与建设单位签订项目建设承包合同。

2. 建设项目竞争承包

建设项目投标竞争，就是建设企业通过投标竞争，从市场上中标者获得工程建设任务，施工企业与建设单位按中标标书签订项目建设承包合同。我国现阶段的工程建设任务大都以投标竞争为主的方式获得承包权。

3. 建设项目委托承包

建设项目委托承包，即由建设单位与施工承包单位协商，签订委托承包某项工程建设任务的合同。主要用于某些投资限额以下的小型建设项目。

4. 建设项目指令承包

建设项目指令承包，是由政府主管部门依法指定施工项目承包单位，这仅适用于某些特殊情况，如少数特殊工程或偏僻地区工程，大多施工企业不愿投标竞争，或不宜公开招标竞争。

三、现代城市建设项目市场承发包的合同管控

（一）现代城市建设项目的合同分类

建设项目承发包合同可以按照不同的标准加以分类，按照承包合同的计价方式可以分为总价合同、单价合同和成本补偿合同三大类。

1. 建设项目的总价合同

所谓总价合同，是指根据合同规定的工程施工内容和有关条件，发包人应付给承包人的款项是一个规定的金额，即总价。显然，采用这种合同时，对承发包工程的内容及其各种条件都应清楚明确，否则，承发包双方都有蒙受损失的风险。因此，一般是在施工图完成、施工任务和范围比较明确，发包人的目标、要求和条件都清楚的条件下才采用总价合同。

总价合同又可以分为固定总价合同和变动总价合同两种。

（1）建设项目固定总价合同

建设项目固定总价合同的价格计算是以图纸及规定、规范为基础，工程任务和内容明确，发包人的要求和条件清楚，合同总价一次包死，固定不变，即不再因为环境的变化和工程量增减而变化。在这类合同中，承包人承担了全部的工作量和价格的风险。因此，承包人在报价时对一切费用的价格变动因素都作了充分估计，并将其包含在合同价格之中。

（2）建设项目变动总价合同

建设项目变动总价合同又称可调总价合同，合同价格是以图纸及规定、规范为基础，按照时价进行计算，得到包括全部工程任务和内容的暂定合同价格。它是一种相对固定的价格，在合同执行过程中，由于通货膨胀等原因而使所用的工、料成本增加时，可以按照合同约定对合同总价进行相应的调整。当然，由于设计变更、工程量变化和其他工程条件变化所引起的费用变化也可以进行调整。因此，对承包人而言，采用变动总价合同方式风险相对较小，但对发包人而言，不利于进行投资控制，突破投资的风险相对较大。

2. 建设项目的单价合同

当发包工程的内容和工程量尚不能具体明确时，可以采用单价合同形式，即根据计划工程内容和估算的工程量，在合同中明确每项工程内容的单位价格，最终支付时则根据实际完成的工程量乘以合同单价计算应付工程款。由于单价合同允许随工程量变化而调整总价，即不存在工程量方面的风险，因此对合同双方都比较公平。同时，由于发包人与承包人都无需对工程范围做出完整而详细的规定，从而可以缩短相应的招投标时间。

单价合同又分为固定单价合同和变动单价合同两种。

（1）建设项目固定单价合同

建设项目采用固定单价合同方式承发包，意味着无论发生哪些影响价格的因素都不能对建设项目单价进行调整，因而对承包人存在一定的风险。固定单价合同适用于工期较短、工程量变化幅度不会太大的建设项目。

（2）建设项目变动单价合同

建设项目采用变动单价合同方式承发包时，合同双方可以约定一个估算的工程量，并明确当实际工程量发生较大变化时项目单价调整的幅度；也可以约定当通货膨胀达到一定的水平或者国家政策发生变化时，可以对哪些工程内容的单价进行调整以及如何调整等。以变动单价合同方式承发包建设项目，承包人的风险就相对较小。

3. 建设项目的补偿合同

建设项目成本补偿合同，也被称为成本加酬合同，是与固定总价合同相反的合同，即工程施工的最终合同价格是按照工程的实际成本加上一定酬金计算的。在合同签订时，工程实际成本往往不确定，只能确定酬金的取值比例或者计算原则。采用这种合同方式承发包建设项目，承包人不承担任何价格变化或工程量变化的风险，其风险主要由发包人承担，并对发包人的投资控制十分不利。在这种情况下，承包人往往缺乏控制成本的积极性，甚至还会期望增加成本以提高自己的经济效益。因此，这种合同容易被那些不道德、不称职的承包人滥用，从而损害工程的整体效益。所以，应尽量避免采用这种合同。

（二）现代城市建设项目的合同管理

1. 建设项目的合同签订

建设项目合同签订，是指招标人与中标人在规定的期限内（中标通知书发出后的30天内）签订承发包合同。在合同签订前，合同当事人可以利用法律赋予的平等权利，进行对等谈判、充分协商、修改合同。但合同一旦签订，只要合法有效，即具有了法律约束力，受法律保护，双方的权利和义务就都被明确规定在合同上，只能履行，不可违背，一旦违约，就要承担相应的法律和经济责任。

承包商在施工合同签订时应遵循以下基本原则：一是符合承包商的基本目标和整体经营战略，合同具有取得工程盈利和长远利益的可能；二是尽可能使用标准的格式合同文本，内容完整、条款齐全、地位平等，双方责权利关系明确，易于分析，风险相对较小；三是根据合同法和其他法律法规的要求，在合同谈判中积极争取自身的正当权益；四是重视合同作为双方法律约定的法定约束力，一旦签署，必须严格遵守、切实履行约定的条款；五是重视在合同签订前认真、全面地进行合同审查和风险分析，了解合同每一条款的利弊得失，防患未然。

2. 建设项目的合同履行

建设项目合同的履约，是指建设项目承发包人根据合同规定的时间、地点、方式、内容和标准等要求，各自完成合同义务的行为。履行合同，是合同当事双方都应尽的义务。任何一方违反合同，不履行合同义务，或者未完全履行合同义务，给对方造成损失，都应当承担法定的赔偿责任。合同签订以后，当事人必须认真分析合同条款，向参与项目实施的有关责任人做好合同交底工作，在合同履行过程中进行跟踪与控制，并加强合同的变更管理，保证合同的顺利履行。

3. 建设项目的合同跟踪

建设项目合同跟踪有两个方面的含义，一是承包人的合同管理职能部门对合同执行者（项目经理部或项目参与人）的履行情况进行的跟踪、监督和检查；二是合同执行者（项目经理部或项目参与人）本身对合同计划执行情况进行的跟踪、检查与比对。通过合同跟踪，可能发现合同实施中存在的偏差，即项目实施的实际情况偏离了既定的计划和目标，应及时分析原因，采取措施予以纠正，避免损失。根据合同偏差分析的结果，承包人所采取的调整措施应包括：组织措施、技术措施、经济措施和合同措施等。

4. 建设项目的合同变更

建设项目变更，是指在项目建设过程中，根据合同约定对建设的程序、内容、数量、质量要求及标准等做出的变更。一般项目承包合同中都有关于项目变更的具体规定，其基本内容是：根据项目实施的实际情况，承包人、发包人、监理方、设计方都有可能提出项目变更的要求；承包人提出的项目变更要求，应交予工程师审查批准；由设计方提出的项目变更要求，应与发包人协商或经发包人审查批准；由发包人提出的项目变更要求，涉及到设计修改的应与设计单位协商；监理方在发出项目变更通知前，应征得发包人同意。建设项目变更指示有书面形式和口头形式两种，除紧急情况外一般都要求采取书面形式发布变更指示。为了避免耽误项目进度，工程师和承包人就项目变更价格达成一致意见前，有必要先进行项目变更，然后再就项目变更价款进行协商和确定。项目发生变更时，应通过明确变更原因、确定变更范围、分析变更责任、执行变更程序等途径，加强对项目变更的管理。

5. 建设项目合同的信息管理

为了确保承发包方的利益，保证建设项目合同的顺利履行，必须重视合同的信息化管理，即对合同执行过程中的各种信息进行收集、整理、处置、储存、传递和应用，使有关部门和人员能及时准确地获取相应的信息，便于及时做出有关决策。建设项目合同信息化管理主要包括以下任务：对有关施工合同信息进行智慧化分类和编码；确定合同信息收集与处理工作流程图；明确各种图表和报告的内容与格式；规范合同信息的文档制作；建立健全建设项目合同信息管理的体制与机制。

6. 建设项目合同的纠纷处理

根据《中华人民共和国合同法》规定，合同争议的解决方式主要有和解、调解、仲裁和诉讼等。发生争议后，一般情况下双方都应继续履行合同，保证工作的连续性，保护好已完成的工作成果。只有出现以下情况时，当事人方可以停止合同履行，如：单方违约导致合同已经无法履行，双方协议停止履约；明确要求停止履约，且为双方所接受；仲裁机关要求停止履约；法院要求停止履约。

第五节　现代城市建设工程的造价管理

一、现代城市建设工程造价的内涵特征

（一）现代城市建设工程造价的内涵

1. 建设工程造价的理论定义

建设工程造价是指一项建设工程项目预计开支或实际开支的全部固定资产投资费用，即建设工程项目按照确定的建设内容、建设规模、建设标准、功能要求和使用要求等全部建成并验收合格交付使用所需的全部费用；也是指建成一项工程，预计或实际在土地市场、设备市场、技术劳务市场以及承发包市场等交易活动中所形成的建筑安装工程的价格和建设工程的总价格。从以上定义可以看出，建设项目的固定资产投资也就是建设项目的工程造价，二者在概念上是一致的，在量上是等同的。因此人们在讨论固定资产投资时，经常使用工程造价的概念。

2. 建设工程造价的两种含义

需要指出的是，在实际应用中，工程造价有两种含义。第一种含义，是从投资者——业主的角度来定义的。在整个投资活动过程中，所支付的全部费用形成了固定资产和无形资产，所有这些开支构成了工程造价。从这个意义上说，工程造价就是完成一个工程建设项目所需费用的总和。第二种含义，是以商品经济和市场经济为前提的。它以工程这种特定的商品形式作为交易对象，通过招投标或其他交易方式，在进行多次预估的基础上，最

终由市场形成价格。通常，人们将工程造价的第二种含义认定为工程承发包价格。应该肯定，承发包价格是工程造价中一种重要的、也是最典型的价格形式。它是建筑市场通过招标投标，由需求主体（投资者）和供给主体（承包商）共同认可的价格。

（二）现代城市建设工程造价的特征

1. 建设工程造价的大额性

能够发挥投资效用的任何一项建设工程，不仅实物形体庞大，而且造价高昂。动辄数百万、数千万、数亿、十几亿、几十亿元人民币，特大型工程项目的造价可达百亿、千亿元人民币。工程造价的大额性事关各方重大经济利益，同时也会对宏观经济产生重大影响，这就决定了工程造价的特殊地位，也说明了造价管理的必要和重要。

2. 建设工程造价的个异性

任何一项建设工程都有特定的用途、功能和规模，加之每项工程所处地区、地段、地质结构等的不同，导致不同建设工程的内容和实物形态都具有差异性，这就决定了工程造价的个别性、差异性。

3. 建设工程造价的动态性

任何一项建设工程从决策到竣工交付使用，都有一个较长的建设时间。在预计工期内，许多影响工程造价的动态因素，如工程变更，以及设备材料价格、工资标准、费率、利率、汇率等都上下浮动。这种变化必然影响建设工程造价的变动。所以，工程造价在整个建设期处于不确定状态，直至竣工决算后才能最终确定工程的实际造价。

4. 建设工程造价的层次性

建设工程的层次性决定了工程造价的层次性。一个建设项目（如学校）往往是由多个单项工程（如教学楼、办公楼、宿舍楼等）组成的。一个单项工程又是由若干个单位工程（如土建工程、给水排水工程、电气安装工程等）组成的。与此相对应，工程造价也有三个层次，即建设项目总造价、单项工程造价和单位工程造价。如果专业分工更细，单位工程（如土建工程）的组成部分——分部分项工程也可以成为商品交换对象，如大型土方工程、基础工程、装饰工程等，这样工程造价的层次就增加到分部工程和分项工程而成为五个层次。即使从造价的计算和工程管理的角度看，工程造价的层次性也是非常突出的。

5. 建设工程造价的多元性

其一，建设工程造价是建设项目固定资产投资与建设项目工程造价的双重体现，即一价两义。其二，表现在建设工程造价构成因素的广泛性和复杂性。在工程造价中，首先，成本因素非常复杂，涉及建设、施工、市场等各个方面；其次，为获得建设工程用地支出的费用、项目可行性研究和规划设计的费用、与政府一定时期政策（特别是产业政策和税收政策）相关的费用占有相当的份额；再次，盈利的构成也很复杂。

（三）现代城市建设工程造价的功用

1. 建设工程造价的职能

建设工程造价除具有一般商品的价格表征功能，还具有以下特殊的职能。

（1）工程造价的预测职能

建设工程造价的大额性和动态性，决定了无论是投资者或是承包商都要对拟建工程项目的工程造价进行预先的精准测算。投资者预先测算工程造价，不仅有助于项目投资决策，也有利于科学筹资、控制造价。承包商测算工程造价，既为投标决策服务，也可为投标报价和成本管理提供依据。

(2) 工程造价的控制职能

建设工程造价,一方面可以对投资进行全过程、多层次的控制,另一方面也可以对以承包商为代表的商品和劳务供应企业的成本进行控制。在价格一定的条件下,企业的实际成本开支决定企业的盈利水平,成本越低盈利越高。

(3) 工程造价的评价职能

建设工程造价既是评价投资合理性和投资效益的主要依据,也是评价土地价格、建筑安装工程产品和设备价格合理性的依据之一,同时又是评价建设项目偿还贷款能力、获利能力和宏观效益的重要依据。

(4) 工程造价的调控职能

由于工程建设直接关系到经济增长、资源分配和资金流向,对国民经济会产生重大影响,所以,国家对建设的项目规模、结构进行宏观调控,而这些调控都要以工程造价作为经济杠杆,对工程建设中物质消耗水平、建设规模、投资方向等进行调控和管理。

2. 建设工程造价的作用

建设工程造价涉及国民经济各部门、各行业,涉及社会再生产中的各个环节,所以它的作用范围和影响程度都很大,主要表现在以下几个方面:

(1) 工程造价是项目决策的关键

工程造价决定着项目的一次性投资费用的多少。投资者是否有足够的财务能力支付这笔费用,是否认为值得支付这笔费用,是项目决策中要考虑的主要问题,也是投资者必须首先解决的问题。因此,在项目决策阶段,建设工程造价成为项目财务分析和经济评价的重要依据。

(2) 工程造价是投资风控的利器

工程造价是通过多次性预估,最终通过竣工决算确定的。每一次预估过程就是对造价的一次管控,而每一次估算又是对下一次估算铺垫,而且每一次估算都不能超过前一次估算的限幅。建设工程造价对投资的管控表现在利用制定各类定额、标准、参数来限定投资额。在市场经济条件下,造价对投资的控制成为投资风控的内部约束机制。

(3) 工程造价是建设筹资的依据

建设工程造价决定着建设资金的需要量,从而成为筹措建设资金比较准确的依据。当建设资金来源于金融机构的贷款时,金融机构在对项目的偿贷能力进行评估的基础上,也需要依据工程造价来确定给予投资者的贷款数额。

(4) 工程造价是评价投效的标准

建设工程造价是一个包含着多层次造价的指标体系。就一个工程项目来说,它既是建设项目的总造价,又包含着单项工程、单位工程、单位平方米建筑面积的造价等。它能够为评价投资效果提供多种评价指标,并能够形成新的价格信息,为今后类似项目的投资提供参照系。

(5) 工程造价是调配利益的手段

建设工程造价的高低,涉及到国民经济各部门和企业间的利益分配。在计划经济体制下,政府为了用有限的财政资金建成更多的工程项目,总是趋向于压低建设工程造价,使建设中的劳动消耗得不到完全补偿，价值不能完全实现。而未被实现的部分价值则被重新分配到各个投资部门，为项目投资者所占有。这种利益的再分配有利于各产业部门按照政府的投资导向迅速发展，也有利于按宏观经济的要求调整产业结构，但是也会严重损害建筑企业的利益，从而使建筑业的发展长期处于落后状态，与整个国民经济的发展不相适应。在市场经济中，工程造价受供求状况的影响，并在围绕价值的波动中实现对建设规模、产业结构和利益分配的调节。加上政府正确的宏观调控和价格政策导向，工程造价在这方面的作用会充分地发挥出来。

二、现代城市建设工程造价的科学计价

（一）现代城市建设工程造价计价的概念原理

1. 建设工程造价计价的概念

建设工程造价计价，就是计算和确定建设项目的工程造价，简称工程计价，也称工程估价。具体是指工程造价人员在项目实施过程中，根据各个阶段的不同要求，遵循计价原则和程序，采用科学的计价方法，对投资项目最可能实现的合理价格作出科学计算，从而确定投资项目的工程造价，编制工程造价的经济文件。由于工程造价具有大额性、个别性、差异性、动态性、层次性以及兼容性等特点，所以工程计价的内容、方法以及表现形式也就各不相同。业主或其委托的咨询单位编制的工程项目投资估算、设计概算、项目标底，以及承包商、分包商提出的报价，都是工程计价的不同表现形式。

2. 现代建设工程造价计价的原理

工程造价计价的基本原理，就是将整个项目进行分解，划分为可以按有关技术经济参数测算价格的基本单元或称分部、分项工程，从而计算出基本子项的费用。一般来说，分解结构层次越多，基本子项也越细，计算也更精确。

一个建设项目可以分解为一个或几个单项工程，一个单项工程又可以分解为多个单位工程，一个单位工程还可以分解为若干分部工程，一个分部工程再需要按照不同的施工方法、不同的构造及不同的规格划分为更为简单细小的分项工程，由此便可以得到项目最基本的构造要素，并以此作为计量单位，找到其当时、当地的对应单价，采取一定的计价方法，进行分项分部组合汇总，计算出某工程的总造价。

工程造价的计算从分解到组合的特性是和建设项目的组合性相关的。一个建设项目是一个工程综合体，这个综合体可以分解为许多有内在联系的独立和不能独立的工程，所以，建设项目工程造价的计价过程就是一个逐步分项工程组合、叠加的过程。

（二）现代城市建设工程造价计价的多样特征

1. 工程造价计价的单件性

建设工程产品的个别差异性决定了每项工程都必须单独计算造价，所以建设工程的造价计价具有明显的单件性。

2. 工程造价计价的多次性

建设项目建设周期长、规模大、造价高，因此其造价按建设程序要分阶段确定，相应地也要在不同阶段多次计价，以保证工程造价计算的准确性和控制的有效性。多次性计价是个逐步深化、细化和接近实际造价的过程。对于大型建设项目，其计价过程如图 3-2 所示。

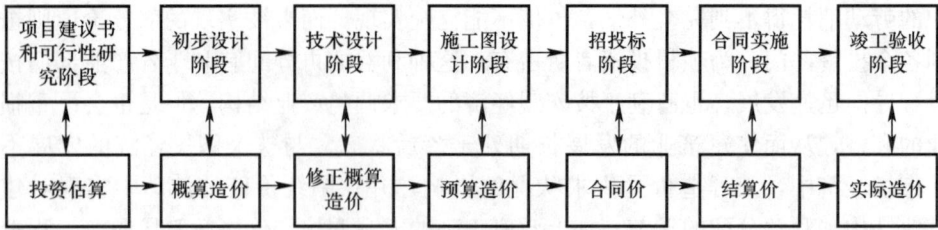

图 3-2　大型建设项目计价过程图

注：竖向的双向箭头表示对应关系，横向的单向箭头表示多次计价流程及逐步深化过程。

3. 工程造价计价的组合性

建设工程造价的计算是分部组合而成的，这是由建设项目的组合性决定的。一个建设项目是一个复杂的工程综合体，它可以分解为许多有内在联系的独立和不能独立的工程，由此决定了工程造价计价的逐步组合过程。这一特征在计算概算造价和预算造价时尤为明显，同时也反映在合同价和结算价中。其计价顺序是：分部分项工程费用→单位工程造价→单项工程造价→建设项目总造价，如图 3-3 所示。

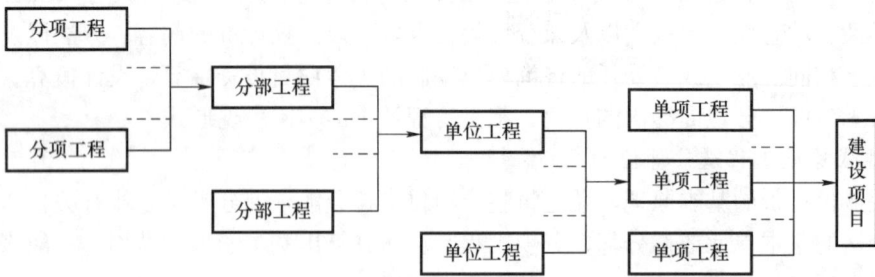

图 3-3　建设工程造价的计价顺序图

4. 工程计价方法的多样性

建设工程造价的多次性计价，不仅计价依据各有不同，计价精确也不相同，这就决定了计价方法的多样性。如计算概、预算造价的方法有单价法和实物法等，计算投资估算的方法有设备系数法、生产能力指数估算法等。不同的方法利弊不同，适应条件也不同，计价时要根据具体情况加以选择。

5. 工程计价依据的复杂性

由于影响建设工程造价的因素很多，所以计价依据的种类也很多，主要包括：计算设备和工程量的依据，计算人工、材料、机械等实物消耗量的依据，计算工程单价的依据，计算设备单价的依据，计算其他费用的依据，政府规定的税、费依据，物价指数和工程造价指数依据。依据的复杂性不仅使计算过程复杂，而且要求计价人员能熟悉各类依据，并加以正确应用。

(三) 现代城市建设工程造价计价的不同模式

1. 项目的建设工程定额计价模式

建设工程定额计价是我国长期以来在工程价格形成中采用的重要模式，是国家通过颁布统一的估价指标、概算定额、预算定额和相应费用定额，对建筑产品价格有计划管理的一种方式。

采用上述模式，在工程造价计价中以定额为依据，按定额规定的分部分项子目，逐项计算工程量，套用定额单价（或单位估价表）确定直接费，然后按规定取费标准确定构成工程价格的其他费用和利税，获得建筑安装工程造价。建设工程概预算书就是根据不同设计阶段设计图纸和国家规定的定额、指标及各项费用取费标准等资料，预先计算的新建、扩建、改建工程投资额的技术经济文件。由建设工程概预算书所确定的每一个建设项目、单项工程或单位工程的建设费用，实质上就是相应工程的计划价格。

长期以来，我国承发包计价以工程概预算定额为主要依据。因为工程概预算定额是我国几十年计价实践的总结，具有一定的科学性和实践性，所以用这种方法计算和确定工程造价过程简单、快速、比较准确，也有利于工程造价管理部门的管理。但预算定额是按照计划经济的要求制定、发布、贯彻执行的，定额中工、料、机的消耗量是根据"社会平均水平"综合测定的，费用标准是根据不同地区平均测算的，因此企业采用这种模式报价时就会表现为平均主义，企业不能结合项目具体情况、自身技术优势、管理水平和材料采购渠道价格进行自主报价，不能充分调动企业加强管理的积极性，也不能充分体现公平竞争的基本原则。

2. 项目的建设工程量清单计价模式

建设工程量清单计价模式，是建设工程招投标中，按照国家统一的工程量清单计价规范，招标人或其委托的有资质的咨询机构编制反映工程实体消耗和措施消耗的工程量清单，并作为招标文件的一部分提供给投标人，由投标人依据工程量清单，参照各种渠道所获得的工程造价信息和经验数据，结合企业定额自主报价的计价方式。

我国现行建设行政主管部门发布的工程预算定额消耗量和有关费用及相应价格是按照社会平均水平编制的，不能充分反映参与竞争企业的实际消耗和技术管理水平，在一定程度上限制了企业的公平竞争。采用工程量清单计价，能够反映出承建企业的工程个别成本，有利于企业自主报价和公平竞争；同时，实行工程量清单计价，工程量清单作为招标文件和合同文件的重要组成部分，对于规范招标人计价行为，在技术上避免招标中弄虚作假和暗箱操作及保证工程款的支付结算都会起到重要作用。

目前我国建设工程造价实行"双轨制"计价管理办法，即定额计价法和工程量清单计价法同时实行。工程量清单计价作为一种市场价格的形成机制，主要在工程招投标和结算阶段使用。

三、现代城市建设工程造价的精细管控

（一）现代城市建设工程造价管控的基本性质

建设工程造价管理，是以工程项目为对象，以工程技术、经济、法律和管理为手段，以效益为目标的交叉行政行为。建设工程造价管理有两种，一是建设工程投资费用管理，二是建设工程价格管理。

第一种管理属于工程建设投资管理范畴。是指为了实现投资的预期目标，在拟定的规划、设计方案的条件下，预测、计算、确定和监控工程造价及其变动情况。这既涵盖了微观的项目投资费用的管理，也包括宏观层次的投资费用管理。

第二种管理属于价格管理范畴。在市场经济条件下，工程造价管理分为宏观和微观管理两个层次。宏观管理，是指国家根据社会经济发展的要求，利用法律手段、经济手段和行政手段，通过建筑市场管理、规范市场主体计价行为，对工程价格进行管理和调控的系统行为。微观管理，是指业主对某一工程项目建设成本的管理，以及承发包双方对工程承包价格的管理。其中，业主对建设成本的管理，包括从建设项目筹建到竣工验收、交付使用的所有费用的全过程管理，即工程造价预控、预测、工程实施阶段的工程造价调整以及工程实际造价管理；承包商对建设成本的管理，包括为实现管理目标而进行的成本控制、计价、定价和竞价的系统活动；承发包双方对工程承包价格的管理，包括工程价款的支付、结算、变更、索赔等。

（二）现代城市建设工程造价管控的主要内涵

1. 建设工程造价管控的目标

建设工程造价管控的目标，是按照经济规律的要求、根据市场发展的形势，利用科学管理的方法，采用先进有效的手段，合理地确定造价和有效地控制造价，以提高投资效益和建筑安装企业的经营效果。

2. 建设工程造价管控的任务

建设工程造价管控的任务，是严格工程造价的全过程动态管控，强化工程造价的约束机制，维护有关各方的经济利益，规范价格行为，促进微观效益和宏观效益的统一。

3. 建设工程造价管控的对象

建设工程造价管控的对象分客体和主体。客体是建设工程项目，而主体是业主或投资人（建设单位）、承包商或承建商（设计单位、施工单位、项目管理单位）以及监理、咨询等机构及其工作人员。对各个管理对象而言，具体的工程造价管理工作，其管理的范围、内容以及作用各不相同。

4. 建设工程造价管控的特点

建设工程造价管控有如下四大特点：一是时效性，反映的是某一时期内的价格的特性，即随时间的变化而不断变化；二是公正性，站在公正的立场上，既要维护业主（投资人）的合法权益，也要维护承包商的利益；三是规范性，由于工程项目千差万别，构成工程造价的基本要素可分解为便于可比与便于计量的假定建筑产品，因而，要求标准应客观、工作程序当规范；四是准确性，即运用科学的技术经济原理及法律手段进行科学管控，使计量、计价、计费有理有据，有法可依。

（三）现代城市建设工程造价管控的内容步骤

1. 建设工程造价的管控内容

（1）工程造价的合理确定

所谓工程造价的合理确定，就是在建设过程的各个阶段，合理确定投资估算造价、概算造价、预算造价、承包合同价、结算价、竣工决算价。

（2）工程造价的有效控制

所谓工程造价的有效控制，就是在优化建设方案、设计方案的基础上，在建设过程的各个阶段，采用一定的方法和措施把工程造价的发生控制在合理的范围和核定的造价限额以内。具体而言，是要用投资估算价控制设计方案的选择和初步设计概算造价，用概算造价控制技术设计和修正概算造价，用概算造价或修正概算造价控制施工图设计和预算造价，以求合理使用人力、物力和财力，取得较好的投资效益。控制造价在这里强调的是控制项目投资。有效控制工程造价应体现以下几项原则：一是以设计阶段为重点的建设全过程造价控制；二是主动控制，以取得令人满意的结果；三是通过技术手段与经济手段的紧密结合实现有效控制工程造价的目的。

2. 建设工程造价的管控步骤

建设工程造价采取全过程、全方位、分步骤、精细化管控，主要包括：

（1）可行性研究阶段对建设方案认真优选，编制投资估算时，应考虑切实规避风险、合理确定投资额度。

（2）通过招标，从优选择建设项目的承建单位、咨询（监理）单位、设计单位。

（3）合理选定工程的建设标准、设计标准，贯彻国家的建设方针。

（4）按估算对初步设计推行量财设计，积极、合理地采用新技术、新工艺、新材料，优化设计方案，准确合理编制设计概算。

（5）对设备、主材进行择优采购，抓好相应的招标工作。

（6）认真控制施工图设计，推行"限额设计"。

（7）协调好与各有关方面的关系，合理处理配套工作（包括征地、拆迁、城建等）中的经济关系。

（8）严格按概算对造价实行静态控制、动态管理。

（9）用好、管好建设资金，保证资金合理、有效地使用，减少资金利息支出和损失。

（10）严格合同管理，做好工程索赔价款结算。

（11）强化项目法人责任制，确立项目法人对工程造价管控的主体地位，在法人组织内建立与造价紧密结合的经济责任制。

（12）社会咨询（监理）机构要为项目法人开展工程造价管理提供全过程、全方位的咨询服务，遵守职业道德，确保服务质量。

（13）各造价管理部门要强化服务意识，做好基础工作（定额、指标、价格、工程量、造价等信息资料提供），为工程造价的合理确定提供动态的可靠依据。

（14）各单位、各部门要组织好造价工程师的考核、培养和培训工作，促进人员素质和工作水平的提高。

第六节　现代城市建设项目的后评估管理

一、现代城市建设项目后评估的性质特征

（一）现代城市建设项目后评估的性质

建设项目后评估，是指对已经完成的项目的目标、实施过程，绩效、影响和持续性进行全面、系统分析和比对，确定项目预期的目标是否达到、实施的项目过程是否规范有效、投入成本是否与绩效匹配、完成的项目是否产生积极的社会影响，并具有持续的预期效应。通过对项目实践过程中实际效果与项目预期目标相比较，找出产生差距的原因，总结经验教训；根据存在的问题，提出改进的措施和建议；根据对未来所处外部环境和内部条件的分析，提出优化的对策，进而，使完成后的项目达成可持续的预期目标。

(二) 现代城市建设项目后评估的特点

1. 项目后评估的目标特点

建设项目前评估始于项目实施前，着重投资机会的选择，目标是保证项目决策的前瞻性、科学性、经济性与实用性；而建设项目后评估的时间，一般是在项目竣工后的一定时期内，目标是审查验证前评估的正确性、适合性、可行性与准确性，用以吸取经验教训，提高项目决策、建设实施和生产经营的管理水平。

2. 项目后评估的内容特点

建设项目前评估的重点是对项目可行性研究报告进行审查，分析其完整性、系统性、精准性和可靠性，保证项目目标的实施；而后评估不仅是对项目决策、建设实施和运营效果进行测评，还要对后评估时点以后的项目效用可持续前景进行预测。

(三) 现代城市建设项目后评估的作用

通过建设项目后评估的作用显著，可以达到肯定成绩、总结经验、研究问题、吸取教训、提出建议、改进工作、不断提高项目决策水平和投资效益的目的，具体表现在以下几个方面：

1. 有利于提高项目决策水平

一个建设项目的成功与否，主要取决于立项决策是否正确。在我国的现行的建设项目中，存在为数不少的立项决策失误现象。后评估能将项目实施的教训提供给项目决策者，对于优化本体项目、调整未来同类项目具有重要作用。

2. 有利于提高项目实施水平

通过项目后评估，可以总结建设项目设计、施工中的经验教训，这将对促进设计单位设计水平和施工单位施工水平的提高起到积极的作用。

3. 有利于提高项目综合效益

建设项目投产后，经济效益好坏、何时能达到生产能力等，是后评估十分关注的问题。如果有的项目到了达产期而不能达产，或虽然达产但效益不佳，后评估时就能认真分析原因，提出措施，促其尽快达产，努力提高经济效益，使建成后的项目充分发挥作用。

4. 有利于控制项目工程造价

大中型建设项目的投资额普遍较大，造价稍加节省就是一笔可观的投资。目前，工程造价的风控都是通过建设项目前期决策阶段的咨询评估，以及建设过程中的招投标价格调整来实现的。如果后评估能够很好地总结经验教训，对控制项目造价将会起更积极的作用。

二、现代城市建设项目后评估的原则内容

(一) 现代城市建设项目后评估的原则

1. 项目后评估的科学性

项目后评估人员，应对被评估建设项目的相关资料及其现实状况等进行深入而周密的调查、研究与分析，掌握可靠和充足的审计项目信息；应采用被国内外实践证明了的有效的评估方法开展项目后评估；应遵循科学、规范的评估程序进行项目后评估，以便从过程控制上保障建设项目后评估的科学性。

2. 项目后评估的公正性

建设项目后评估必须做到：一是独立，即要求从评估机构设置、人员组成、履行职责等方面综合保证项目评估人员的精神独立和形式独立，减少危险、利诱和干扰，为后评估的公正提供组织保障。二是透明，就是要求建设项目后评估的标准、过程及结果必须规范、公正、透明。

3. 项目后评估的全面性

"兼听则明，偏听则暗"。建设项目后评估中，要对项目的各个方面进行客观、全面、系统的评估，以便最终给出被评估项目的整体性评价。

4. 项目后评估的效益性

建设项目后评估要坚持效益性原则：一是对项目的评估必须从成本和效益两个方面进行全面衡量，既不能过分强调项目的成本而忽视项目的效益，也不应突出建设项目的成果而忽视项目的成本。二是建设项目后评估本身也要贯彻效益原则，既坚持科学性，又讲求效益性。

5. 项目后评估的实用性

建设项目后评估应少摆"花架子"、坚持实用性，切实做到：项目后评估指标的设计、方法的选择和程序的优化，在保证科学性的基础上尽量采用适用的成熟做法；后评估报告揭示的问题应有针对性、提出的措施要有可操作性。

（二）现代城市建设项目后评估的内容

1. 建设项目双重目标的后评估

建设项目的目标后评估，就是通过对项目实际产生的经济、技术指标与项目决策时确定的目标的系统、全面、客观的比较，检查项目是否达到预期目标或达到目标的程度或存在的偏差，从而判断项目是否成功；分析项目达标或基本达标或存在偏差的原因，进而提出改进的意见和建议。目标后评估的另一项任务，是要对项目原定决策目标的正确性、合理性和可行性进行分析、判别。如果项目原定目标不明确，或不符合项目实际，项目实施过程中又发生了重大的外部环境变化，包括政策性变化或市场变化等，项目后评估时要给予重新分析、界定和评估。

2. 建设项目实施过程的后评估

建设项目实施过程的后评估，就是对项目实施过程中所采用的推进方法、组织管理、风险防范和操作程序的规范性、系统性、适合性考量。一是审视项目实施决策情况，包括项目实施的模式和具体方法、技术手段和组织分工、时间安排等是否符合项目的实际情况，评估项目实施决策偏差的影响性，分析项目实施决策偏差的原因。二是审视项目进度、质量、风险的管控情况，包括管控成效大小、失控或疏漏的原因，并检视是否有跟进的、可持续的科学举措。三是审视项目实施中范围、时间、成本和质量之间"矛盾冲突"的管控情况，以及管控是否有效，分析无效或低效的原因，检查是否采取了有效的"持续改善"的方法等。四是审视项目受益者范围及其反映、项目财务执行情况等，是否符合项目初始目标的要求，以及达标或未能达标的原因、改进措施制定与落实情况。

3. 建设项目成本效益的后评估

建设项目的成本效益后评估，即综合成本评估和经济效益评估，其审视的主要内容与项目前评估同项内容无大的差别，主要仍然是分析内部收益率、净现值和贷款偿还期等项目盈利能力和清偿能力，但需作如下明示：

（1）项目前评估采用的是财务预期值，项目后评估则是对已发生的财务现金流量实际值的检视，并按统计学原理加以处理，并对后评估时点以后的流量作出新的预测。

（2）当财务现金流量来自财务报表时，对应收而实际未收到的债权和非货币资金都不可计为现金流入，只有当实际收到时才作为现金流入；同样，应付而实际未付的债务资金也不能计为现金流出，只有当实际支付时才作为现金流出。必要时，要对实际财务数据作出调整。

（3）实际发生的财务会计数据都含有物价通货膨胀因素，而通常采用的盈利能力指标是不含通货膨胀水分的。因此，对项目后评估采用的财务数据要剔除物价上涨的因素，以实现前后评估的一致性和可比性。

4. 建设项目综合影响的后评估

建设项目的综合影响后评估，包括经济、社会和环境影响三个方面。

（1）项目经济影响的后评估

建设项目经济影响后评估，主要审视项目对所在地区、所属行业和国家所产生的经济方面的影响，包括对就业、资源利用、技术进步等的影响。由于经济影响评价的许多因数难以量化，所以一般对其进行定性分析。

（2）项目社会影响的后评估

建设项目社会影响后评估，重点审视项目对所在地区社会的影响，包括对社会贫困、社会平等、社会参与和妇女问题等的影响。

（3）项目环境影响的后评估

建设项目环境影响后评估，一般审视项目对本地区的污染控制、环境质量、区域生态平衡等的影响。

5. 建设项目持续性的后评估

建设项目的持续性后评估，重在审视项目的建设资金投入完成之后，其既定目标是否还能继续达成、是否可以持续发展下去、是否具有可重复性，即是否可在未来以同样的方式建设同类项目。同时，检视项目可持续或不可持续的成因，总结可持续的经验，对不可持续汲取应有的教训，并提出纠偏的举措。而且，还要分析影响项目持续性各类因素的情况，包括：所在国家的政策、地方政府的管理和组织、财务因素、技术因素、社会文化因素、环境和生态因素、外部因素等。

三、现代城市建设项目后评估的程序方法

（一）现代城市建设项目后评估的要求

开展建设项目后评估，对项目决策科学化、项目管理现代化，以及对提高项目投资效益有着重要的作用，为此，项目后评估工作要关注以下重点：

1. 建立和完善项目后评估体系

目前，我国投资项目主要侧重于前评估，这对保证项目决策的正确性和做好建设项目前期工作，都起到了非常重要的作用。但从项目建设实施和投产后所发生的诸多问题，可以看出仅有前评估是远远不够的，还必须有后评估，以建立和完善项目评估体系，即建设项目应有前、中、后三大评估，才能实现项目的全过程管控，保证项目达到预期的效果。

2. 建立和完善项目后评估制度

建设项目投资效益的好坏，是项目管理各阶段、各环节、各单位和各部门综合作用的结果，其中任何一个环节的过失都会给项目整体带来损失。为此，要加强项目管控各环节、各方面工作联系，建立和完善项目后评估的各项工作责任制，使项目后评估有规可依、有章可循，并达到预期的成效。

3. 使项目后评估适应市场需要

我国市场经济体制的建立，投资体制和金融体制的改革，使银行建设项目贷款管理由过去侧重于前评估，向关注后评估、重视项目偿还能力延伸。由于市场经济体制下，变化因素增多，对建设项目预测数据和实施结果影响增大。因此，在建设项目后评估的过程中，必须根据市场变化和偏离预测目标的程度来评价项目的综合绩效，进而调整项目的实施、运营策略，确保预定目标的达成。

（二）现代城市建设项目后评估的程序

1. 确定后评估的项目

需要进行后评估的建设项目，一般包括：投资数额、社会影响较大的重点项目；经济、社会、环境效益均较好或者均较差的项目；其他能提供典型经验和教训的建设项目。

2. 组建后评估的机构

建设项目后评估，既可以组建专门机构负责实施，也可由原来项目前评估机构负责。世界银行由专门的评估局负责项目后评估工作，很值得借鉴。这样做，有利于后评估的公正性、真实性和客观性。

3. 拟定后评估的计划

建设项目后评估计划应包括如下内容：后评估的目的，即明确后评估要解决的问题和达到的目的；后评估的内容，即根据后评估目，确定后评估的主要内容、重点难点和具体方法；后评估的进程，即按后评估要求的内容，安排各步骤的时间进度；后评估的分工，即把项目后评估的任务落实到人，各负其责，有序推进。

4. 收集后评估的资料

建设项目后评估涉及资料众多，要系统全面、分门别类进行收集，有理、有据、有序加以整理，使之体系化、完整化、精准化。

5. 编写后评估的报告

建设项目后评估报告是在综合分析、比对、研判的基础上编写的。根据后评估内容，分别说明：项目前评估报告中的预测数据与后评估结果中实际值的差异及其形成差异的主要原因、项目全过程的经验和教训以及存在的主要问题及其对策和建议等。

（三）现代城市建设项目后评估的方法

建设项目后评估包括了对项目已经发生事情的总结，以及项目未来发展的预测。在后评估情况下，只有具有统计意义的数据才是可比的，其中，后评估时点前的统计数据是评估对比的基础，后评估时点以后可能的数据是预测分析的依据。因此，项目后评估的总结和预测是以统计学原理和预测学原理为基础的。此外，项目后评估有两大方法，即有无对比法和逻辑框架法。

1. 建设项目后评估的有无对比法

建设项目后评估必须定量和定性相结合，与项目前评估基本相同。然而，后评估方法论的基本原则是对比法则，包括前后对比、预测和实际发生值对比、有无项目的对比等。对比的目的是要找出变化和差距，以提出问题并分析成因。

"前后对比"，是指将建设项目实施之前与完成之后的情况加以对比，以确定项目效益的方法。在项目后评估中，就是将项目前期的可行性研究中的预测结论与项目实际运行结果相比较，以发现变化和分析成因。这种对比用于揭示计划、决策和实施的质量，是项目过程评价应遵循的法则。

"有无对比"，是指将建设项目实际发生情况与无项目状态可能的情况相对比，以度量项目的真实效益、影响和作用。对比的重点是分清项目作用的影响与项目意外作用的影响。这种对比主要用于项目的效益评估和影响评估，是项目后评估的重要法则。这里说的"有"和"无"，指的是被评估的对象，即计划、规划或项目。评估是通过对比实施项目所付出的资源代价与项目实施后产生的效果得出项目好坏结论的。这一方法的关键是要求投入的代价与产品的效果口径一致。也就是说，所度量的效果要真的归因于项目。但是很多项目，特别是大型社会经济项目，实施后的效果不仅仅是项目的效果和作用，还有项目以外多种因素的影响，因此简单的前后对比不能得出项目真正的效果。

综上所述，后评估中的效果评价，就是要剔除那些非项目因素，而对归因于项目的效果加以正确的定义和度量。由于无项目时可能发生的情况往往无法确定地加以描述，故项目后评价中只能用一些方法去近似地度量项目的作用。理想的做法是在该受益范围之外找一个类似的"对照区"，进行比较和评价。

项目后评估的效果和影响评估要分析的数据与资料包括：项目前预测的效果、项目实际实现的效果、无项目时的可能效果、无项目的实际效果等。

2. 建设项目后评估的逻辑框架法

逻辑框架法（Logical Framework Approach，LFA）是美国国际开发署（USAID）在1970年开发并使用的一种设计、计划和评估工具，目前已有三分之二的国际组织把LFA作为援助项目的计划管理和后评估的主要方法。

LFA是一种概念化论述项目的方法，即用一张简单的框图来清晰分析一个复杂项目的内涵和关系，使之更易理解。LFA将几个内容相关、必须同步考虑的动态因素组合起来，通过分析其间的关系，从设计策划到目的达标等方面来评估一项活动或工作。LFA为项目计划者和评估者提供一种分析框架，用以确定工作的范围和任务，并通过对项目目标和达到目标所需的手段进行逻辑关系的分析。

LFA的核心概念是因果逻辑关系，即"如果"提供了某种条件，"那么"就会产生某种结果；这些条件包括事物内在的因素和事物所需要的外部因素。应用LFA进行计划和评估时的一项主要任务，是对项目最初确定的目标必须做出清晰的定义。因此，在架构逻辑框架时应清楚地描述以下内容：清晰并可度量的目标，不同层次的目标和最终目标之间的联系，确定项目成功与否的测量指标，项目的主要内容，计划和计划时的主要假设条件，检查项目进度的方法，以及项目实施中要求的资金投入。

建设项目后评估的主要任务之一，是分析评估项目目标的实现程度，以确定项目的成败。项目后评估通过应用LFA来分析项目原定的预期目标、各种目标的层次、目标实现的程度和原因，用以评估其效果、作用和影响。因此，国际上不少组织把LFA作为后评估的方法论原则之一。与项目计划的LFA不同，项目后评估LFA的客观验证指标一般应反映出实际完成情况及其与原预测指标的变化或差别。采用 LFA 方法进行项目后评估时，可根据后评估的特点和项目特征在格式和内容上作一些调整，以适应不同评估的要求。LFA 一般可用来进行目标评估、项目成败原因分析、项目可持续评估等。

第七节　现代城市建设工程的质量管理

一、现代城市建设工程质量管理的内涵与职责

（一）现代城市建设工程质量管理的本质内涵

1. 建设工程质量管理的定义

建设工程质量管理，是指为保证和提高工程质量，运用一整套质量管理体系、手段和方法所进行的系统管理活动。广义的工程质量管理，泛指建设全过程的质量管理，其管理范围贯穿于工程建设决策、勘察、设计、施工的全过程。狭义的工程质量管理，是指工程施工阶段的管理，即为了保证达到工程合同、设计文件、技术规程规定的质量标准，采用系列措施、科学手段、规范技法所进行的项目施工质量管控。

建设工程质量管理按其实施主体的不同，可以分为三个方面：一是业主和监理实施的质量控制与管理，属于外部、横向的质量管控；二是承包商实施的质量控制与管理，属于内部、自身的质量管控；三是政府监督机构的质量控制与管理，属于外部、纵向的质量管控。

2. 建设工程质量管理的原则

建设工程质量管理应遵循如下基本原则：坚持质量第一、用户至上、科学把关；坚持以人为本、合法合规、合情合理；坚持预防为主、动态管控、确保达标；坚持数据说话、严守标准、精准验证；坚持客观公正、诚信守法、规范严谨。使工程质量管理由事后把关转为事前防范、由只管结果转为兼管诱发因素、由少数人专管转为人人时时监管。

3. 建设工程质量管理的要求

建设工程质量管控的目的是为了满足预定的项目质量要求，以取得期望的经济、社会和环境效益。为此，应认真落实如下基本要求：一是提高建设工程质量管理的预见性。要通过工程建设过程的动态信息采集、定期信息反馈，分析预见可能发生的重大工程质量问题，及时采取切实可行的措施加以防范，真正做到"预防为主、防患未然"。二是明确工程质量管理的重难点。把工程的关键工序、特殊工位作为重点，把技术创新、工艺革新立为难点，设置专门的质量控制点，实时管控、动态更新、严防死守，确保万无一失。三是重视工程质量管理的性价比。工程质量和其他质量管理一样，都要付出一定的代价，只要质量管理投入比质量失控损失小，这样的投入就是合理、必须和性价比高的。四是强化工程质量管理的系统性。要求全体系、全周期、全方位地实施工程质量管理，做到管理的部门间、职能间，以及工程的时段间、工序间，统筹协调、有序互补、系统管控。五是制订工程管理的全程序。工程质量管理的基本程序是：按照项目质量方针和目标，制订工程质量控制措施并建立相应的控制标准；分阶段进行工程质量监督检查和分析比对，认真作出工程质量合格性鉴别；对出现的工程质量问题，及时采取纠偏措施，保证项目预期目标的

实现。

4. 建设工程质量管理的内容

建设工程质量管理从市场主体本身而言包含了三个不同阶段的诸多内容。在建设工程施工准备阶段，建设工程质量管理主要包括：图纸的审查、施工组织设计的编制质量的把关、工程材料和预制构件及半成品的检验、施工机械设备的检测等。在建设工程施工过程中，其质量管理主要包括：做好施工的技术交底、监督按照设计图纸和规范规程施工、进行施工质量检查和验收、开展施工质量分析和实现文明施工。在建设工程竣工与投产使用阶段，其质量管理主要包括两个方面：一是对已完成的建设工程进行全面检查，将发现的质量缺陷予以及时反馈，为日后改进施工质量管理提供经验教训；二是按合同要求对完成的建设工程质量实行规范保修。

(二) 现代城市建设工程质量管理的主体责任

1. 建设单位的工程质量管理责任

项目建设单位对建设工程质量管理应负的主要责任是：第一，总体负责建设工程各阶段质量工作的协调管理，并按照合同约定督促建设工程各参与单位落实质量管理责任。第二，在可行性研究阶段对建设工程质量进行风险预评估，并督促勘察、设计、施工和监理等单位明确风险防范和控制措施。第三，在与承包单位签订的合同中，应明确约定双方的建设工程质量责任。

2. 勘察设计单位的工程质量管理责任

项目勘察、设计单位对建设工程质量管理应负的主要责任是：第一，应对建设工程勘察、设计质量负责。第二，勘察、设计文件应满足建设工程质量的需要，应满足国家规定的深度要求，包括：对建设工程本体可能存在的重大风险控制进行专项设计；对涉及工程质量和安全的重点部位和环节进行标注；采用新技术、新工艺、新材料、新设备的，要明确质量和安全的保障措施；根据建设工程勘察文件和建设单位提供的调查资料，选用有利于保护毗邻建筑物、构筑物和其他管线、设施安全的技术、工艺、材料和设备；明确建设工程本体以及毗邻建筑物、构筑物和其他管线、设施的监测要求和监测控制限值；标明现场服务的节点、事项和内容。第三，设计单位应按照技术规范，指派注册执业人员对设计文件进行校审并签字确认。第四，勘察、设计单位应在建设工程施工前进行规定的技术交底，施工中开展必须的技术指导、解决自身存在的问题。第五，应当参加建设项目相关分部、分项或相关专项工程验收，并签署意见。第六，设计单位还应参加建设工程竣工验收，并向建设单位提供建设工程的使用维护说明。

3. 施工单位的工程质量管理责任

项目施工单位对建设工程质量管理应负的主要责任是：第一，应对建设工程的施工质量负责，是分包单位的，还应接受总承包单位施工现场的质量管理。第二，应组建施工现场项目管理机构，配备专职质量管理人员。第三，在施工前，应编制施工组织设计，并明确下列内容：与设计要求相适应质量控制措施以及应急处置预案；进行施工过程内部质量控制措施的交底、验收、检查和整改；作出符合合同约定工期要求的施工质量管控计划安排；对可能影响工程质量的相关毗邻建构筑物等采取专项防护措施。第四，对施工过程中发生质量问题或者竣工验收不合格的建设工程，应负责返修。对进入施工现场的建材与施工设备应进行严格的质量核验。

4. 监理单位的工程质量管理责任

项目监理单位对建设工程质量管理应负的主要责任是：第一，应当代表建设单位对施工质量实行监理，并承担监理责任。第二，应组建施工现场项目监理机构，并根据合同约定配备相应的总监理工程师、专业监理工程师和监理员等人员。第三，应在建设工程开工前，审核施工质量管理制度和措施并签报建设单位。第四，应对进入施工现场的建材和设备进行核验，并提出审核意见。第五，应对施工现场不符合质量要求的行为与存在的质量隐患及时予以纠正。

5. 建设行政管理和其他有关部门的工程质量管理责任

建设行政管理和其他有关部门对建设工程质量管理应负的主要责任是：第一，应建立和完善建设工程质量追溯体系，建立健全建设工程质量监管制度，编制优于国家标准的地方工程建设质量技术标准，并配备相应的质量监督人员和装备。第二，应履行下列建设工程质量监管职责，包括：监督检查建设工程质量法律、法规、规章和技术标准的执行情况；监督检查建设工程各参与单位的质量行为，以及质量管理体系和责任制落实情况；查处违反建设工程质量法规和技术标准的行为等。第三，应对开工前需要落实的建设工程质量控制措施进行现场检查。第四，应对报送备案的勘察、设计、施工图审查、施工、监理、检测等合同进行抽查，第五，应采用试样盲样检测的方式实施工程质量监督检测。第六，应对建设工程质量管理开展评优，进行奖优罚劣。

二、现代城市建设工程质量管理的影响与过程

(一) 现代城市建设工程质量管理的阶段影响

工程建设的不同阶段，对工程项目质量的形成起着不同的作用和影响。具体表现在：

1. 项目可研阶段对建设工程质量的影响

建设项目可行性研究是运用技术经济学原理，在对与投资建议有关的技术、经济、社会、环境等所有方面进行调查研究的基础上，就各种可能的拟建方案和建成投产后的经济、社会和环境效益等进行技术经济分析、多方预测论证，确定项目建设的可行性，并在可能的情况下提出最佳建设方案作为决策、设计的依据。在此阶段，需要确定工程项目的质量要求，并与投资目标相协调。因此，项目的可行性研究直接影响项目的决策质量和设计质量。

2. 项目决策阶段对建设工程质量的影响

建设工程项目决策阶段，主要是确定工程项目应达到的质量目标及水平。对于工程项目建设，需要控制的总体目标是投资、质量和进度，它们三者之间互相制约。要做到投资、质量、进度三者协调统一，达到业主最为满意的质量水平，则应通过可行性研究和多方案比较来确定。因此，项目决策阶段是影响工程质量的关键阶段。

3. 工程设计阶段对建设工程质量的影响

建设工程项目设计阶段，是根据项目决策阶段已确定的质量目标和水平，通过工程设计使其具体化。设计在技术上是否可行、工艺上是否先进、经济上是否合理、设备上是否配套、结构上是否安全，都将决定工程项目建成后的使用价值和功能。因此，设计阶段是影响工程项目质量的决定性环节。

4. 工程施工阶段对建设工程质量的影响

建设工程项目施工阶段，是根据设计文件和图纸的要求，通过精心组织施工，形成合格的工程实体。这一阶段不仅影响工程的分部、分项、衔接的质量，影响基础、结构和装饰质量，还会直接影响工程的整体和最终质量。因此，施工阶段是工程质量控制工作量最大、时间最长、环节最多、关系最复杂和最关键的时期。

5. 工程验收阶段对建设工程质量的影响

建设工程项目竣工验收阶段，是对项目施工阶段形成的建筑产品进行试车运转、检查评定，考核其质量是否达到设计阶段的预想标准。这一阶段是工程建设向项目投产转移的必要环节，影响工程能否最终形成生产能力，体现了工程质量水平的最终结果。因此，工程竣工验收阶段是工程质量控制的最后一个重要环节。

综上所述，建设工程项目质量的形成是一个系统的过程，即工程质量是可行性研究、投资决策、工程设计、工程施工和竣工验收各阶段质量的综合反映。

（二）现代城市建设工程质量管理的实施过程

从工程项目的质量形成过程来看，要控制工程项目全过程质量，就要按照建设过程的顺序有效控制各阶段的质量：

1. 建设工程项目决策阶段的质量控制

建设工程项目决策阶段的质量控制，就是选择合理的建设场地，使项目的质量要求和标准符合投资者的意图，并与投资目标相协调；同时，使建设项目与所在地区的环境相协调，为项目的长期使用创造良好的运行环境和条件。

2. 建设工程项目设计阶段的质量控制

一要选择好设计单位，通过设计招标，必要时组织设计方案竞赛，从中选择能够保证工程质量的设计单位；二要保证项目各个部分的设计符合决策阶段确定的质量要求；三要保证项目各个部分设计符合有关的质量技术法规和技术标准的规定；四要保证项目各个专业设计之间相互协调；五要保证设计文件、设计图纸符合现场和施工的实际条件，其深度应满足施工的要求。

3. 建设工程项目施工阶段的质量控制

首先，要展开施工招标，选择优秀施工单位，认真审核投标单位标书中关于保证质量的措施和施工方案，必要时组织答辩，使质量作为选择施工单位的重要依据；其次，施工单位要保证严格按设计图纸进行施工，严把工程工艺质量关，并最终形成符合合同规定质量要求的工程产品。

4. 建设工程项目验收保修阶段的质量控制

按《建筑工程施工质量验收统一标准》的有关规定和要求组织建设工程项目的验收，合格并通过验收的，备案签署合格证和使用证；同时，监督承建商按国家法律、法规规定的内容和时间履行建设工程保修义务。

三、现代城市建设工程项目质量的第三方监理

（一）现代城市建设工程项目监理的本质特征

1. 监理的一般理论概念

所谓监理，解读为对事物的监督与管理，即：有关的监理机构或人员，根据一定的准

则，对执行某项特定任务的机构或人员所实施的行为及其结果，通过计划、组织、协调、控制等环节，开展有序、规范的监督、检查和评估，使任务的执行者能够更好地达到预期的目标。

2. 建设监理的主要内涵

所谓建设监理，被理解为对建设领域相关建设活动的监理，即对工程建设活动主体或参与者的建设行为及活动（决策、设计、施工及安装、采购、供应等）进行监督、检查、评价、控制和确认，并通过相应的管理措施和手段，使其建设行为或活动符合有关法律、法规、政策及合同的规定，防止和消除建设行为或活动的随意性、盲目性，确保其合法、科学、理性和经济性、有效性，使建设工程的质量、进度、费用达成预期的目标。

3. 建设工程项目监理的本质

所谓建设工程项目监理，是指具有相应资质的监理单位受工程项目业主的委托，依据国家有关工程建设的法律规章、经建设主管部门批准的项目建设文件，以及建设工程委托监理合同和其他工程建设合同，对工程建设项目实施的专业化监督管理。

4. 建设工程项目监理的特征

（1）项目监理的服务性

建设工程项目监理单位和监理工程师，是受业主委托、为业主提供智力服务的专业团队。监理工程师通过对工程建设活动进行计划、组织、协调、监督与控制，保证建设合同的顺利履行，达到业主的建设意图，实现其项目建设的目标。建设工程项目监理者的劳动具有很强的技术性、鲜明的服务性。

（2）项目监理的公正性

由于建设工程项目监理在工程实施过程中，必须承担组织各方协作、调解各方利益、促使各方履约的责任，以及保障各方合法权益的职能，因此，要求建设工程项目监理单位必须坚持公正的立场。

（3）项目监理的独立性

社会行为公正的前提是独立性，因此，作为行为公正者的建设工程项目监理单位，在监理活动中的人际关系、业务关系和经济关系必须独立，即不得和工程建设当事各方发生不应有的利益关系。我国有关规定指出，建设工程项目监理单位的各级监理负责人和监理工程师不得是施工、设备制造和材料供应单位的合伙经营者，或与这些单位发生经营性隶属关系者，不得承包施工和建材销售业务，不得在政府机关、施工、设备制造和材料供应单位任职。这些规定就是为了使监理单位保持其独立性。

此外，建设工程项目监理单位与业主的关系应是平等的合约关系。监理委托合同一经确立，业主方就不得干涉监理工程师的正常工作。在实施监理的过程中，项目监理单位是作为工程承包合同签约当事双方（业主与承包方）之外独立的第三方，行使依法成立的工程监理合同中所确定的职权、承担相应的责任，而不是作为业主的代表或以业主名义行使职权，也不得与承包单位有任何经济关系。

（4）项目监理的科学性

建设工程项目监理单位要胜任合同赋予的职责，在工程施工中达成建设工程项目的目标，就必须能够提供高水平的专业服务，发现与解决工程设计、施工中存在的技术和管理问题。这就要求监理工作必须具有绝对的科学性，而监理人员的高素质正是这种科学性的前提条件。因此，监理工程师必须具备相当的专业教育学历、丰富的工程建设经验、精通的专业技术管理,并通晓经济与法律。

(二) 现代城市建设工程项目监理的多元作用

1. 有利于提高建设项目投资决策的科学水平

在建设项目业主委托工程监理企业实施全方位、全过程监理的条件下,业主有了初步的项目投资意向之后,工程监理企业可协助业主选择适当的工程咨询机构,管理工程咨询合同的实施过程,并对咨询结果进行评估,提出有价值的修改意见和建议;或者直接从事工程咨询工作,为业主提供建设方案。这样,不仅可使项目投资符合国家经济发展规划、产业政策、投资方向,而且可使项目投资更加符合市场需求。工程监理企业参与或承担项目决策阶段的监理工作,有利于提高项目投资决策的科学化水平,避免项目投资决策失误,也为实现建设工程投资综合效益最大化打下了良好的基础。

2. 有利于规范工程建设参与各方的建设行为

工程建设参与各方的建设行为必须符合法律、法规、规定和市场准则。要做到这一点,仅仅靠自律机制是远远不够的,还须建立有效的约束机制。为此,首先需要政府对工程建设参与各方的建设行为进行全面的监督管理,这是最基本的约束,也是政府的主要职能之一。但是,由于客观条件所限,政府的监督管理不可能深入到每一项建设工程、每一道工序的实施过程,因而还需要建立另一种约束机制,即能在建设工程实施过程中对工程建设参与各方的建设行为进行约束,建设工程监理制就是一种约束机制。

在建设工程实施过程中,工程监理企业可依据委托监理合同和有关的建设工程合同对承建单位的建设行为进行监督管理。由于这种约束机制贯穿于工程建设的全过程,采用事前、事中和事后控制相结合的方式,可以有效地规范各承建单位的建设行为,最大限度地避免不当建设行为的发生。即使出现不当建设行为,也可以及时加以制止或纠正,从而最大限度地减少其不良后果。应该说,这是建立约束机制的根本目的。另一方面,由于业主不了解建设工程有关的法律、法规、管理程序和市场行为准则,也可能发生不当建设行为。在这种情况下,工程监理单位可以向业主提出适当的建议,从而避免发生业主的不当建设行为,这对规范业主的建设行为也可起到一定的约束作用。当然,要发挥上述约束作用,工程监理企业首先必须规范自身的行为,并接受政府的监督管理。

3. 有利于确保建设工程项目的整体质量安全

建设工程是一种特殊的产品,不仅价值大、使用寿命长,而且还关系到人民的生命财产安全、健康和环境。因此,保证建设工程质量和使用安全就显得尤为重要,在这方面不允许有丝毫的懈怠和疏忽。工程监理企业对承建单位建设行为的监督管理,实际上是一种从产品需求者的角度对建设工程生产过程的管理,这与产品生产者自身的管理有很大的不同。而工程监理企业又不同于建设工程的实际需求者,其监理人员都是既懂工程技术又懂经济管理的专业人士,他们有能力及时发现建设工程实施过程中出现的问题,包括工程材料、设备以及阶段产品等存在的问题,从而避免留下工程质量隐患。因此,实行建设工程监理制之后,在加强承建单位自身对工程质量管理的基础上,由工程监理企业介入建设工程生产过程的管理,对保证建设工程质量和使用安全有着重要作用。

4. 有利于真正实现建设工程投资效益最大化

建设工程投资效益最大化可表现在满足建设工程预定功能和质量标准的前提下,建设投资额最少;在满足建设工程预定功能和质量标准的前提下,建设工程寿命周期费用(或全寿命费用）最少；建设工程本身的投资效益和环境、社会效益的综合最大化。

实行建设工程监理制后，工程监理企业一般都能协助业主实现上述建设工程投资效益最大化的第一种表现，也能在一定程度上实现上述第二种和第三种表现。随着建设工程寿命周期费用思想和综合效益理念被越来越多的业主所接受，建设工程投资效益最大化的第二种和第三种表现的比例将越来越大，从而大大地提高我国全社会的投资效益。

（三）现代城市建设工程项目监理的范围任务

1. 建设工程项目监理的既定范围

（1）国家重点建设的工程

国家重点建设工程，是指依据《国家重点建设工程项目管理办法》所确定的对国民经济和社会发展有重大影响的骨干项目。

（2）大中型公用事业工程

大中型公用事业工程，是指项目总投资在 3000 万元以上的工程项目，包括供水、供电、供气、供热等基础工程项目；科技、教育、文化等公共服务类项目；体育、旅游、商业等公共消费类项目；卫生、福利等社会保障类项目，以及其他公用事业项目等。

（3）成片开发的住宅区工程

成片开发建设的住宅小区建筑面积在 5 万平方米以上的，必须实行监理；5 万平方米以下的住宅建设工程，可以实行监理，具体范围和规模标准，由省、自治区、直辖市人民政府建设行政主管部门规定。为了保证住宅质量，对高层住宅及地基、结构复杂的多层住宅应当实行监理。

（4）外国贷款和捐资的工程

利用外国政府或者国际组织贷款、援助资金的工程必须实行监理，其范围包括使用世界银行、亚洲开发银行等国际组织贷款资金的项目；使用国外政府及其他机构贷款资金的项目，以及使用国际组织或者国外政府援助资金的项目等。

（5）国家规定监理的其他工程

国家规定必须实行监理的其他工程，是指项目总投资额在 3000 万元以上、关系社会公共利益和公众安全的基础设施项目，包括煤炭、石油、化工、天然气、电力、太阳能等新旧能源项目；铁路、公路、管道、水运、民航等交通运输项目；邮政、电信枢纽、通信、信息网络等邮电通信项目；防洪、灌溉、排涝、发电、引供水、滩涂治理、水资源保护、水土保持等水利建设项目；道路、桥梁、地铁和轻轨交通、污水排放及处理、垃圾处理、地下管道、公共停车场等城市基础设施项目；生态环境保护项目以及其他基础设施项目等。

2. 建设工程项目监理的阶段任务

建设工程项目监理，是业主为实现其投资目标，委托专门的监理机构，代表其对项目建设过程进行的监督管理。因此，建设工程项目监理业务可以包括建设前期的项目决策阶段、勘察设计阶段、招投标阶段、工程施工阶段，直至项目保修阶段为止的整个工程项目建设全过程的相关工作。监理单位在各阶段应承担的工作内容如下：

（1）建设前期阶段：参与投资项目的机会研究、建设工程项目的可行性研究、项目设计任务书的编制等。

（2）勘察设计阶段：提出相关设计建议，参与评选设计方案、选择勘察与设计单位，协助业主签订勘察、设计合同。监督初步设计和施工图设计工作的执行，控制设计质量，并对设计成果进行审核。控制设计进度，满足建设进度要求，并监督设计单位实施。审核设计概（预）算，实施或协助实施投资控制。参与工程主要设备选型。协调设计单位与有关各方的关系。

（3）施工招标阶段：参与编制招标文件和评标文件，协助评审投标书，提出决标评估意见，协助业主与承建单位签订承包合同。

（4）工程施工阶段：协助业主编写开工报告。审查承建单位各项施工准备工作，下达开工通知书。督促承建单位建立、健全施工管理制度和质量保证体系，并监督其实施。审查承建单位提交的施工组织设计、施工技术方案和施工进度计划，并督促其实施。组织设计交底及图纸会审，审查设计变更。审核和确认承建单位提出的分包工程项目及选择的分包单位。复核已完工程量，签署工程付款证书，审核施工图预算和竣工预算。检查工程使用的原材料、半成品、成品、构配件和设备的质量，并进行必要的测试与监控。监督承建单位严格按技术标准和设计文件施工，控制工程质量，重要工程要督促承建单位实施预控措施。抽查工程施工质量，对隐蔽工程进行复验签证，参与工程质量事故的分析及处理。分阶段进行进度控制，及时提出调整意见。处理合同纠纷和索赔事宜，督促检查安全生产、文明施工。组织工程阶段验收及竣工初验，并对工程施工质量提出评估意见。

（5）项目保修阶段：协助组织和参加检查项目动用前的各项准备工作。对保修期间发现的工程质量问题，参与调查研究，弄清情况，鉴定工程质量问题的责任，并督促保修工作。

建设工程项目监理除在上述各阶段中分别承担相应业务外，还应在每个阶段认真执行投资控制、进度控制、质量控制，以及合同管理、信息管理和组织协调等六项任务，即将三项控制目标为中心任务的"三控制"、"两管理"和"一协调"等六项任务落实到项目实施的各个阶段之中。

第八节　现代城市建设工程的安全生产管理

一、现代城市建设工程安全生产管理的内涵与特征

（一）现代城市建设工程安全生产管理的内涵原则

1. 建设工程安全生产管理的本质

安全生产，是指生产过程处于避免人身伤害、设备损坏及其他不可接受的损害风险（危险）的状态。建设工程安全生产管理，则是指建设行政主管部门、建筑工程安全监督管理机构、建筑施工企业及有关单位，对建设工程实施过程中的劳动者行为、劳动对象、劳动手段和施工环境条件，进行旨在确保全过程安全、全体系协调的计划、组织、指挥、控制、监督、调节和改进等一系列管理活动的总和。

2. 建设工程安全生产管理的方针

建设工程安全生产管理坚持"安全第一、预防为主"的方针。"安全第一"是原则和

目标，是把人身安全放在首位，安全为了生产，生产必须保证人身安全。"安全第一"，就是要求所有参与工程建设的人员，包括管理者、施工者、监督者都必须牢固树立安全第一的观念，绝不为了发展经济而牺牲生产安全。"预防为主"是实现"安全第一"的重要手段。在工程建设活动中，应根据工程建设的特点，对不同生产要素采取相应的管理措施，尽量把事故消灭在萌芽状态，从而减少甚至避免发生事故。

3. 建设工程安全生产管理的原则

（1）管生产必管安全的原则

管生产必管安全，是指建设工程项目各级领导和全体员工在生产过程中必须坚持抓生产的同时必须抓好安全工作。它体现了安全与生产的统一，生产与安全是一个有机的整体，两者不能分割更不能对立起来，安全寓于生产之中。

（2）安全具有否决权的原则

安全具有否决权，是指安全生产工作是衡量建设工程项目管理优劣的基本内容，它要求在对项目各项指标考核、评优创先时，首先必须考虑安全指标的完成情况。安全指标没有实现，其他指标顺利完成，仍无法实现项目的最优化，安全具有一票否决的作用。

（3）安全卫生三同时的原则

"三同时"，是指一切生产性的基本建设和技术改造项目，必须符合国家职业安全卫生方面的法规和标准，即：职业安全卫生技术措施及设施应与主体同时设计、同时施工、同时投产使用，以确保项目投产后符合职业安全卫生要求。

（4）事故处理四不放的原则

在处理建设工程事故时，必须坚持和实施四不放过的原则，即：事故原因分析不清不放过、事故责任者和群众没受到教育不放过、项目没有制定整改和预防措施不放过、事故责任者和责任领导不处理不放过。

（5）动态管理四个全的原则

建设工程项目安全生产管理，涉及施工生产活动的各个阶段，以及从开工到竣工交付使用的全部过程。因此，施工生产活动必须坚持实行全员、全过程、全方位、全时段的动态安全管理。

（二）现代城市建设工程安全生产管理的主要特征

1. 建设工程安全生产管理的复杂性

由于建设工程规模大、生产工艺复杂、工序多，在建造过程中流动作业多、高处作业多、岗位变化多、不确定因素多，安全生产管理工作涉及范围大、控制面广。因此，建设工程安全生产管理不仅是施工单位的责任，也包括建设单位、勘察设计单位和监理单位，各方都要为安全生产管理承担相应的责任与义务。

2. 建设工程安全生产管理的动态性

一方面，由于建设工程项目的单件性，使得每项工程所处的条件不同，面临的危险和防范措施也会各异，特别是项目工期转段、员工转移工地，都需要对新环境、新工序、新技术、新措施有个转变、熟悉、适应的动态过程。另一方面，工程项目施工具有分部分项与工序工位的分散性，尽管有各种规章制度可循、有安全技术交底环节，但每一位个体在面对差异化的具体生产环境或突发情况时，仍需要独立判断和处置、仍必须适应动态变化的新情况。

3. 建设工程安全生产管理的交叉性

建设工程项目是一个开放系统，受自然环境和社会环境影响很大，安全生产管理需要把工程系统和环境系统、社会系统交叉融合，处理好相互关系、调整好各自利益、实现好各自目标。

4. 建设工程安全生产管理的严谨性

不安全状态具有一触即发性，因此，安全生产管理的措施必须系统、全面、严谨，一旦疏漏、失控，将造成难以估量的损失和伤害。

二、现代城市建设工程安全生产管理的计划与体系

（一）现代城市建设工程安全生产管理的计划

1. 建设工程安全生产管理计划的主要含义

建设工程安全生产管理计划简称安全计划或安全策划，是针对建设工程项目的特点进行的安全管控策划，是为完成安全生产管理工作而制定，是未来行动的方案。该类计划具有三个明显的特征，即：安全计划必须与未来目标一致、对未来行动有用，并有某个机构负责实施。安全计划在建设项目开始实施前制订，在建设项目实施过程中不断调整和完善。"凡事预则立，不预则废"就是指的安全生产管理计划的重要性。

2. 建设工程安全生产管理计划的编制原则

建设工程安全生产管理计划具有主观性，其制定得好坏，取决于它和客观实际相符合的程度。建设工程项目体所制定的安全生产管理计划必须符合安全生产的客观规律，符合建设工程施工的实际。安全计划是进行安全控制和管理的指南，是考核安全控制和管理工作的依据。

3. 建设工程安全生产管理计划的主要内容

一是建设工程项目概述，包括项目的基本情况、可能存在的主要不安全因素等。二是明确建设工程项目安全生产控制和管理的总目标、子目标，并予以具体化。三是建设工程项目安全生产控制和管理的程序，包括明确项目安全生产控制和管理的工作过程和安全事故的处理过程。四是建设工程项目安全生产管理的组织机构，包括安全组织机构的形式、安全组织机构的组成。五是建设工程项目安全生产管理的职责权限，包括根据组织机构状况，明确不同组织层次、各相关人员的职责和权限，进行责任分解。六是规章制度，包括建设工程项目安全生产管理制度、操作规程、岗位职责等的建立，以及应遵循的相关安全类的法律法规、标准等。七是资源配置，即针对建设工程项目的特点，提出安全生产管理和控制所必需的材料、设施等资源要求和具体的配置方案。八是安全技术措施，即针对建设工程项目可能出现的不安全因素，确定相应的安全管控技术措施。九是检查评价，即明确检查评价建设工程项目安全生产的方法和具体标准。十是奖惩制度，包括建设工程项目安全生产的奖惩标准和方法。

（二）现代城市建设工程安全生产管理的体系

建设工程安全生产管理体系，由包括安全管理对象、安全管理途径、安全管理措施、安全管理责任、安全管理制度和安全管理战略等构成。

1. 建设工程安全生产管理的对象

建设工程安全生产管理对象，是指工程安全生产管理所涉及的项目环境和项目实施行

为人的行为内容。项目环境安全管理的内容包括：系统、空间、条件和辅助系统。其中系统是指生产系统，包括物流系统、风流系统、人流系统和抗灾系统等；空间是指作业空间和通行空间，取决于装备条件和支护条件；条件是指自然条件；辅助系统是指对系统的监测和监控系统。行为人行为安全管理的内容包括：人的素质和人的意识。人的素质包括知识与技能两个方面，人的意识是指行为的动机。

2. 建设工程安全生产管理的途径

建设工程安全生产管理的途径主要包括项目实施环境和实施行为两个方面。其一，项目实施环境达到安全的途径，主要包括：安全控制技术、工程安全防护和安全防控装备，而且要形成体系、互相关联、层层设防、时时可控、前后呼应。其二，项目实施行为达到安全的途径，主要包括：开展安全生产的专题培训，以增加行为者的安全知识、提高行为者的安全意识、增强行为者的安全技能；建立健全安全生产的管理制度，以强化工程项目安全管理的组织保障、机制约束、协调管控和综合奖惩。

3. 建设工程安全生产管理的措施

建设工程安全生产管理的措施，涉及项目安全生产环境管理与行为管理两个方面。第一，工程安全环境管理措施，包括优化安全管控系统、优选安全装备与改善安全条件。优化系统，是指科学地设计安全环境管控系统，即依靠最好的设计专家和人员，设计出最好的安全环境监测、检验、防范系统；优选安全环境装备，是指采用质量最好、效率最高、管控最准的安全防控设备，并与优化的安全防控系统结合起来，提高效率、减少冗员，实现集约化安全生产；改善安全环境条件，就是对危及安全生产的有害气体、火区、水源、地质、周边动态和静态的不安全因素等，采取系统、有效的技术措施，消除隐患。第二，工程安全行为管理措施，主要包括：工程安全防控者的安全意识强化、知识测试、技能评定。

4. 建设工程安全生产管理的责任

建设工程安全生产管理的责任包括：技术责任、行政责任和行为管理责任。其一，技术责任，是指对安全环境的设计负责，即对安全系统、空间和改善条件的方案设计、工程设计、施工组织设计、作业规程设计等安全可靠性负责。不同层级的技术人员，负不同的安全技术责任，由此划分技术责任等级。其二，行政责任，是指对城市环境的结果负责。这里分为决策责任和管理责任，决策责任对安全系统、空间和改善条件的投资负责，管理责任对安全环境形成的过程和结果负责。其三，行为管理责任，是指管理者对行为者的安全培训、教育负责，以及对行为者落实安全防范举措的绩效负责，及其行为者对自己的安全行为后果负责。

5. 建设工程安全生产管理的制度

建设工程安全生产管理制度，是指把安全的管理内容、管理标准、管理措施、管理责任、奖惩办法等纳入制度化管理体系，实行工程项目安全生产管理的法制化、标准化、程序化，使工程项目安全生产管理走上规范化轨道。

6. 建设工程安全生产管理的策划

建设工程安全生产管理策划，主要指安全环境管理策划和安全行为管理策划。首先，安全环境管理策划，包括安全管理环境系统优化的目标、步骤和措施策划，即对安全环境系统作全面的科学分析，找出系统缺陷，拿出解决的技术方案，制定必须的投资规划、实施措施，明确安全环境管理的责任。其次，安全行为管理策划，包括人员素质提升的目标、步骤和措施策划，即对员工的安全生培训与技能提高制定出实施规划和投资计划，设计安全生产培训方式、培训地点、培训时间以及安全生产技能等级测试与达成的目标。

三、现代城市建设工程安全生产管理的责任与关系

（一）现代城市建设工程安全生产管理的责任制度

1. 建设工程安全生产管理责任制度的本质

安全生产责任制度，是指将各种不同的安全责任落实到负责安全管理的人员和具体工程项目实施岗位人员身上的专项制度，是建设工程生产安全最基本的管理制度，是所有工程项目安全规章制度的核心，也是安全第一、预防为主方针的具体体现。

2. 建设工程安全生产管理责任制度的内容

建设工程安全生产管理责任制度的主要内容包括：第一，从事建设工程施工活动的主要负责人的责任制。比如，建筑施工单位的法定代表人要对本企业的安全生产负主要的安全责任。第二，从事建设工程施工活动管理的职能机构或职能处室负责人及其工作人员的安全生产责任制。比如，建筑施工单位根据需要设置的职能机构或职能处室的负责人及其工作人员要对自身所管辖的项目生产安全负主要的安全责任。第三，建设工程项目各个实施岗位人员的安全生产责任制。比如，所有工程项目实施人员都必须持证上岗并对生产安全负责，从事特种作业的安全人员还必须经过特殊培训、考试合格，才能上岗作业，并对特殊领域的安全生产负主要的安全生产责任。

3. 制定施工安全生产责任制的基本要求

安全生产责任制是建设工程项目各项管理制度的核心，是企业岗位责任制的重要组成部分，是企业安全管理中最基本的制度，也是保障安全生产的重要组织措施。安全生产责任制度是根据"管生产必须管安全"、"安全生产人人有责"等原则，明确各级领导、各职能部门、岗位、各工种人员在生产中应负有的安全职责。有了安全生产责任制，就能把安全生产从组织领导上统筹起来，从原则制度上固定下来，从而增强各级管理人员的安全责任心，使安全管理纵向到底、横向到边，专管成线、群管成网，责任明确、协调配合，真正把建设工程安全生产管理工作落到实处。作为建设工程企业，应参照《中华人民共和国建筑法》、《中华人民共和国安全生产法》，以及《国务院关于特大安全事故行政责任追究的规定》、地方政府的相关法规，制定本企业的建设工程安全生产管理责任制，并以文件的形式予以颁布，使建设工程安全生产管理制度化。

（二）现代城市建设工程安全生产管理的多边关系

1. 建设工程安全与质量管理的关系

从广义上说，建设工程质量包涵工程安全工作质量，反之工程生产安全概念也内涵了工程质量管理，它们交互作用，互为因果。安全第一，质量第一，两个第一并不矛盾。安全第一，是从保护建设工程生产要素（人与生产资料）角度提出的；而质量第一，则是从关注建设工程产品成果的角度而强调的。建设工程安全为项目质量服务，而建设工程质量也需要项目安全的保证。

2. 建设工程安全与进度管理的关系

建设工程施工生产的蛮干、乱干，求得侥幸中的快，一旦酿成不幸，非但无速度可

言，反而会延误时间。所以，建设工程施工进度应以安全做保障，在一定程度上安全就是最有保障的进度，因为安全与进度成正比例关系。一味强调进度，置安全于不顾的做法，是极其有害的。当建设工程施工进度与安全生产发生矛盾时，暂时减缓进度保证安全才是正确的做法。

3. 建设工程安全与效益管理的关系

建设工程安全技术措施的实施，定会改善劳动条件，调动职工的积极性，焕发劳动热情，带来更大的经济效益。从这个意义上说，建设工程生产安全与建设项目的效益完全是一致的。在建设工程安全生产管理中，既不能不投入，也不能乱投入，而是要适度、适合、适应，既保证安全生产，又具有最佳的性价比，还要考虑本企业力所能及。单纯为了省钱而忽视安全生产，或单纯追求不惜资金的盲目高标准，都不可取。

安全与效益是辩证关系。在施工生产实践中，重视工程生产安全并采取有效安防措施的企业，因防止和减少了事故的发生，为施工生产的正常进行提供了保障，必然带来企业效益的增加。反之忽视安全，在安全方面缺乏足够的投入，事故经常发生，施工生产必然受到破坏，企业得到的一定是负效益。

第四章 现代城市的运行管理及其践行模式

城市运营，是指组成城市的各个要素，诸如城市的基础设施、公共产品、公共事务和广大市民等，在城市政府统一领导和一定制度模式下的公共行政及其整个过程。

城市运营管理，则是指城市政府以及市场与包括市民的社会相关主体，运用各种有效手段对城市运行中的公共产品、公共事务和相关行为人进行的公共行政性管理活动。从狭义城市管理角度审视，现代城市运营管理涉及的主要领域包括：城市交通与市政运营管理、城市能源与水务运营管理、城市生态环境与市容运营管理、城市行政综合执法与信息化运营管理等，属于传统意义上的"大市政"管理范畴。

作为现代城市的公共行政，城市运营管理具有四个方面的共同特征，即：管理内容的综合性、完整性与体系性；管理主体的差别化、多元化与社会化；管理制式法理性、开放性与市场性；管理手段的网络化、信息化、智能性。城市运营管理有五个作用，一是有利于保障城市的安全、有序、健康发展；二是有利于优化城市的整体环境；三是有利于增强城市的竞争实力；四是有利于提高市民的生活质量和幸福指数；五是有利于提高城市的运行效率。

要真正发挥城市运营管理的作用，应该确立六大前卫理念，即：以人为本的理念、依法规范的理念、公共治理的理念、网络智慧的理念、精细集约的理念、可续发展的理念；必须遵循四项主要原则，包括：确保城市安全有序的原则、追求城市综合效益的原则、满足城市居民需求的原则、适应城市发展可能的原则；还要建构七种管理机制，如运行机制、监控机制、考评机制、预防机制、应急机制、沟通机制、问责机制和奖惩机制等；逐步形成现代管理制式，如实行市区分责，建管分离、管办分离，政企分开、政事分开、政社分开、运维分开，减少管理层级、倡导重心下移，突出综合执法、提高管理效能。

第一节 现代城市交通运营管理

一、现代城市交通运营管理的本质特征

(一) 现代城市交通运营管理的本质

1. 城市交通的概念

城市交通是指一个由人、货、车、路和环境组成的庞大而复杂的城市立体化、综合化的动态系统，具体包括五个部分：一是城市交通工具，如非机动车（自行车、人力三轮车、助动车等）、机动车（公共汽车、电车、地铁与轻轨、出租车、私家车、摩托车、特种公务车、各类货车等）、火车、轮船、飞机等；二是城市交通设施，如城市道路（高速路、快速路、一般道路等）、铁路、桥涵（立交桥、隧道、其他各类桥梁等）、飞机场、火车站、码头、停车场（地上、地下、立体车库等）、加油站、休息站、收费站，以及城市

交通控制系统（包括交通标志、信号系统，交通信息采集、传输、交通控管系统等）；三是交通出行与运行主体，如步行者、乘运者、驾驶者、货运者、调度者、指挥管理者等；四是各类被装运的货物；五是与交通毗邻、相关的城市自然和人造环境。

2. 城市交通运营管理的性质

城市交通运营管理，是指城市政府为保障交通安全、通畅、有序、高效、便捷、低公害、低耗能，并更好地服务城市经济、社会发展和市民生活，根据有关法律、法规、标准、规范，采用各种先进的技术和管理手段，在包括社会公众在内的社会各方共同参与下，对构成道路交通系统的人、车、物、路、环境等要素进行科学、合理、有效的组织、协调、控制的活动总和，是一种对城市交通需求和交通供给的满足与促进。具体包括五层含义：一是交通运营管理的目的是维护交通运营安全和效率，以及经济、社会、环境效益的最大化；二是交通运营管理的主体是城市交通管理职能部门和公安机关，以及包括市民在内的社会相关各方；三是交通运营管理的客体是交通构成要素及其与社会、自然等的相互关系。四是交通运营管理的依据是国家与城市及行业的相关交通管理的法律、法规、规章、标准和技术规范。五是交通运营管理的基本职能是服务、协调、管理、控制、奖惩。

3. 城市交通运营管理的目标

我国正处于全面建设小康社会的关键时期，经济、社会快速发展对城市空间的需求日益增长，资源、环境等对城市发展的约束日益凸显，城市交通设施、环境和运输体系建设与服务的质量要求日益提高。因此，城市交通运行管理的总体目标应该是加快交通基础设施的现代化、体系化、智能化，包括：建设符合城市需求的立体、通畅的道路网络，制备具有良好性能、高效便捷的现代交通工具，构筑规范、智能、多元的城市集输运体系，打造平面、立体、智能统筹的静态交通体系；优先发展城市多功能、多运力、多样式的公共交通体系，包括：长短途结合、大中小兼顾、电气油互补的地面公交体系，地下、地上、空中三位一体的城市轨道交通体系，扬招、网约、电调融合的出租车体系；全面保障城市经济、社会发展与市民生活对交通的多元需求，包括：政务、商务、生产、生活交通需求的错位、错时、错峰管理与供给；大众、个性、特色交通需求的差异化管理；交通管控的依法、有序、规范、智能。

（二）现代城市交通运营管理的特征

1. 城市交通运营管理职能的法定性

城市交通运营管理，是国家和城市法律、法规赋予的专门职责，是依据相关规章、标准、规范执行的特殊管控职能。因此，其出发点、执行过程及其最终归宿，都具有鲜明的服从国家利益、城市需要、市民诉求的法治理性。

2. 城市交通运营管理对象的多元性

城市交通运营管理，管理主体包含城市政府的相关部门、城市社会的相关方面，以及城市的广大市民；管理对象不仅有人与人的利益关系处理、人与物的需求关系处理，还包括人、物与自然环境的多元关系处理。因此，城市交通运营管理工作涉及城市社会与自然的方方面面。

3. 城市交通运营管理目的的综合性

城市交通运营管理，总的目的是通过科学、充足的城市交通供给，满足理性、多样的城市交通需求，其中，既有城市交往发展的交通需求，也有市场主体货物流动的交通需求，更有市民个体出行的交通需求。因此，城市交通运营的管理，是要以尽可能少的消耗与污染、尽可能好的平衡与协调，满足尽可能多的需求方的个性诉求，这是一种多向的综合性供求契合。

4. 城市交通运营管理系统的复杂性

城市交通运营管理，是一个管理主体多元、管理对象多样、管理过程动态、管理目标针对、管理手段各异、管理要求精细的极为复杂的过程，有太多的变化要及时应对、有太多的关系要协调、有太多的利益要平衡、有太多的矛盾要处理，因此，也决定了它是一个极为庞大的管理系统，每一种管理、每一道程序、每一个环节都互相牵制、互为条件，来不得半点马虎和随意，规范、精准、自律是关键。

5. 城市交通运营管理手段的科学性

城市交通运营管理，作为一项复杂的社会系统工程，涉及多方面的科学知识和现代工程技术，需要动态的过程决策、方案制定、措施贯彻，这就决定了它的管理和控制的手段必须绝对科学、现代智慧，不仅能适应个体的特点、动态的变化，还应能满足前瞻的预测、系统的联动、应急的管控。

6. 城市交通运营管理过程的动态性

城市交通运营管理，作为一种人与人、人与物、人和物与环境的位移性、突变性关系的处理方法，其过程的最大特点就是开放的动态性，即管理对象的特异性应变和管理者的任务性应变。这其中，既有人和物的相对和绝对位移性变，也有交通、环境气象、地质、水文条件的灾难性变，更有交通运行信息信号的转换性变，还有人的情绪和生理条件的突发性变。因此，城市交通运营管理始终是一个变幻莫测的动态变化的环环相扣的预测、管控和应对的过程。

二、现代城市交通运营管理的内容和原则

（一）现代城市交通运营管理的内容

1. 区域与市内交通系统管理

交通系统管理是交通管理部门通过对交通流的管制及合理引导，使交通流在道路网络上重新分布、均匀负荷，以提高交通路口、主要干道和网络系统（即城市交通的点、线、面三方面）的运输效率，增加交通通过能力。主要措施如下：

（1）节点交通的有序管理

交通节点往往是城市交通的瓶颈。节点交通管理策略就是以交通节点（交叉口）为管理范围，采用一系列管理规则及硬件设施加以控制，以优化利用交通节点的时空资源，提高其通过能力。常用的管控方式有：一是进口拓宽，即增加交叉口进口车道数，提高其单位时间的通行能力；二是进口渠化，即根据交通量、转向流量大小，设置不同转向的专用进口车道，优化利用交叉口空间及通行时间；三是信号配时优化，即根据交叉口交通量、转向流量大小，优化信号灯配时，使有限的绿灯时间内放行尽可能多的车辆；四是在交通量较大的交叉口，采用定时段（高峰小时）或全天禁止左转（全交叉口或部分进口）方式，提高交叉口通行能力。

（2）干线交通系统管理

制约城市交通能力的另一因素是城市的交通主要干道。干线交通管理是以某条或若干

条交通干线为交通管理范围，采取一系列管理措施，优化利用交通干线的时空资源，提高其运行效率。干线交通管理不同于节点交通管理，它以干线交通运输效率最大化为目标，以道路网络布局为基础，根据道路功能确定具体的交通管理方式，主要有：规划交通拥挤线路单行线、公共交通专用线、货车禁行线、自行车禁行线（或专用线）、"绿波"交通线、特殊运输线路等。

（3）区域交通统筹管理

区域交通管理是城市交通系统管理的最高形式，它以全区域所有车辆的运输效率最大（总延误最小、停车次数最少、总体出行时间最短等）为管理目标。区域交通管理是一种现代化的交通管理模式，是现代城市交通系统管理的发展方向。它需要以城市交通信息系统为基础，以通信技术、控制技术、计算机技术作为支撑，主要管理形式有：①区域信号控制系统，如脱机式区域信号控制系统、响应式联机信号控制系统等；②智能化区域管理系统，它是智能化交通系统（ITS）的主体，包括车辆线路诱导系统和智能化车辆卫星导航系统等。

2. 区域与市内交通需求管理

城市交通需求管理，主要是从控制城市交通总需求的角度来进行城市交通的宏观管理。通过制定城市交通准入制度，减少道路交通流、缓解道路交通紧张；通过制定城市交通长远规划，增强城市交通能力；利用各类经济杠杆，调节城市各类交通需求。主要有效措施如下：

（1）城市交通优先发展策略

目前我国许多大中城市交通主要问题集中表现在交通紧张、道路利用率不高、污染严重、能源消耗大等方面。针对这些状况，有关交通规划管理部门应根据国情，发展人均占路面积少、人均污染指数小、人均能源消耗低的交通制式。城市公共交通在诸多城市交通制式中具有其他交通不可比拟的优势，所以在发展城市交通时应优先考虑发展城市公共交通。各城市应根据道路网络、环境控制和能源储备等实际情况，制定优先发展公交的实施策略。

（2）城市交通限制发展策略

当城市道路交通网络总体负荷达到一定水平后，交通拥挤将会加重，因此必须对某些交通工具实施限制或控制发展，以防止交通拥挤状况进一步恶化。一般而言，应限制交通运输效率低、污染大、能耗高的交通工具的发展。如：适当控制私家车和摩托车和自行车等出行方式的发展速度；对出租车交通实施总量控制；对集装箱卡车实行总量控制和路径限控。值得注意的是，采用限制发展策略会对经济发展产生一定的负面效应，因此，在实施前必须对相关策略可能造成的正面效益及负面影响做认真的分析和定量化评价，处理好限制交通发展与影响经济发展之间的关系。

（3）城市交通禁止出行策略

当某些城市的道路网络总体负荷水平接近饱和或局部区域内超饱和时，应在特定的时间段、特定的区域内，对某些车辆实施禁止出行或通行。禁止出行策略一般为临时性的管理策略，同时由于它有一定的副作用，在实施前必须进行"事前事后"效果的定量化评价。常采用的禁止出行策略有：某些重要通道或区域的车辆单双号通行，在某些时段或区域对某种交通工具实施禁止通行等。

（4）城市交通经济杠杆策略

经济杠杆策略，是介于管理与禁止出行策略之间的柔性较大的交通管理策略，是一种通过经济杠杆来调整交通出行分布或减少出行需求量的方式。其基本原则是，对鼓励的交通行为实行免费或低收费、对限制的交通行为实行高收费。常用的措施有：收取市中心高额停车费（减少城市中心区的交通量），收取某些交通工具的附加费（减少其出行量），在某些重要交通通道过分拥挤时收取拥挤费（调节交通量），对某些特定中心城 CBD 区域收取拥挤费（减少车辆进入数量）。

3. 城市交通参与者的管理

城市交通参与者主要包括步行者、乘运者、驾驶者、货运者、调度者、指挥者和管理者等，管理的途径主要有：法律法规对其行为的约束、制度标准对其行为的规范、宣传教育对其素养的提高、心智习惯对其行为的自律、保险规章对其利益的制衡。

4. 城市交通物流的管理

城市交通物流主要指通过城市交通工具运输的人和各类货物，包括：公共交通客运、私车客运、旅游客运、长途客运，以及生活类、生产类、资源类的消费品、物质资料和能源等，其中，大多数人与货物主要保障安全、快捷地按时抵达，而需要重点关注、管控的是长途客运和危险品物流，必须实行全天候、全过程、动态化、实时的监管控制。

5. 城市交通环境的管理

与交通毗邻、相关的城市自然和人造环境，是城市交通安全、高效、便捷运营的重要因素，特别是沿路的堤岸、斜坡、隧涵，以及沿路种植大树、架设的线网、构筑的天桥、路下的管廊等，应通过智能化手段，实时或定期进行监测检测，确保过路行人与车辆的安全。

（二）现代城市交通运营管理的原则

1. 多元主体利益协调的原则

城市交通作为一种社会共享资源，要根据效率优先、兼顾公平的原则进行管理，以谋求管理者、被管理者和不同出行者之间利益的统一。实现城市交通发展预期目标利益的协调，就是要提高城市交通的运行效率。因为，城市交通运行效率的提高，意味着节省人们的出行时间、降低客货运输的成本、提升道路交通资源的利用率，最终实现出行时空资源和城市土地资源的增值。

2. 主体行为自律约束的原则

城市交通作为市民可以随时自由介入的社会共享资源，其正常的运行状态和有效的利用，必须以行为主体行为的自律和约束作保证。因为，城市交通是一个庞大的开放和动态体系，其平衡运行有赖于任何一种介入行为的规范、有序，而这种行为的形成，除了刚性的交通铁律的威慑性约束，更多的源于行为者内在的自律，当国人的这种自律尚未或难以在短期内全面生成的时候，刚性的交通管理约束显得尤为重要。

3. 交通资源环境适控的原则

无论是交通需求管理，还是交通流实时管理，以及交通的供给管理，都离不开按一定原则和时空条件进行某种控制，以保证交通系统的正常运行。也就是说城市交通作为一种典型的、完全开放的随机服务系统，要在效率优先、兼顾公平和行为自律等原则下实行适度控制，以谋求城市全局利益的最大化。一是对占用交通资源多且效率低的非社会化汽车交通的增长速度、发展规模和行使区域进行政策性调控；二是对实施特殊交通管制的时空范围及其对公众交通出行的不利影响的适度把握；三是对平面交叉口不同流向车流的指示灯配时和实时协调的合理性把控。

4. 交管决策公众参与的原则

城市交通的大众性、社会性、管理者与被管理者的互动性，要求交通规划、建设、管理实行除政府主管部门外的相关社会主体和公众的参与。这不仅有利于加强科学民主决策、培育交通行为人的现代交通意识、保护公众的合法交通权益，而且可以提高人们遵守交通规则和法规的自觉性。在交通管理中适于公众参与的活动包括以下几个方面：一是公共交通票制、票价政策的制定和公共线路网布局调整的意见征求；二是征询公众对人口密集街区的道路设计方案的意见；三是制定与公众利益密切相关的交通法规的听证等。

5. 系统整合与效应整体的原则

系统整合是指交通管理者根据交通系统内在联系和在一定外部环境下相互作用的规律，在交通规划、建设、管理三位一体的发展变化过程中，对系统架构和相关要素进行层次性组合与结构性优化配置，以谋求系统的整体效应，即"1+1大于2"的效应。对交通需求持续增长而占用大量土地资源的城市道路面积不可能成比例增加的大城市交通来讲，遵循系统整合与谋求整体效应的原则，进行交通规划、建设和管理，是非常必要的。大城市交通系统整合的对象很多，差异性也很大，这就要求整合的方法和具体要求也要各不相同。

6. 统筹协调和统一指挥的原则

对功能多样、结构复杂、规模巨大和连锁反应明显的大城市交通网络系统的运行和发展而言，实行统筹协调和统一的指挥，不仅是交通系统存在的客观需要，而且也是进行系统整合和形成系统整体效应所必需的。实行统筹协调和统一指挥，通常贯穿于大城市交通规划、建设、管理的全过程。其中，统筹协调的重大作用会更多地体现在交通运营管理的决策层面，以便使大城市交通体系的存量与增量相匹配，并形成多元协同和"1+1大于2"的整体效应。而统一指挥的管理效应则更多地显现在道路交通网络系统的运行层面，其主要目的是增强对交通流动过程的实时管理，充分发挥交通系统的承载、应变能力，从而实现城市交通在安全有序运行基础上的畅通和快速的目标。

7. 信息反馈与弹性管理的原则

大城市交通科学化、系统化管理的有效前提，有赖于管理者能否及时掌握交通需求和交通流动过程的信息。这些信息从大的方面讲包括：城市发展引发的现实和潜在交通需求，交通总需求与总供给在总量和结构上的矛盾，路网交通流的空间分布与城市用地结构的关系等；小的方面包括：某个平面交叉口机动车流量、流向与色灯配时对通行能力的影响，交通事故发生的因果关系与事故责任人的判别等。只有在掌握并综合处理多方面信息之后，才能对大城市交通系统的运行状态施加负反馈，即采取相应措施，使其运行状态和发展方向发生的偏差不超过预定目标，并依此循环往复。鉴于大城市交通网络系统的运行和发展，不仅与交通需求的变动和交通结构的合理性直接相关，而且会受土地利用、气候变化和自然灾害等的冲击，因此交通管理还需要根据实际情况赋予一定的弹性，实行动态微变，以求符合实际的最佳调控效果。

8. 管理技术组合与更新的原则

直接应用于城市交通管理的知识、方法、手段和规定等，多种多样、层出不穷。这就要求我们在应用中，必须视具体问题、实际需要进行有针对地选择与系统化的组合。这种选择与组合，不仅有科学知识层面、管理方法层面，还有技术手段层面和政策法规层面。各个层面都对应、都能以变应变，才能获得交通需求满足、供给充足、环境适应的最大经济、社会和环境效益。

9. 人本服务与绿色管控的原则

以人为本和可持续发展的现代城市交通管理，已把交通管理技术的人性化与绿色化提上重要议事日程，而且人性化、绿色化交通管理，也已成为体现管理技术与管理艺术相结合的重要标志。管理技术人性化，是指管理者与被管理者之间沟通的界面，要体现前者对后者的服务功能和两者利益的统一，包括：一是道路交通标志、标示提供的导向性、规范性，交通语言要体现对被管理者的关怀；二是有关交通法规对违章者的处罚条款要考虑初犯与屡犯的差别；三是在交通执法中要听取交通行为人对有争议违章行为的申辩；四是交通管理设施和管理方法要体现对残疾人、老年人和少年儿童的特殊关怀等等。城市交通管理技术的绿色化涉及两大层面：一是交通规划、建设、管理的控制者，要从节约资源能源、保护环境和人体健康等大局出发，建立大城市可持续发展的交通综合体系；二是对交通流动过程的实时管理，要广泛采用信息化、网络化、智能化监控技术和管控手段，以实现在大幅度提高交通管理效率的同时，尽可能地节省人力、物力，并降低管理成本和环境污染负荷。

10. 谋求有乘数效应的管理原则

因为管理是运用力量并创造力量的综合增值能力，管理技术与管理艺术之间能产生良好的协同作用，所以，在科学化、系统化的交通运营管理中，完全有可能寻求一举多得的乘数式管理效应。m×n 而非 m+n 不仅是完全可能的，而且也是管理技术与管理艺术之间协同作用的具体表现，比如，大城市优先发展快速、准时、低票价和大容量轨道交通为主体的公共客运交通综合体系，就是一举多得的典型事例。因为具有上述优越性的轨道交通线路网如能有其他公共交通方式的良好衔接与配合，不仅可以有强大的交通承载和输送能力而且还有其他交通方式不可比拟的吸引力，从而对广大出行者产生不同交通方式之间的吸引转移效应，而这种吸引转移效应既能有效地抑制单位自备车、私家小汽车和自行车出行量的大量膨胀，从而减轻地面交通的压力、降低发生道路交通拥挤阻塞的概率、节约不可再生能源的消耗量、降低人口稠密区的大气污染负荷，而且可以大大提高人流集散能力使沿线的地价和商业活动产生交通经济学意义的增值效应。

三、现代城市交通运营管理的体制机制

（一）现代城市交通运营管理的中国体制

改革开放前，我国交通管理体制实施条块管理，其间虽有调整，但根本属性没有改变。改革开放后，我国许多城市对城市交通管理体制进行了变革创新，逐渐形成几个典型模式，主要有以下三种：

1. 多部门交叉的管理制式

在这种制式下，由交通、城建、市政、公安等部门对城市交通运营进行联合管理。交通局负责公路运输、公路和场站规划建设以及水路交通运输的行业管理；市政公用局负责城市公交和城市客运、出租汽车的管理；市城建部门负责城区的道路规划与建设。这种制式由于部门管理分头领导、职能交叉、分工不明，因而政出多门、行政成本高。

2. 交通一体化的管理制式

在这种制式下，由交通部门对城乡道路运输实施一体化管理。典型特征是：实现了交通部门对交通的综合管理；初步整合了道路运输资源，但不具备对城乡交通统一战略、统一规划、统一政策和统一建设的职能。这种制式实施的城市最普遍。

3. "一城一交"的综合制式

在该制式下，城市交通委员会作为市政府的组成部门，负责交通运输规划、道路和水路运输、城市公交、出租汽车等的行业管理，并对城市内的铁路、民航、海运等其他交通方式进行协调。典型特征是：实现了道路运输管理的一体化，但在交通基础设施的建设养护方面尚未形成集中统一管理。

2008年，我国交通部提出每个中心城市应整合成立一个综合的交通行政管理部门，统筹协调管理城市涉及的各种交通运输方式，由分散走向集中，建立集中统一的交通管理机构，这将是进一步提高统筹、协调、管理能力，实现统一法规、统一政策、统一规划，促进城市交通发展的必由之路。

（二）现代城市交通运营管理的外国机制

1. 日本东京的交通拥堵化解机制

为适应交通需求的新变化和破解不断恶化的城市交通拥堵顽疾，日本东京推出了首都圈新交通拥挤对策计划。对策由三部分组成：一是交通运营的改善，即现有道路的有效利用，如：公共汽车停车场的合理化、停车场信息提供系统建构、地下人行道的整合、增设交通信号机、调整绿灯时间、扩大面控信号系统的范围等；提高公共交通的便捷性，如：新交通系统的建设、整合站前广场、铺装彩色公交专用线道等。二是交通设施的改良，即完善道路网体系，如：改良环状道路、建设绕行道路和汽车专用道、完善道路网以分散交通量；加宽交通干道，如：附加车线、加宽路肩、拓宽路幅；消除瓶颈，如：改良入口站自动收费系统、道路交叉实行立交化新、建桥梁、加宽桥面、建设隧道、调整信号控制系统。三是交通需求管理，即提高运输效率，如：提高公共交通的便捷性、促进车辆合乘、削减公车回家数量；交通需求时间的平均化，如：抑制高峰时间出行、实行弹性工作制、实施无汽车日、传播交通预测信息。

2. 荷兰的区位与交通控制 A、B、C 机制

将城市交通用地区位划分为 A、B、C 三种类型。A 类区位为公共交通非常方便的地区，即郊外铁道、市内电车及地铁集中的城市中心站附近地区。在这里不考虑小汽车的利用、仅设极少的应急小车泊位，而配置良好、充足的步行道和自行车道。停车一般在郊外设置小汽车与公共汽车换乘的 P+R 停车场，以抑制小汽车到区域中心。B 类区位为有公共交通等大型运输工具的地域中心地，同时干线道路和高速道路也很方便的地方。这种地方可以同时利用公共交通和小汽车交通。但为了促进公交和自行车的利用，将小汽车通勤控制在 35% 以内。C 类区位为大型运输手段不太方便、高速道路和干线道路都很近，且小汽车交通比较方便的地方。根据以上布局，就业密度大或来访者多的单位一般选址 A 类区位，货物进出多的单位一般选址 C 类区位。

3. 新加坡交通的区域许可证机制

新加坡作为城市国家，从 1975 年起就对 2 平方英里的商务聚集地区实行征收道路使用费的机制。乘坐人员 4 人以下的车进入该地区，必须拥有许可证。当局在所有进入控制区域

的路口设置信号标志，并显示持特许证通过的时间范围。交警对路面交通实施监测，并对违规车辆进行拍照登记，作为提交法庭审理、处罚的证据。该许可证实行全天候制，除了公交车、救护车、消防车等，其他车辆不管空载满载一律加收道路使用费，每次高峰时段 3 新加坡元，非高峰时段 2 新加坡元，其中非私人的公司汽车收取两倍的费用。收费系统采用电子卡自动刷卡模式。实行区域交通许可证制以来，区域内车行速度提高了 10%。

4. 美国的综合交通需求管理机制

一是组建交通专项管理组织，积极促进轿车多人共乘，并对公共交通利用者给予补助和实行弹性工作制。二是多部门联合实施停车场优化管理、街道步行环境的改善，以及专线公共汽车和轿车与公共交通换乘对策。三是对多人轿车共乘，设立 HOV（High Occupancy Vehicle）车道，设置为多人共乘服务的实时计算机配对系统，大的公司还实施了多人共乘优惠的停车政策，并为多人共乘者构建紧急车辆服务系统。

5. 各种机动车交通量削减机制

交通抑制计划在一些欧洲古城很受欢迎。由于机动车的普及，欧洲国家古老街道上小汽车蔓延，使得宁静气息不再存在。交通抑制在以步行为主的居住区及商业区收效明显。一是区域性禁行：许多欧洲城市对私人小汽车实行白天禁止进入市中心的制度。二是单双号限行：根据日期和车牌号对车辆的行驶加以限制。三是规定路行驶：某些类型的道路对某种车辆（例如大型货车）进行限行，或用明显的标志、标线指定相应的行驶路线。四是货运车控制：城市货物流动分为四类，即进入城市、离开城市、通过城市及城市内部流动。许多城市通过总体规划，设法减少城市中货物流动。像仓库、重工业厂房、火车编组站等大的货物集散点被布置在城市的边沿地区，并与城市居住区、商业区形成分隔；同时，科学规划过境物流道路，截流过境交通。

6. 机动车保有与使用的控制机制

一是通过经济、法规等手段对车辆数量实行控制，以达到限制道路交通量的目的。二是除在车辆购买时征收车辆购置税，拥有期间也以某种形式收取车辆拥有税，客观上起到抑制车辆拥有的作用。三是实行车库前置，即在车辆牌照登记时，必须出示有关的停车位证明，以限制没有车库者拥有私车、缓解停车难、控制私车总。四是征收燃料和相应的车辆使用税，以抑制高能耗车的数量。五是收取干道过路费，用以控制交通总量和保证长距离出行的道路通畅。六是严格停车管理，包括定额分配停车位数量、停车位使用收费、提高停车停车库配给标准等，其中，3 种停车监管值得借鉴：①沿街公共停车，一般限时15min～2h，位置放置在对交通流干扰最小的地方，且交通量高峰时不得停车；②路外公共停车，时间不限，收费至少满足停车设施运转和管理成本，并实行区位与时长的差别化收费，以控制入停车数和停泊时长；③货车停放，在推行路边和路外停车政策的同时，考虑货车的停车需求是十分必要，尤其是路边货车停泊作业，但应进行科学规划、合理统筹，并使其停车与客车停放的高峰期错开。

7. 城市公共交通优先优惠机制

在德国，公交汽车实行低票价政策，政府每年拿出一大笔财政补贴用于稳定票价以增强公共交通的吸引力；同时，对学生和残疾人予以享受原价格 1/3～1/2 的公交票价优惠，买月票和一次购买 5 张车票的也可得到优惠。日本横滨为了提高公共汽车的吸引和利用率，不惜代价实行公共汽车的暖气化，并降低车门位置、加宽公交车宽度、延长末班车时间、扩建公交车站点、提高服务质量。加拿大多伦多和蒙特利尔实行轨道交通和公共汽车一体化车票，车票种类根据市民需要分门别类，有市区月票、郊区月票、周票、套票、现金票、旅游票等。在美国和西欧许多城市还实行公交优先通行，即在主要交叉路口设置电视监视器和自动信号控制器，公交上装有传感器，当公交驶近路口时，路口的电子装置就会把信号传送给由计算机控制的中央控制室，然后发出指令，或延长绿灯时间，或视情况将红灯转为绿灯，让公共汽车优先通行。美国有100多个城市开辟了公交专用车道路，大大节省了沿途的运行时间。很多发达国家还建造人行天桥或商铺化地下人行通道，破解过街行人与车辆特别是公交的争道问题。

8. 实行城市交通单向和"循环制"

为了减少车辆碰撞事故、提高车速，国外许多城市大量设置单向行驶车道，并在单行道全线采用推进式交通信号控制系统。在单行道行车，如保持规定车速前行，一旦遇到绿灯，接下去各个路上都是绿灯。纽约曼哈顿区街道有60％实行单向行驶，公共汽车在单行道上行驶的时间比过去缩短17％，路口通过能力增加20％，行人事故减少20％。同时，有的城市实行了"循环制"交通管理，如：英国诺奇奈戈市区的道路系统为环形放射状，为控制市中心的车流量，实行"循环制"交通管理，规定过境汽车不得直接穿越市中心区，只能绕环状道路通过，环线内中心区道路则均为单行道。

第二节　现代城市市政运营管理

一、现代城市市政运营管理的内涵特征

（一）现代城市市政运营管理的本质与内涵

1. 城市市政的概念

所谓城市市政，是指一切与城市有关的基础性、公共类、服务型行政事务。对此，学术界向来有广义、狭义和行政型市政释义三大分说。广义的市政说认为，城市市政是指涉及城市运行、关乎市民公众、非私人领域所需处理的各类公共事务的总称。狭义的市政说则认为，城市市政是指服务城市公共的基础性工程及其技术事务的总和。从政府行政管理职能分类角度释义，城市市政是指城市的市政工程、公用事业、市容环境卫生等，包括能源、信息、交运、路桥、生态、防灾、给排水等7大系统的20多个子系统，即人们日常所指的城市基础设施。

本文所指的城市市政业，是指为城市的物质生产和市民生活提供基本条件的具有公共服务性质的设施的总称，是城市赖以生存发展的基础。参照行业行政管理的传统范围，其主要涉及城市基础设施中的"水煤交、路沟桥、环容灾"部分，具体包括城市与水相关的设施（水源、给水排水、污水处理）；城市能源相关的设施（电力、煤气、天然气）；城市公交相关的设施（汽车、电车、出租、轨交）；城市道路相关的设施（地面道路、高架道路、高速公路）；城市隧道相关的设施（公路隧道、人行隧道、江海隧道）相关的设施；城市桥梁相关的设施（普通桥梁、立交桥、江海大桥）；城市邮电通信相关的设施（有线无线网络、通信基站）；城市生态环境相关的设施（园林绿化、市容卫生、环境监测）；城

市应急防灾相关设施（防涝、防震、防空）等。

2. 城市市政运营管理的本质

城市市政运营管理，是指城市政府联合社会相关组织、市场主体和广大市民群众，依据国家相关法律、法规、标准、规范，以及城市市政发展规划的目标和现实需求，对城市公共交通设施、道路桥梁设施、通信网络设施、电煤气供给设施、给水排水和污水处理设施、环境生态监护设施、防灾减灾设施，以及园林绿化和市容环境卫生等，进行决策、计划、组织、协调、管理、维护和监督的过程。

（二）现代城市市政运营管理的特征与作用

1. 城市市政运营管理的特征

（1）管理服务的公共性和两重性

由于城市市政运营管理的对象是服务城市整体运行、关乎城市的公共福祉的生命线设施，其完好性和服务水平的高低直接影响城市的存亡与市民的日常生活质量；同时，城市市政运营管理的对象担负着为城市企业生产提供基础服务的重任，关乎企业的生存与发展。因此城市市政运营管理具备了服务公众和服务市场的双重特性。

（2）运营管理的协调性和系统性

城市市政运营管理是一种涉及多个行业、影响整个城市的综合性、体系化、动态式、智能型的管理，包含了地上地下、江河湖海、路桥隧涵、线路管网的不同空间，涉及电、煤、水、气、公交、通信、园林、市容、环保、灾防等诸多行业，它们互相关联又自成体系，所以系统规划、统筹协调、规范管理尤为重要。

（3）管理能力的同步性和超前性

为保持城市公共服务功能与效率同城市发展步调一致，城市市政基础设施应该与其他设施在形成能力的时间上达到同步。即同步完成。由于城市市政项目建设投入大、时间长、要求高，因此，需要超前规划、前置布局、精细设计、优质建设，才能实现城市公共服务能力与城市发展需求满足同步目标。

（4）管理模式的多样性和垄断性

由于城市市政运营管理对象的独特性，即设施的基础性、服务的公共性和保障的绝对性，决定了城市市政运营管理与一般政府行政管理模式上的差异性，那就是部分管理的社会合作、市场购买、有限特许，以及关键管理事项的绝对政府垄断，尤其是不可移动的基础性城市设施的管理，如各公共类管道、线路、场站，以及影响市民生存、健康、安全的保障性生活设施等。

2. 城市市政运营管理的作用

（1）为城市生产提供必需的基础保障

城市市政运营管理直接参与城市各行各业的生产过程，为城市社会、经济活动和群众生活所必需，对国民经济和社会发展具有先导性、基础性、全局性的影响。它们是现代化城市有序、高效、持续运行的关键所在，为城市经济发展和城市生产提供了必需的基础保障。

（2）为城市市民提供必备的生存条件

城市政府通过更新和再造技术先进、功能齐备、规模适配的现代化市政基础设施，可为广大市民的出行提供更便利的条件，可为城市的安居营造更舒适的环境，可为经济社会发展提供更强大的物质支撑。

（3）为城市运行提供必要的安全保障

水、电、煤、气、热等市政管网被称为城市生命线，因此，城市市政运营管理是对生命线的保障。正是循环往复、规范有序的城市市政运营管理，建立起了现代城市正常运行的安全保障系统，满足了城市经济社会发展和居民生活的多种需求，保证了城市可持续的安全运行。

二、现代城市市政运营管理的目标原则

（一）现代城市市政运营管理的目标

（1）在市政基础设施的发展战略上，贯彻创新、协调、绿色、开放、共享的理念，实现城市更优质、更环保、更舒适、更可持续的发展。（2）在市政基础设施的人本服务上，顺应城市工作新形势、改革发展新要求、人民群众新期待，坚持人民城市的基础设施为人民。（3）在市政基础设施的总体布局上，坚持集约发展，框定总量、限定空量、盘活存量、做优增量、提高质量；结合市情，尊重自然、适应自然、保护自然、修复生态，在统筹上下功夫，在重点上求突破，着力提高城市发展的持续性、宜居性。（4）在市政基础设施的功能适配上，要把握好与生产、生活、生态间的多元关系，实现适应生产空间的集约高效、适合生活空间的宜居适度、适配生态空间的山清水秀。（5）在市政基础设施的建设强度上，要划定水体保护线、绿地系统线、设施控制线、文脉保留线、农田基准线和生态大红线，防止"摊大饼"式扩张，要按照绿色循环低碳的理念，进行城市交通、能源、给水排水、供热、污水、垃圾处理等基础设施的规划建设。

《中国21世纪议程》提出，我国可持续城市发展的目标是：建设成为规划布局合理，配套设施齐全，有利工作，方便生活，住区环境清洁、优美、安静、居住条件舒适的城市。城市市政运营管理的目标，是适应国民经济和城市可持续发展需要，建设规划合理、投资主体多元、服务功能全面、市场竞争有序的现代化城市。在今后相当长的一段时间内，城市市政运营管理工作重点是：改造、优化、完善城市道路结构，提高城市路网密度，发展城市公交体系；大力发展城市天然气，改善城市大气环境；扩大集中供热面积，提高集中供热水平；以发展城市公共绿地为主，搞好城市园林绿化；建立和完善城市生活垃圾及污水排放制度，为居民提供一个出行方便、生活配套、设施完备的城市环境。

（二）现代城市市政运营管理的原则

1. 市政设施前瞻预测的原则

城市自从诞生以来就是人类活动的主要场所，集聚了一定地域范围的物质、资金和技术，成为经济、政治、社会活动的中心。随着城市化水平不断提高，城市规模不断扩大，城市人口数量急剧增加。对此，城市政府在市政基础设施的布局、建设上应前瞻谋划、未雨绸缪，以保证与城市发展需要同步、与城市正常运行适配。

2. 市政设施满足需求的原则

作为城市市政运营管理对象的城市市政设施，是城市居民日常生活和社会经济生产活动不可或缺的公共产品。现代城市政府有责任通过前瞻决策、科学计划、有序组织、精心建设，打造足以满足城市市民生活和经济社会活动需要的体系化、现代化、高质量、高能效的市政基础设施。

3. 市政设施可续发展的原则

由于城市市政基础设施不仅投资规模大、更新周期长、影响范围广，而且大多事关城市命脉，因此，这就决定了城市政府的城市市政运营管理中必须遵循可续发展的理念，不仅要合理利用城市自身的有限资源、注重资源的使用效率，而且，要确保市政基础设施不仅服务当代人，同时也能受益后代人。

4. 市政设施双效兼顾的原则

城市市政运营管理对象既具有公共性，因为它服务的是城市社会的全体成员，是整个城市的持续运行；同时，城市市政基础设施又具有经营性，因为它还服务于城市的市场主体——企业，这决定了其服务的有偿性。因此，城市市政运营管理既强调社会效益优先的公益性，又兼顾有偿使用的经济性。

5. 市政设施超前同步的原则

城市市政运营管理应该注重统筹规划，与城市的生活设施和生产设施相配套，与城市的经济社会发展相协调。为了与生产、生活设施同时交付发挥效能，市政设施就应在建设的时间上先于其他设施，在衔接的空间上为以后的城市发展留有余地。

6. 市政设施政市双赢的原则

由于城市市政运营管理对象具有服务公共和经营垄断的双重特性，因此，在运营管理的过程中，不能仅仅强调政府的管理与监督，还需要在管理中引入竞争机制，加快市场化进程，由此提高市场运营效率和政府公共服务水平，真正实现政市双赢。

三、现代城市市政运营管理的体制模式

(一) 现代城市市政运营管理的体制

我国城市市政运营管理，实行的是政府主管部门领导下的多级分工负责制，即：在市政府及其职能部门统一领导下，在市政府其他工作部门配合和区、县政府职能部门分工协作下，通过对城市市政运营企、事业单位的统筹协调，提高城市市政运营综合效益。作为市政府的工作部门或附属机关，我国城市市政运营的管理机构有四类：

1. 市政运营综合管理机构

城市市政运营的综合管理机构是城市建设委员会。其基本职能是：执行党和国家关于城乡建设的政策和法律，制定本市城乡建设的法规、规章草案和文件；制订城市建设规划和住宅建设计划，参与制订国土规划和城市总体规划，审批基础设施的立项；负责制订工程建设的规范，会同有关部门制订工程建设定额；筹集和管理城市建设资金；指导城建系统经济体制改革；负责建筑业、建材业的行政管理和行业管理；指导并协调公用事业、市政工程、环境保护、园林绿化、环境卫生和住宅建设等工作；指导并协调房地产管理；制订并推行村镇建设标准；指导城建系统的科技开发和人才培养；组织和协调基础设施的重大工程建设；组织城建系统的对外经贸工作；指导城建系统行风建设等。

2. 市政运营专业管理机构

城市市政运营管理的专业机构有：公用事业管理局、市政工程管理局、环境保护局、园林绿化管理局、环境卫生管理局等。

3. 市政运营专门协调机构

城市市政运营的专门协调机构有：市政管理委员会、交通管理委员会等。

4. 市政运营临时协调机构

市政运营临时协调机构的特征是：由市政府或它的职能部门授予有关权力；市政府有关职能部门派负责人参加，具有协调有关部门工作的职能；工作人员从有关部门借调；工程完成或问题解决后，机构即宣告解散。

我国城市市政运营管理体制经过改革开放以来30多年的实践探索，取得了很大的进展。从计划经济体制下的政府全包全管模式，逐步过渡到较完备的具有市场经济特征的政府公共管理模式。该模式下政府职能明确，能够集中精力管理涉及公共利益的基础设施产品和服务。

（二）现代城市市政运营管理的模式

1. 国外城市市政运营管理的模式

（1）差异化的特许经营模式

国外城市市政运营管理，常常引入特许经营制度。政府行政部门（称经营权发租方）将城市公用事业经营权交给私人机构或公立机构（称经营权承租方），通过对用户征收租金以及其他获利条件取得利润，对所承租的公用设施进行开发、管理和维护，并提供相应的服务。值得强调的有两点：一是这些设施所有权永远属于国家；二是承租方的经营活动始终在发租方支持和监督下进行。

在实践中，特许经营的方式方法多种多样，但从本质上可分为三种主要形式。第一种形式是：承租企业对所租公用事业开发经营实行自负盈亏，承担各种风险，即全部风险特许经营（CRI）。第二种形式是：承租企业承担项目建设和经营过程中的技术风险，以及所投入的部分投资风险，原有的投资风险由政府分担，这被称为共担风险式特许经营（CRP）。第三种形式是：由于市场本身性质决定，承租企业不能从用户身上获得足够的营业收入，必须从财政预算中支取报酬，承租企业承担有限的风险，被称为有限风险特许经营（CRL）。这种方式适用于客源不明，不依靠用户支付能力的公用设施投资和经营。比如城市公共交通，每年都会得到政府的大量财政补贴。

（2）多样化的私有控管模式

国外城市市政运营管理，部分采用私有化模式，这属于20世纪70年代末开始的公共部门私有化变革的组成部分。狭义上的私有化模式，是指把国有公用企业的资产出售给私人部门；广义上的私有化模式，则包括将各种经营活动从原来的公共部门转移到私人部门。

公用事业私有化的主要形式有四种：一是通过股票交易所向社会公众发行股票，出售国有公用企业（如煤气、自来水、供电等公司），这是最基本的一种形式。二是将国有公用企业资产整体出售给一家私人企业，这主要适用于规模较小的公用企业或大企业的附属单位。三是将一个国有公用企业卖给若干家投资者组成的集团，如"国家公共汽车公司"。四是将公用企业资产卖给企业管理阶层或职工。通过私有化，政府对企业干预明显减少，生产效率有所提高，在短期内不仅大大减少了公用事业的财政支出，而且获得了相当可观的财政收入。

2. 我国城市市政运营管理的路径

（1）推进市政运营管理的社会化。就是让多元化的社会主体成为城市公共产品的提供者、公共事务的参与者，并使之从中合理受益，同时也让政府实现职能归位。

（2）推进市政运营管理的市场化。就是让市场在城市公共产品的生产和公共服务资源的配置中发挥基础性作用，并通过市场机制，实现对产品与服务提供者的多元优选。

（3）推进市政运营管理的专业化。就是形成可供市场比选，细分的城市公共产品与服务提供的专业队伍，保证不论投资者有无相关行业背景，公共产品的运营作业层面始终能够维持稳定的、符合专业标准的服务水平。

（4）推进市政运营管理的信息化。就是借助现代信息技术手段，以量化的数据来描述、分析市政运营管理对象的状态，并实现市政运营管理参与各方的充分沟通。

3. 我国市政运营管理的改革

城市市政运营管理的"四化"，可以改变计划经济体制下政府对市政基础设施从投资建设到运营作业统包统揽的管理模式，促进形成监管、投资、建设、运营职能的各就各位；能够破除市政运营的行政性垄断，增强市场的开放度、企业的竞争度和用户的满意度；将在一定程度上化解长期困扰政府的市政基础设施建设资金筹措的难题，提升城市公共服务的能力和效率。

具体而言，城市市政运营管理可以有以下改革举措：

（1）形成以非财政资金为主要来源的多元化的建设投资渠道。如：组建城市建设基金会，成立城市建设投资开发总公司，由政府授权对城市市政基础设施建设和维护资金进行筹措、使用、管理。具体方法有 6 种：一是利用贷款，包括向国际金融组织申请软贷款和硬贷款，向国家开发银行申请政策性贷款，向国内商业性银行贷款等。二是发行债券。三是组建上市公司，优化资产结构和投资方向，低成本吸纳建设运营资金。四是带建，即通过房地产开发商开发房地产项目时，在规划红线外附带建设相关的城市基础设施，其形式为缴纳专项费用或直接投资建设。五是盘活存量，把一部分已建成的基础设施的经营权有偿特许给一些投资企业，以此套现资金，用于新的基础设施建设，特许经营期满，企业结清回报，政府收回设施。这种做法，被称为"用 BOT（建设－经营－转让）方式盘活存量"。六是吸引直接投资。

（2）形成经营性和准经营性公共产品项目投资市场。主要是垂直分拆和水平分拆公共产品生产企业（如燃气制气企业、自来水公司、排水企业），组建生产调度监测中心，实行城市市政设施管网的全网统一监控。市政基础设施运营企业实行投资、建设、运营、监管职能的分离，推行建设和运营招标机制（如路桥建设、公交线路的市场竞标），并尝试国有资产股权化、项目投资多元化、设施运营市场化。目标是转变政府职能，突破资金瓶颈，引进市场机制，适应跨界发展。

（3）形成面向市场需求的独立的专业运营作业层。通过政企分开、政事分开、事企分开的改革，把专业运作层单独分离出来，成为按照合同完成业主委托任务的企业。比如：工程专业化建设，推行代建制；项目专业化养护，实行管养分开；事务专业化经营，推行委托营运；结果专业化评价，试行委托评估。

（4）形成分兵突进、全面介入的信息技术应用格局。一是基础设施动态监控，如道路、自来水、燃气、排水等设施管理，建立基于 GIS（地理信息系统）和 RS（航空遥感）技术的专业信息系统。在公交、出租行业，实行 GPS 全球定位、全天候监管。二是基础服务电子收费，如公交、出租、水、气付费和抄录实现移动终端化、远程查验化。三是市政运营管理，全面应用办公自动化系统（OA）、管理信息化系统（MIS）、地理信息系统（GIS）、客户关系管理系统（CRM）、企业资源规划系统（ERP）等信息化手段。

第三节　现代城市能源运营管理

一、现代城市能源运营管理的内涵特征

(一) 现代城市能源运营管理的内涵

1. 能源与城市能源的概念

(1) 能源

所谓能源是指可以直接或经转换提供人类所需的光、热、动力等任一形式能量的载能体资源。能源可以分为一次能源和二次能源。一次能源即天然能源，指在自然界现成存在的能源，如煤炭、石油、天然气、水能等，同时还包括太阳能、风能、地热能、海洋能、生物能等。二次能源是指由一次能源直接或间接转换而成的其他种类和形式的能量资源，如电力、煤气、汽油、柴油、焦炭、洁净煤、激光和沼气等。

(2) 城市能源

所谓城市能源，是指为城市运行、生产、生活提供能量的载能体资源。在城市中一次能源主要是煤炭、石油、天然气、水力、风能、太阳和地热能、生物能等。二次能源主要是电力、石油产品（汽油、柴油等）、煤气、工业余热、化学能源、激光等。

2. 城市能源运营管理的内涵

(1) 能源管理

广义能源管理，是指对能源生产和消费过程的全过程管理；狭义能源管理，是指对能源消费过程的计划、组织、控制和监督等一系列工作。能源管理牵涉到产品生产和服务提供的全过程，必须对全过程实施控制、监督，才能进行有效的管理，因此，它应该是一个覆盖全过程的良性的循环体系。同时，能源管理又分为宏观与微观两类。政府及有关部门对能源的开发、生产和消费的全过程计划、组织、调控和监督，是具有社会公共职能的能源宏观管理；企业对能源供给与消费的全过程管理，是指提供具有市场占有和产品供给的能源微观管理。

(2) 城市能源运营管理

城市能源运营管理，是指城市政府针对城市能源生产、供给及消费全过程过程进行的计划、组织、控制和监督管理的总和。其中包括：①城市燃气管理。城市能源运营管理部门根据城市经济和社会发展情况对城市燃气气源（人工煤气和天然气）、城市燃气的输配和对城市燃气安全使用、消费方式与总量的管理。②城市电力管理。城市能源运营管理部门对城市供电电源（由水力发电站、火力发电厂、风力发电站及核电站组成的高压输电网）、变配电站位置的选择和城市电网设计、建设与改造、城市企事业和市民对电力的消费方式、消耗总量、使用安全等的管理。

(二) 城市能源运营管理的特征

1. 民生优先与效益公共性特征

城市能源管理对象是城市生活生产中不可或缺的电能、燃气、热能等公共产品，这些产品是民生的保证，也是生产企业的生命线。因此，在此类产品的生产与销售与消费中，

除了必要的成本合计、有偿消费，还必须体现公益的特征、民生优先的原则、基础保障的底线，即保证市民用得起、保证社会基本需求、保证人民生活优先。

2. 服务经济与能源低碳化特征

能源是城市的重要物质基础，关系到城市经济的发展和市民生活的保障。因此，必须在优先保证民生能源的同时，为城市经济提供多样化、充足、高能的能源保障。同时，能源除了受益人类，也存在诸多副作用。传统的能源生产容易对城市环境造成污染，直接烧煤制品会导致大气中二氧化硫、一氧化碳、PM2.5的增多。因此，需要通过城市能源运营管理，积极推广以太阳能、风能等为主的可再生能源、清洁能源，实现城市能源的低碳化、能耗的经济效益和环境效益的统一。

3. 方便利用与鼓励节约的特征

城市能源运营管理，必须保证能源使用的便利、高效、安全，包括线网布局的科学合理、提供能源的足量优质、能源载体的稳定安全。同时，在保证能源民生优先、底线保障的同时，通过市场方式、奖惩机制，鼓励节约能耗、减少污染，引导利用再生能源、清洁能源、高效能源。

二、现代城市能源运营管理的目标原则

(一) 现代城市能源运营管理的目标

1. 基本优先和尽力满足城市民生与企业

其一，能源是城市的生命线，能源断供，城市就会失去活力。因此，城市能源运营管理的第一目标，就是保障整座城市有足够的运行所需的优质高能的各类能源。其二，能源是市民生活的重要保障，事关生存，能源缺失，生活就会失序。因此，城市能源运营管理，在满足城市运行基本需求的同时，要求优先满足市民生活对能源的需求。其三，能源是企业生产经营的基础支撑，一旦缺失，城市经济就会停滞。因此，城市能源运营管理，目标是在保障城市运行、民生优先的同时，也要尽力保证企业生产经营对能源的需求。

2. 基本优先和尽力保障数量质量与安全

其一，能源作为城市的重要禀赋，其供给的数量将决定城市发展的规模、速度和特色。因此，城市能源运营管理就是根据城市的定位与规模、产业的结构与特点、消费的习惯与地域，以及国家能源供应的整体布局和配比可能，尽可能地给予数量上的保障，特别是民生需求保障。其二，城市发展的不同经济社会阶段、所处的不同地理生态环境、使用能源的不同载体与领域，对能源的质量要求各不相同。因此，城市能源运营管理的重要目标就是保证城市能源的实际品质要求与所能提供的能源质量尽可能地保持一致，特别是低碳、生态、绿色的品质要求。其三，能源既是城市运行、市民生活、企业生产的基础性保障，也存在需要防范又很难防范、应该防范却时常失防的诸多安全隐患。因此，城市能源运营管理的最重要目标是保障城市运行、市民生活和企业生产中能源供给与耗用的安全，特别是公共场所用能、居民家庭用能和流水线上用能。

3. 基本优先和尽力做到绿色再生与低碳

其一，现代城市空间相对人口增长越来越小，但因为城市运行、市民生活和企业生产所需的能源消耗却越来越多。因此，城市能源运营管理在尽可能满足这种能源需求的同时，一个更重要的目标就是推动能源供给的绿色化——清洁能源，从而降低同量能源的污

染比和污染量，使日益变小的城市空间依然可以承载不断增加的能源消耗产生的负荷。其二，城市能源作为资源，相对于日益增长的需求正在不断萎缩，人们正处在能源难以为继的窘迫境地。因此，城市能源运营管理在积极保障城市发展必需的能源需求的同时，一个优先的目标就是推进城市能源供给与使用的再生化，即提供可再生的能源、利用经过再生的能源。其三，过多的碳排放，正在威胁人类的生存环境，尤其是城市环境，而碳排放的主要来源就是城市过度的能源消耗。因此，城市能源运营管理的一个突出目标就是改变城市能源的消耗方式、规范城市能源的消耗过程、优化城市能源的消耗量能，做到污染降低、碳排减少、能耗缩量。

（二）现代城市能源运营管理的原则

1. 城市能源可持续供给原则

能源是国民经济和社会发展的重要物质基础，中国资源不足，能源相对短缺，并已成为制约国民经济持续发展的重要因素。由于我国现阶段经济发展尚处在粗放阶段，能源利用效率低、能耗高，浪费现象十分严重。所以，城市能源运营管理运用市场机制、奖惩机制，引导大家节约使用能源、高效使用能源、错峰使用能源、使用多种能源，使城市能源的供给相对可持续。

2. 城市能源与环境协调原则

城市政府应该积极推动和鼓励清洁能源的使用。作为不排放或少排放污染物的清洁能源，它包括核能和"可再生能源"，如水力发电、风力发电、太阳能发电、生物质能（沼气）发电、潮汐能发电等。这些可再生能源既不必担心枯竭，又比传统能源污染少，更多地开发、利用清洁而可再生的能源，可实现城市能源与环境的协调发展。

3. 城市能源一体化统筹原则

城市能源产业是一个有机整体。煤炭、电力、石油、天然气等传统能源及核能、风能、太阳能、生物质能等新能源产业的发展，以及各种能源种类之间如何补充、替代、相互转换的问题，都需要在统一的能源政策法规的规范、科学的规划和部署下有序推进。因此，按照"大能源"产业发展的内在要求，需要将分散在城市政府各个部门中的能源战略、政策法规、开发生产、市场消费、可续储备、节约替代、环境保护、对外合作、新能源和可再生能源发展等管理职能整合在一起，建立起集中统一的"大能源"综合管理体制。

4. 城市能源的运营安全原则

能源安全是涉及国计民生的重要问题。城市能源安全主要受到两方面的威胁：一方面要防止自然灾害的影响，另一方面要预防不可意料的人为灾害。城市政府必须将城市能源安全体系和应急预案纳入城市总体规划，防止电力、石油等影响人民生活的能源供应出现问题，进而影响城市经济发展甚至社会稳定。

5. 城市能源的结构合理原则

在城市能源运营管理中，能源的供应和利用、环境的保护与修复已成为不可轻视的问题。我国许多城市在能源供给中，普遍存在能源资源的匮乏、结构不合理、使用效率低等问题。因此，要求城市政府及时更新观念，对城市能源结构进行合理设计，将能源从传统的以"发展需求"为单一目的的发展观，转向以"环境保护"为重的经济、社会、环境协调的能源发展观；将能源消费结构从传统的"以煤为主"转向因地制宜多元消费结构；产值能效从传统的"只问需求，不重能效"的发展观，转向既重产值又重能效的发展观。

三、现代城市能源运营管理的制式职能

(一) 我国能源运营管理的制式演变

1. 1949～1978 年之间我国能源管理机构的变革

1949 年 10 月 1 日，中华人民共和国成立，依据《中华人民共和国中央人民政府组织法》，组建燃料工业部，下设煤炭管理总局，对全国煤炭工业、石油工业和电力工业实行统一管理。1955 年 7 月 30 日，一届全国人大二次会议通过决定，撤销燃料工业部，设立煤炭工业部、电力工业部和石油工业部。1958 年 2 月，一届全国人大五次会议决定将电力工业部和水利部合并组建水利电力部。1967 年水利电力部实行军管。1970 年，撤销煤炭工业部、石油工业部、化学工业部，组建燃料化学工业部。1975 年，四届全国人大一次会议决定撤销燃料化学工业部，成立煤炭工业部和石油化学工业部。

2. 1978～2000 年我国能源管理机构的变革

1978 年，撤销石油化学工业部，成立石油工业部和化学工业部。石油、化工的行业主管部门再次分开，形成了各自独立的管理体系。1979 年 2 月，经国务院批准，撤销水利电力部，成立电力工业部和水利部。1980 年 8 月，国家能源委员会成立，负责制定能源发展政策，分管煤炭工业部和石油工业部。1982 年政府机构改革，国家能源委员会撤销，将水利部、电力工业部重新合并，第二次设立水利电力部。1988 年 4 月，七届全国人大常务委员会第一次会议批准国务院机构改革方案，国家成立能源部，同时撤销煤炭工业部、石油工业部、水利电力部、核工业部，分别成立全国统配煤矿总公司、石油天然气总公司、石油工业总公司、海洋石油总公司、核工业总公司等，并将上述几大总公司和水利电力部的电力部分移交国家能源部管理，五年后宣布撤销。1993 年 3 月，八届全国人大一次会议决定撤销能源工业部，分别组建电力工业部和煤炭工业部，同时撤销中国统配煤矿总公司。

1998 年，我国能源管理体制迎来第三次重大改革，撤销煤炭工业部、电力工业部，将其管理职能移交给当时国家经贸委下属的煤炭工业局，成立国家煤炭工业局、石油和化学工业局，归国家经贸委管理。同时国有重点煤炭企业下放，拆分重组 3 个石化企业，即：中国石油天然气集团公司、中国石油化工集团公司和中国海洋石油总公司，11 个电力企业和中国工业集团公司。同时组建国家电力公司，将电力部管理职能移交给国家经贸委。1999 年 12 月 30 日，国务院批准中编办、国家经贸委、国家煤炭工业局拟定的《煤矿安全监察体制改革实施方案》，决定实行垂直管理的煤矿安全监察体制；设立国家煤矿安全监察局，与国家经贸委管理的国家煤炭工业局一个机构两块牌子，负责全国煤矿安全监察工作。

3. 2000 年至今我国能源管理机构的变革

2001 年，撤销国家煤炭工业局、石油和化学工业局。2002 年 3 月，国家电力监管委员会正式挂牌，统一履行全国电力监管职责。2002 年 12 月，电力体制发生重大变革，新组建 (改组) 的 11 家公司宣告成立。2003 年 3 月，国家发展和改革委员会成立，下设能源局作为能源综合管理机构。同时设立石油储备办公室。2005 年 6 月，国家能源领导小组正式成立，作为国家能源工作的高层次议事协调机构，下设副部级的国家能源领导小组办公室，具体承担日常工作。2008 年 3 月，全国人大第十一届一次会议通过国务院机构改革

方案，决定组建国家能源局；2008 年 8 月 8 日，国家能源局正式挂牌运行。2013 年，根据第十二届全国人民代表大会第一次会议批准的《国务院机构改革和职能转变方案》和《国务院关于部委管理的国家局设置的通知》（国发〔2013〕15 号），设立国家能源局（副部级），为国家发展和改革委员会管理的国家局。

（二）我国能源运营管理的多元职能

1. 国家层面能源运营管理的职能

我国能源管理职能分散于国家能源委员会、国家能源局、商务部、国土资源部、水利部、农业部、国有资产监督管理委员会、科学技术部、国家安全生产监督管理总局、国家电力监督管理委员会、环境保护部。

（1）国家能源委员会

负责研究拟订国家能源发展战略，审议能源安全和能源发展中的重大问题，协调能源局不能协调的事情。

（2）国家能源局

主要负责能源战略建议、规划拟订、政策制定并组织实施；负责煤炭、石油、天然气、电力（含核电）、新能源和可再生能源等的行业和标准管理；负责能源行业节能和资源综合利用；负责能源预测预警，发布能源信息，参与能源运行调节和应急保障；负责核电管理；拟订国家石油储备规划、政策并实施管理；牵头开展能源国际合作；承担国家能源委的具体工作等。同时，派驻区域能源监管局，包括：华北、东北、西北、华东、华中和南方等 6 个区域监管局；向重点省自治区派驻了能源监管办事处，包括：山西、山东、甘肃、新疆、浙江、江苏、福建、河南、湖南、四川、云南和贵州等 12 个能源监管办公室。

（3）其他相关部门负责的能源管理职能

其一，国家商务部，负责能源市场的诸多事务，包括市场运行、商品供求、能源价格状况的调查分析、预测预警、应急管理。其二，国土资源部，承担能源资源的勘探开发评价工作。其三，国家水利部，负责水能资源开发利用管理工作。其四，国家农业部负责农村能源以及部分可再生能源开发利用。其五，国家国资委，负责能源企业国有资产的管理。其六，国家科技部，负责能源科技管理。其七，国家安全生产监督管理总局，承担能源尤其是煤矿安全生产监督管理工作。其八，国家电力监督管理委员会，承担监管全国电力行业、维护电力市场秩序、规范市场主体行为的职能。其九，国家环境保护部，负责能源企业生产经营过程中的环境监控，负责核安全和辐射安全的监督管理。

2. 城市层面能源运营管理的职能

由于能源生产、供给、消费的特殊性，在地方能源管理体制中，全国 31 个省市自治区，有 26 个由发展改革委主管能源，5 个由省级能源局主管。在城市管理体制中，城市能源管理的职能被分解到不同的职能部门。

（1）城市发展和改革委员会

承担城市能源发展战略规划的职能，并负责本市能源综合平衡和宏观调控，研究提出能源发展及结构调整的政策，综合平衡本市能源的重大政策和重大事项，指导、实施能源建设与科技进步的重要职能。

（2）城市建设和交通管理部门

负责城市燃气行政管理和行业管理，同时负责城乡建设、交通环保方面节能减排的职责。

（3）城市经济管理部门

负责拟订并组织实施工业和信息化的能源节约和资源综合利用规划，实现能源的清洁生产与综合利用。

（4）城市质量技术监督部门

依据《能源法》，制（修）订节能的地方标准，落实能源效率标识管理制度，对高耗能特种设备节能实施监察，强化节能产品认证及执法检查，对能源计量工作进行监督检查。

第四节　现代城市水务运营管理

一、现代城市水务运营管理的内涵特征

（一）现代城市水务运营管理的多元内涵

1.水务的由来与定义

水务，是指以水循环为机理、以水资源统一管理为核心的涉水事务的总称。广义的水务主要包括：水源保护、原水汲取、引水、制水、供水、用水、排水、污水处理、中水回收、水库设施、防洪灌溉、农田水利、水土保持等涉水事务。狭义的水务一般仅指引水、制水、供水、用水、排水、污水处理、中水回用等。

"水务"一词由发达国家水务公司名称演化而来。这些水务公司的经营范围和服务内容，从最初的制水、供水扩大到水净化处理、供水管网、排水设施、污水处理、防洪排涝等，有的甚至包括能源、交通、垃圾处理等领域。由此，"水务"一词的含义，逐渐从单一的"供水服务"扩展到综合的"涉水事务"。

2.城市水务的新概念

城市水务长期以来一直处在九龙分管的松散状态，不仅关系难调、疏漏众多，而且互相牵制、推诿扯皮、效率低下。现代城市的水务概念，既有别于传统国外水务公司的职能，也不是原来我国多部门涉水事务的简单叠加，而是包括了源水、取水、制水、供水、排水、治水等在内的水资源一体化保护、开发、利用、管控的体系；是现代城市基础设施、公共功能的重要组成部分；是城市行政区域内，以水务循环为机理、水资源一体化管理为核心，进行源水水源保护、取用供水保障、排水污水管控、雨水中水回用、防汛防涝协调、水务设施建管等的涉水事务的统筹。

3.城市水务运营管理的内涵

（1）管理的本质

城市水务运营管理，是城市政府为实现城市区划内水资源供需平衡、水环境生态保护、水市场规范运行的涉水行政的总和，具体包括了城乡水资源评价、规划、保护、开发、利用、配置的统筹，取水、供水、用水、节水、排水、污水处理、再生回用的管理，水量、水质、水域、水能及防汛、防洪、防涝的协调，涉水法规、政策、制度、标准、定额、价格的制定，水务设施、设备、资产、市场的建管。

（2）管理的重点

城市水务运营管理，重点是管好以下三大水系统。一是城市供水系统管理，包括统一管

理地表水、地下水、自来水、自备水等的供给方，统一管理生活用水、生产用水、生态用水等的需求方，以及供水管网，实现城市水资源的科学规划、最优配置。二是城市排治水系统管理，包括对城市生活、生产、公共活动污水和雨水的排放、净化、回用等的综合管控，以及城市排水、回用设施、设备、管网的建管，实现城市水资源的清洁、高效、循环利用。三是城市域内河库网系统管理，包括城市水源地、水库、河道等水系的综合保护、养护、治理，以及河库网设施、设备、船只的建管，实现城市水资源的可持续安全地供给、利用。

（3）管理的机制

城市水务运营管理，要切实优化三补偿三保证机制。其一，三补偿机制，包括：谁耗费水量谁补偿、谁污染水质谁补偿、谁破坏水生态环境谁补偿。其二，三保证机制：保证水量的供需平衡，保证水质的按需达标，保证水环境的持续生态。这三补偿和三保证机制，是城市水资源流域化统管与行政化协调的有机结合；是水资源市场机制与政府调控的有机互补。

（二）现代城市水务运营管理的特征作用

1. 城市水务运营管理的特征

（1）网络型和区域性特征

城市水务管理具有网络化、区域性特征。因为，水务产品和服务需要依托一定的物理网络、水体具有布局的区域性、流经广域性、服务的地域性。所以，城市运营水务管理的一大重点就是水系网络的治理养护、水务管网的科学布局、水务产品的区域供给、河湖水网的畅通利用。

（2）必需型和公益性特性

水务产品作为城市的准公共产品，具有需求的不可替代性和供给的社会公益性。因为，水务产品和服务面向所有城市企业和居民，是城市生产、公共活动、大众生活的必然需求，具有需求的绝对刚性、服务的普遍特性。所以，城市水务运营管理的首要任务，就是确保城市生产、市民活动，尤其是居民生活的供水。

（3）垄断型和干预性特征

由于水资源获得的限制及供水行业对供水管网的依赖性，城市水务行业具有典型的自然垄断性质。因此，很容易导致低效、高耗、劣质现象，因为无人替代、没有竞争。所以，城市水务运营管理，应该强化对垄断性水务产品与服务提供者的行政干预，包括引入市场化的竞争伙伴以增加企业压力、引进购买服务型的第三方监督以规范供给流程、建立严格的价格监管和奖惩机制以确保水务产品与服务高效、低耗、优质、及时。

（4）基础型和长期性特征

作为城市公共服务功能的重要组成部分，水务设施与设备具有鲜明的功能的基础性和服务的长期性特征，因为自然与人工的水体网络、供给与排泄的水务管网、蓄水与防水的库区闸门，以及制水与治水的企业设施，不仅投入资金大、建设周期长，而且服务年限大多是跨代的。所以，城市水务运营管理，一项可持续的战略性工作，就是搞好水务设施、设备的前瞻规划、优质建设、精细管理，确保这一工作功在当代、利及后世。

（5）整体型和系统性特征

城市水务是一个综合型公共基础体系，具有明显的整体服务性和运行系统性特征。因为，它是一家为主、多家协同、统筹管控的城市公共产品制备整体，也是上、中、下游产业链和供、排、治、防运行链环环相扣的关联系统。所以，城市水务运营管理的重要职能就是保障水务产品制备的多环节无缝衔接、水务精准服务的多体系互相协调、水务市场管控的。

2. 城市水务运营管理的作用

(1) 有益于城市水资源的统一规划

通过城市水务运营的一体化管理，可以实现水资源的开发、利用、治理、节约、配置、保护等的统筹规划、前瞻布局、整体运营。

(2) 有益于城市水资源的科学调度

通过城市水务运营的精细化管理，可以实现城乡生活、生产和生态用水的统筹兼顾，实现城市水资源的科学调度、合理配置，使有限的水资源发挥最优的经济效益、环境效益和社会效益。

(3) 有益于城市水资源的合理利用

通过城市水务运营的科学化管理，可以实现水资源在城乡生活、生产、生态领域的错峰利用、高效利用、循环利用，从而有效地缓解水资源的供需矛盾、有效地减少水资源的无谓浪费、有效地提高水资源的排泄防御能力、有效地保护城市的水生态、水环境。

(4) 有益于城市水资源的安全保障

通过城市水务运营的规范化管理，可以有效地防止水体污染、防御汛洪涝灾、防范航运事故，提高城市水务工程项目的建设质量，提高生产、生活用水特别是饮用水的质量，提高城市水务设施与设备的安全运行系数，提高整个城市水生态体系的安全。

(5) 有益于城市水资源的保值增值

通过城市水务运营的系统化管理，可以实现水资源费、税的统一征收、统一标准，实现供水排水的统一价格、统一收费，也有利于水务基础设施建设降本增效、投资回收，有利于水务资产的多元经营、保值增值，有利于水务市场有序培育、活力增强。

二、现代城市水务运营管理的任务原则

(一) 现代城市水务运营管理的任务

依据《国务院关于加强城市供水节水和水污染防治工作的通知》精神，城市水务运营管理部门要将建立辖区内水资源统一管理的城市水务管理体制，建立适应社会主义市场经济条件的投资主体多元化、产业发展市场化、行业监管法制化的城市水务运营机制；建立发挥体制优势、强化行业管理的水务法规体系；全面实现城乡水资源统一管理为目标。同时在有限的水资源量的情况下，最大限度地满足人类生活和社会经济发展对水的需求，即"合理开发、利用、节约和保护水资源，防治水害，实现水资源的可持续利用"。主要任务有十项。

1. 城市水源地的建设与保护

负责本地水源地的建设与保护，负责监测上游供水的水质与水量，负责提出与上游水源地优势互补、共同可持续发展的方案。多渠道开源节流，建设稳定的城市供水水源，减少城市供水风险。

2. 城市供水 (输水) 的保障

负责市内输水沿线的水质、水量监测与保护，保证达到水质要求的水才能进入自来水厂，达不到要求就要进行来水的再处理。

3. 城市排水的保障

排水是供水的延伸，供水和排水统一管理是现代化城市水资源管理的经验。供水和排

水本应由一个部门实行统一管理，但我国的现状和今后仍将是水务局和环保局并存。因此，双方必须密切配合，互相支持，共同做好水资源保护工作。要保证城市的排涝，保证污染物达标排放进入河道。

4. 城市污水的处理

根据污染总量合理布局污水处理厂，并根据水的供需平衡，有偿提供达标的污水回用量，提高污水利用率，逐步实现污水处理市场化，将水污染处理费用计入成本，提高污水资源化程度，在抓节水的同时把工作重点放在中水回用上。大力开发治污技术，尤其是生物治理等高新技术。

5. 城市防汛洪涝灾害

洪涝灾害历来是中华民族的心腹之患，我国洪涝灾害造成的损失和影响在各种自然灾害中位居第一，约占全部自然灾害损失的60%以上。因此，防洪减灾是我国面临的一项长期而艰巨的任务。要从无序、无节制地与水争地转变为有序、可持续地与洪水协调相处。科学编制城市防御洪水方案，逐步建设成以防洪工程体系为基础的，包括防洪保障体系在内的完整的防洪减灾体系。处理好防洪减灾与水资源开发利用及生态环境保护等方面的关系，从实际出发，坚持"蓄泄兼筹"，提高水库的经济利用效率。

6. 城市节约用水

把推广节水灌溉作为一项革命性措施来抓，把灌溉土地转变为灌溉作物，结合产业结构调整，全面推广和普及节水技术，提高渠系和田间水的有效利用率；集中精力，重点抓好以节水增效为中心的大中型灌区配套改造工程，同时加快灌区管理体制和运行体制改革；逐步实现水资源利用方式从粗放型向集约型的转变，制定行业、生活与环境用水定额，实行定额管理，采取一切行之有效的措施强制节水，建立节水型农业、节水型工业、节水型城市和节水型社会。

7. 城市水资源与环境评估

对市内所有重大项目和工程进行水资源论证和水环境影响评价，据此发放取水许可证，不达标的一票否决。同时作为城市产业结构调整的一项重要衡量指标。

8. 城市水价的论证制定

适时适度地提出水价调整方案，做到优水优价、累进水价、不同用途不同价格。其中主要考虑水资源费、自来水厂成本利润、节水投入、污水处理厂运行费用等，以水价为杠杆调整水资源的优化配置。

9. 城市水法规的制定

贯彻执行国家和省有关水行政工作的方针、政策、法律、法规，并根据当地的实际情况，及时拟定水资源的法规或管理条例草案，重点在于适度的惩罚，经人大或政府批准后组织实施。

10. 城市水土的保持

负责当地的水土保持工作，组织协调水土流失的监测和综合防治。当然，以上这些还未成为水利发展的现实，也许要经历漫长而艰苦的努力。相信随着社会的发展，水资源的"分别管理、多头管理"的局面将逐步得到改变，而统一管理和优化配置将逐步实现。

(二) 现代城市水务运营管理的原则

1. 资源共享的原则

城市水务运营管理应全面规划、统筹兼顾、标本兼治、综合利用、讲求效益，发挥水资源的多种功能，协调好生活、生产经营和生态用水。在城市水务运营管理过程中，按饮水保障、防洪安全、粮食供给、经济发展和生态系统建设的次序优化配置资源，实现资源共享。

2. 有偿使用的原则

目前我国部分民众还没有完全摆脱水是"取之不尽，用之不竭"的旧观念，水污染和水浪费现象严重，主要原因之一是水资源费和水价偏低。为体现水资源国家所有权又反映资源的稀缺性，遵循水资源有偿使用原则，收取一定的费用，这不仅符合合理利用和保护水资源目标，也是社会主义市场经济体制及国民经济和社会发展的客观要求。

3. 效益优先的原则

为实现有限水资源有效利用，对城市水资源使用要严格执行"先地表后地下、效率优先"的原则。要讲求水资源的投入产出比，实施效率最大化选择。农业、工业、商业用水要有区别，用地表水、地下水要有区别，用优质水、劣质水要有区别，而生活用水在节约和提高用水效率的前提下，必须优先给予保证，环境生态用水也要给予一定的保障。

4. 以供定需的原则

水资源不仅是工农业的命脉，更是整个城市和国家经济的命脉。目前我国人均水资源总量不足，许多地区经济社会发展受制于水资源的供给能力。为保证水资源获得最大限度的利用，要推行最严水资源管理制度，采取"以供定需"的管理原则，将原先的供水管理转变成需水管理。

5. 可持续利用原则

随着经济社会的快速发展，我国水资源供需矛盾越来越突出，要实现水资源的可持续利用、保障经济社会的可持续发展，必须坚持水资源可持续利用原则，实行水务一体化管理，即对水资源的开发、利用、保护、管理、节约和污染防治工作等实行统一管理，建立统一、高效、有序的水资源管理体系和水污染防治的管理体系，从而保证城市人民饮用水安全，保护城市供水水源地，实现节水与防污统一，城市建设与水资源配置统一，城市化发展与水生态系统建设统一，在城市地区形成"水源地—供水—用水—排水—治污—回用"的完整的资源循环。

6. 流域化管理原则

城市水资源的存在与整个流域系统的变化息息相关。城市的水循环是流域的重要环节，流域本身对城市的水循环有自动响应和自动调节功能，一旦这个环节断裂，城市水资源就会完全枯竭。在流域系统中，水源质量和数量是供水的重要保障，水排放是水源的组成部分，污水超常排放是危害水源的最重要因素。城市水务流域化运营管理，就是要将城市的经济和社会用水与自然状态的水体放在一个系统里进行管控。

三、现代城市水务运营管理的职能趋势

(一) 现代城市水务运营管理的职能

1. 城市水务运营的战略管理

一是拟定水务工作的方针政策、发展战略，组织起草有关法律、法规并监督执行。二

是编制与履行水务管理职责有关的中长期规划、发展计划，并监督实施；组织有关国民经济总体规划、城市规划及重大建设项目的水资源和防洪除涝排水等内容的论证工作。负责协调跨行政区范围的水务事项。

2. 城市水务运营的调控管理

第一，统一管理水资源（含空中水、地表水、地下水），实行地表水与地下水、水源地与输水河道、管网、水量与水质、城区与郊县水资源的统一规划和调配；统一管理全市水源地保护、河道整治和水体保护，以及供水、排水、污水处理工作；组织实施取水许可制度和水资源费征收制度；发布本地区水资源公报、水质年报、城市供水公报；指导本地区水文工作。第二，拟定水行业的经济调节措施；对水行业各项资金的使用进行宏观调控。协调水行业的供水、排水、污水处理、再生水回用回灌、节水、农业用水的价格及多种经营工作。研究提出有关水的价格、税收、信贷、财务等经济调控的意见。组织征收水资源费、排水费、防洪保护费、污水处理费和市政府规定的相关费用。

3. 城市水务运营的法制管理

其一，按照国家资源与环境保护的有关法律法规和标准，拟定水资源保护规；

组织水功能区划分和对饮水水源区等水域排污的控制；监测江河湖库的水量、水质，审定水域纳污能力；提出限制排污总量的意见，并对污染超标严重河段的各排污口提出限期整改意见。其二，拟定节约用水政策，编制节约用水规划，制定有关标准，组织、指导和监督节约用水。其三，组织、指导水政监察和水行政执法；协调并仲裁部门间和区县间的水事纠纷。

4. 城市水务运营的建科管理

一是编制、审查大中型水行业基建项目建议书和可行性报告；组织、指导水设施、水域及其岸线的管理与保护；组织指导辖区内江、河、湖及河口、海岸滩涂的治理开发；开展跨界河流的对外协调；组织建设和管理具有控制性的或跨市界的重要水利工程；组织、指导重要水工程的安全监管。二是负责制定水行业科技政策；组织拟定水行业技术质量标准和水工程的规程、规范并监督实施。组织重大水务科技开发、研究和技术推广，推动行业的技术进步。三是指导水行业的在职培训、成人教育和职业技术教育。

5. 城市水务运营的防治管理

第一，组织水土保持工作。研究制定水土保持的工程措施规划，组织水土流失的监测和综合防治。第二，承担防汛抗旱指挥部的日常工作，组织、协调、监督、指导全市防洪工作，对江、河、湖、库和重要水利工程实施防汛抗旱调度。第三，指导区域内农村水利工作；组织协调农田水利基本建设、农村水电电气化、乡镇供水和农村改水工作。

6. 城市水务运营的行政管理

其一，负责水务局机关的人事、劳动工资、机构编制管理工作；按规定管理局直属单位的主要领导干部；指导水行业的职工队伍建设。其二、负责和指导水行业的外事与利用外资工作；管理水行业的国际合作与交流。其三，承办当地政府布置的其他工作。

（二）现代城市水务运营管理的手段

现代城市水务运营管理涉及自然、经济、社会等诸多方面，因此，必须采用灵活、多样的手段，互为补充、互相制衡，以达到开发资源、保护环境、促进发展的目的。具体管控手段包括如下五类：

1. 城市水务运营管理的法律手段

城市水务运营管理首先和基础的手段是法治。我国的水污染防治法、水土保持法、防洪保险法和水利工程管理条例等一系列关于水的法律、法规，是开发水、利用水、保护水、治理水和日常管控水资源的重要依据，它对水资源的产权进行了清晰的界定，对各涉水部门的责、权、利进行了精准的划分，对从国家、地方、单位到个人有关水的行为作出了具体的规范，只有依法、依规，才能实现城市水务运营的有序、有效、统筹管理。

2. 城市水务运营管理的行政手段

城市水务运营管理既要依法、依规，也要逐级递延的行政保障。因为，正是各级行政组织机构及其相应的职能行驶，才使城市的日常水务运营事务得以层层落实、有序推进、形成效能。城市水务行政，可以实现上情下达和下情上报，保障水务服务的全面到位；能够前瞻引领、管放有度，保证水务产品的充足优质；可以精准管控、严密监督，有效防止水污染、水灾害。所以，以保证水资源管理目标的实现。水务行政，作为内含服务、具有强制及准法治性的管控手段，是城市水务运营管理必不可少的优选方法。

3. 城市水务运营管理的经济手段

水务事业作为国民经济的重要基础，必须与经济发展和经济规律相适应。为此，要通过应用经济型的城市水务运营管理手段，在保证水资源可持续的前提下，实现水资源的有计划市场配置，包括保障基本民用、满足合法生产、限额有偿使用、超量依法加价、节约给予奖励、污染惩罚赔偿。为了更好地用经济手段调控城市水务，应积极培育、有序管控水务市场，包括组建法定机构、制定调控机制、强化社会监督，从而保证水务市场运营的公平公正、合理合法、有序有效、适应适合、可以持续。

4. 城市水务运营管理的科技手段

城市水务是一个纷繁复杂的巨系统，其有序管理、规范服务、高效便捷，离不开跨专业的技术与理论的支撑，包括水资源的勘探开发、科学利用、优质制备、充足供给、合理调配、清洁排泄，以及污染治理、灾害防御、设施建设等等。只有充分应用多学科叠加、多专业互补、高新尖合成的水务理论与技术，才能确保现代城市水务运营管理低耗高效、事半功倍、规范可持续。

5. 城市水务运营管理的宣教手段

城市水务运营管理作为一项系统性的行政、经济、社会事务，不仅涉及诸多政府部门、企事业市场主体，而且也有赖社会非政府组织，尤其是广大居民的协同配合。为此，城市水务运营管理的一项重要任务就是向社会进行方针政策、目的意义、规划趋势的宣传解释，开展相关事务的动员听证、品鉴督察，使城市水务运营管理成为一种社会共识、一项协同事务、一个互动平台。同时，也要搞好专业与非专业、直接与间接参与水务管理人士的相关知识普及、专业培训、技能提升，使城市水务运营管理与时俱进、持续优化、成果丰硕。

（三）现代城市水务运营管理的改革趋势

从长远看，城市水务与经济社会发展和生态环境保护联系密切，与社会公众利益息息相关。因此，需要调动各方面的积极性，推进城市水务运营管理的综合改革，形成政府主导、部门协作、市场配置、社会参与的大统筹、大联动、大协调的管理格局，确保城市水务与经济社会和大众生活的可持续发展与需求相适应。

1. 建构大一统的现代城市水务运营管理体制

通过政府行政管理体制改革，调整和转变政府职能，实现城市涉水行政事务的统一管理，形成水源—供水—用水—节水—处理—回用—排水的公务循环，以及水资源勘探、开发、利用、管治。深圳市将原水利局、城管办、规土局、建设局行使的管水职能全部归并，由新成立的水务局统一行使。上海市水务局聚合了水利、供水、排水三大传统行业，归并了城市防汛、城乡供水、排水和污水处理、地下水管理、计划用水和节约用水五大职能。大连市是将原水利局的职能、公用事业管理局城市供水管理职能、地矿部门的地下水管理职能合并，组建新的水务局统辖。北京市水务局成立后，承担了原水利局的全部职能，以及原市政管委的城市供水、节水、排水与污水处理和地下水管理职能。这些城市的改革，把水资源开发、利用、管控的各个环节统一起来，提高了水资源开发、调度、配置、节约、保护等的管理水平。

2. 实行区域化城市水务运营管理的规划统筹

按照城乡统筹、行业协调、区域覆盖的要求，实行城乡水务的统一规划、统筹发展，打破以往城市水务局部规划、专项规划、功能单一、城乡分割、行业分离的瓶颈。如上海从新中国成立到水务局成立前长达50多年的时间，没有一个城乡一体、覆盖全境、横跨行业的水规划，严重制约了城市水务的全面发展和特大型国际化大都市功能的提升。上海市水务局成立后，把区域统筹规划作为实现水务建设管理与城市协调发展的"龙头"工作来抓，在开展全市域水资源、水体网、供水管网、排水管网等普查的基础上，编制了《上海市水资源综合规划纲要》，开展水功能区划、雨水排水、骨干河道整治、水景观建设、供水、污水处理和水务信息化等十项专业规划，在上海治水管水史上第一次形成了与流域规划相适应、与城市总体规划相协调，城乡一体，,全行业、全覆盖的水务规划体系，使上海市城市水务建设管理逐步走上了现代化、规范化的轨道。北京水务改革后，也大力加强水资源综合规划，实施城乡水务统筹发展，在农村建设生态清洁小流域，在城区加快河湖水系治理和污水处理设施建设。因此，城乡水资源、地表水、地下水资源统一规划，城乡水设施同步建设，城乡水问题统筹解决，既是水务体制的优势，也是水务工作的重点。

3. 培育规范有序和发达的城市水务运营市场

遵循市场规律、界定政企事权、实行政企分开，是现代城市水务运营管理趋势。在计划经济体制下，城市供水、排水、污水处理等行业大多由政府部门建设、管理和运营，市场化程度低，使本应适当超前的城市供水、排水与污水处理等基础设施严重滞后。为此，要实行城市水务的市场化综合改革，水务管理部门应遵循市场规律，积极推进水务行业政企分开，促使水务企业建立现代企业制度，成为真正的法人主体和市场主体。同时，根据水务行业所具有的公益性、特许经营的特点，加强宏观调控、优化公共服务、强化市场监管。具体策略有四：一是加强市场准入和退出监管，规定市场准入的资质条件和等级标准，把好审批关；二是理顺价格体系，建立合理的水价形成机制，提高水务企业运营水平和赢利能力，促进节约用水；三是改革建设管理体制，实施投资、建设、运营、管理"四分开"，以及政府投资项目"代建制"和管养分离；四是制定服务标准，对水务企业的产品质量与服务进行事中、事后动态监管。

4. 营造多方参与公私兼容的城市水务投融资体制

改革投融资体制，开放城市水务投融资市场，是现代城市水务发展迫切需要和经费保障。首先，对公益性和准公益性的城市水务事项，在加大公共财政投入的同时，通过建立投资公司、明确法人主体等方式，吸收社会资金参股，逐步建立起政府主导、社会筹资、市场运作、法人负责的城市水务投融资机制。其次，对经营性城市水务事项，则更多地引入市场机制，加大市场开放程度，在政府统一规划下，按照"谁投资、谁经营、谁受益"的原则，积极鼓励社会资本进入城市水务领域，逐步走企业化开发、产业型发展的城市水务之路。第三，通过股份制、特许经营、BOT等多种方式，积极引进国内外各种资本参与城市水务建设。如上海、深圳组建的城市水务资产经营公司和城市水务集团，盘活城市水务存量资产，强化水务资产运营。2002年5月，法国威立雅公司与上海自来水浦东公司签署合作协议，法方投资20亿元，获得浦东自来水公司50%的股权，成为我国第一家集制水、输配、销售于一体的中外合资的自来水公司。

第五节　现代城市生态环境管理

一、现代城市生态环境管理的本质特征

（一）现代城市生态环境管理的本质

1. 城市生态环境的基本内涵

城市生态环境，是以城市为载体、以自然生态体系为架构、以人的综合需要为目的的自然再繁衍、经济再生产相互交织的自然、经济、社会三位一体的复合生态系统。它是城市中与人类活动存在互动关系的各种自然存在，以及经过人工改造的人工自然的复合体，包括自然环境和人工环境。自然环境是指对城市居民生产、生活能够产生直接和间接影响的一切自然物的总和，它是人类生存和发展不可或缺的条件，如阳光、空气、水源、土壤、生物、植物、气候以及其他各种资源等。人工环境是指人类为了改善自身生存状态、提高物质和文化生活水平而对自然因素进行改造所形成的环境，如城市中的各种建（构）筑物、道路、市政设施、市容环境及园林绿化等。

2. 城市生态环境管理的概念

城市生态环境管理，是指城市政府以建设生态城市为目标，顺应经济规律和生态规律的要求，运用经济、行政、法律和教育及大众传媒等手段，通过全面系统的规划，对城市中各类组织和个人的社会活动进行监控调节，使城市的经济、社会发展与城市生态环境相协调，最终实现城市可持续发展的全过程。一是推进绿色发展，突出源头防治，从改变生产和生活方式推进生态环境保护；二是体现社会共治，推动社会各方力量参与环境保护，包括政府、企业、社会组织和公众；三是依法治理，实行最严格的环境保护制度，实现源头严防、过程严管、恶果严惩。

3. 城市生态环境管理的内容

城市生态环境管理，从政府行政角度有四方面内容：一是城市生态环境的引导防治，即自觉把握与运用自然生态及其管理规律，坚持以主动预防生态环境问题为主要特征的管理原则，走生态环境保护与经济社会发展相统一的道路，建立健全完整的生态环境保护法律政策体系，构建与完善多元治理主体的生态环境合作治理模式，并引导社会走生态治理

共识、生态环境自治、生态成果共享的可持续生态城市之路。二是城市生态环境的统筹规划，其中包括自然生态保护规划、人工生态协调规划、环境污染防治规划、环境修复更新规划，以及环境生态技术发展规划。三是城市生态环境的综合治理，即在政府各部门的相互配合协同下，运用各种管控手段，组织各企事业、社会组织和市民，防范、化解和消除城市生态环境污染，优化、美化和提升城市生态环境的质量与氛围。四是城市生态环境的多方监管，即由政府、企事业、社会组织和市民共同对城市生态环境进行自律他律的监管，包括：执行规范的相互监管、日常行为的自我监管、政府行为的社会监管、市场行为的政府监管、公益行为的市民监管等。

（二）现代城市生态环境管理的特征

1. 前瞻性动态化特征

城市生态环境管理，既不能是生态环境问题或危机发生前无所作为的"放任自由"，也不应是问题出现后亡羊补牢式的"被动弥补"，而应是问题前瞻预测、主动设防、动态监控的主动型积极作为。

2. 区域性连绵化特征

城市生态环境，既因为不同区域自然背景、生活方式、发展水平、质量标准等的不同，而存在明显差异；又因为生态环境组成要素的区域边界交叉性和开放性，使之很难实行固化的一地、一域封闭管控。因此，城市生态环境管理不仅具有鲜明的区域性个性化特征，又具有跨区域连绵性多地区协同的特征。

3. 综合性社会化特征

城市生态环境管理，不仅专业上综合了园林、水土、环保、市容、管理等多个学科，以及规划、建设、经济等不同领域，而且，涉及政府、市场、社会、市民等多元行为主体、践行内容、作为方式、监管手段。因此，城市生态环境管理，既是一项需要多学科互动、多部门互补的综合管理，又是一项各方多主体法律、他律、自律的社会化合纵连横行为。

4. 科学性系统化特征

城市生态环境管理，是一项极富技术性、科学性的特殊管理，既要尊重自然规律，又要满足社会需求；既要遵循城市肌理，又要符合地域特点；既要维系生态链，又要优化环境熵；既要关注要素特性，又要考虑体系能量。因此，城市生态环境管理，是一项受制于自然规律、局限于地域特性、适应于发展阶段、得益于系统集成、满足于城市发展的体系化的科学管理。

5. 固化性法制化特征

城市生态环境管理，作为一项常态化、规范化、体系化的政府行政行为，不仅要层层落实，而且应该作为一种制度性安排予以固化；不仅要有执行的技术标准，更应有相关的法律法规和政府规范予以支撑，确保政府管理有据、市场行为有序、社会监督有章、市民举动有理。

（三）城市生态环境管理的作用

1. 有利于培育舒适的生活环境

随着经济的日益增长，城市居民生活水平也逐步提高，人们对生活的追求将从数量型转为质量型、从物质型转为精神型、从户内型转为户外型，生态休闲正在成为市民日益增长的生活需求。通过城市生态环境管理，可以解决城市化过程中产生的各类环境问题，创造一个适宜人们居住、学习和工作的生活环境。

2. 有利于塑造良好的城市形象

随着城市化步伐的加快，城市发展在给人们带来繁华的同时，也产生着诸多影响城市形象和生存条件的生态环境病害。通过城市生态环境管理，可以有效去除各类城市环境病，建立一个人与自然关系协调、城与环境平衡发展、一年四季水清天蓝、一日昼夜舒适宜人的生态型城市。

3. 有利于建构优良的生态系统

随着城市生态环境管理向体系化、综合性演进，保护生态、优化环境将不再局限于污染企业的管控、城市环境的保护、区域性水气的整治等专项性管理活动，而是渗透到城市发展的方方面面，成为政府从生态学角度对经济活动的全过程管控，着眼于城市社会、经济、环境三大效益的有机统一，致力于城市自然、经济、社会、人文和行政五位一体综合生态体系的建构。

二、现代城市生态环境管理的目标原则

(一) 现代城市生态环境管理的目标

1. 城市生态环境管理的总体目标

我国生态环境建设的总体目标也是城市发展要遵循的，起包括：用大约 50 年左右的时间，动员和组织全国人民，依靠科学技术，加强对现有天然林及野生动植物资源的保护，大力开展植树种草，治理水土流失，防治荒漠化，建设生态农业，改善生产和生活条件，加大综合治理力度，完成一批对改善全国生态环境有重要影响的工程，扭转生态环境恶化的势头，力争到 21 世纪中叶，使全国适宜治理的水土流失地区基本得到整治，适宜绿化的土地植树种草，"三化"草地基本得到恢复，建立起比较完善的生态环境预防监测和保护体系，大部分地区生态环境明显改善，基本实现中华大地山川秀美。

2. 城市生态环境管理的践行战略

一是加快发展生态经济。降低单位生产总值能耗，加快形成高附加值、低消耗、低排放、可循环的经济产业结构，普遍实行清洁生产，使生态经济成为新的经济增长点。二是不断优化环境质量。全面加速主要污染物减排，持续改善大气环境、水环境、土壤环境质量，稳步提高森林覆盖率、林木蓄积量、平原绿化面积，基本形成生态安全保障体系，不断优化城乡环境、提高宜居水平。三是日益繁荣生态文化。不断加强生态文化研究和生态文明教育，广泛开展绿色创建活动，初步形成健康文明的发展方式、生产方式和生活方式。四是不断完善体制机制。进一步完善推进生态环境建设的政策法规体系，全面有效实施党政领导班子和领导干部生态环境建设的综合考评机制、生态补偿机制、资源要素市场化配置机制。

(二) 现代城市生态环境管理的原则

1. 全面规划、合理布局的原则

城市生态环境管理的这一原则有三层涵义：一是城市生态环境保护规划与城市经济、社会发展规划多规结合；二是城市生态环境保护规划与城市总体发展规划多规结合；三是要在全面综合考虑的基础上规划城市的生态环境保护工作。

2．系统科学、持续发展的原则

城市生态环境管理要在系统论的指导下，以重点工程为骨干，通过全面整治，建立山区水源涵养及水土保持、平原治沙与生态农业和城市绿化美化相协调的生态环境体系，实现生态环境的整体优化。要坚持高标准、高质量、高效益的原则，瞄准国内外生态环境建设的先进水平，借鉴国内外生态环境整治的先进经验，以科技创新为先导，建设生态环境整治的精品示范工程。要注重资源的优化配置、利用、节约和保护，改善生态环境，实现社会效益、经济效益、生态效益的同步、可持续增长。

3．预防为主、防治结合的原则

城市生态环境管理要抛弃"先污染后治理"的错误观念，遵循预防为主、防治结合的原则，在积极治理过去遗留下的环境污染的同时，着重预防新污染的发生，变消极被动的应付为积极主动的防治，努力创造一个"天蓝、地绿、水清、气洁"的美好家园。

4．综合利用、化害为利的原则

城市生态环境管理，要努力贯彻治理污染、节约资源、发展生产、保护环境的方针，全面充分地利用各种生产和生活废弃物，变废为宝、化害为利，节约资源能源、减少环境污染、推进循环经济。

5．保护有责、损害赔偿的原则

城市生态环境管理，要坚持环保责任制，并按照"谁污染谁治理"的原则，由排放污染物和造成破坏的组织或个人承担污染和破坏环境造成的损失。污染者负担原则在法律上一般表现为三种方式：征收排污费或多种形式的污染税、赔偿损失、罚款。其中被广泛采用的是"排污收费制度"。

三、现代城市生态环境管理的机制路径

（一）现代城市生态环境管理的机制

1．城市生态环境管理的工作机制

（1）环境影响的评价机制

它是指某地区建设可能影响环境的工程时，在其规划或其他活动之前，需要对其活动可能造成的周围地区环境影响进行调查、预测和评价，并提出防治环境污染和破坏的对策，以及制定相应方案。

（2）环境影响的"三同"机制

该机制要求，建设项目中防治污染的措施，必须与主体工程同时设计、同时施工、同时投产使用。防治污染的设施必须经原审批环境影响报告书的环保部门验收合格后，该建设项目方可投入生产或者使用。它与环境影响评价制度相辅相成，是防止环境新污染和破坏的两大"法宝"，是我国生态环境管理预防为主方针的具体化、制度化。

（3）环境排污的收费机制

这是对超过规定标准向环境排放污染物的排污者，依照国家法律和有关规章所定标准征缴排污费的制度。征收排污费的目的，是为了促使排污者加强经营管理，节约和综合利用资源，治理污染，改善环境。排污收费制度是"谁污染谁付费"原则的体现，可以使污染防治责任与排污者的经济利益直接挂钩，促进经济效益、社会效益和环境效益的统一。

（4）环境达标的责任机制

环境保护目标责任制是我国生态环境管理中的一项重大举措。它是通过签订责任书的形式，具体落实地方各级人民政府和有污染的单位对环境质量负责的行政管理制度。

（5）环境监督的考核机制

这项制度是指通过实行定量考核，对城市政府在推行城市环境综合整治中的活动予以管理和调整的一项环境监督管理制度。

（6）环境排污的许可机制

这是我国为加强环境管理而采用的一种行政限制制度。该机制要求凡对环境有影响的开发、建设、排污活动，以及各种设施的建立和经营，均须由经营者向主管机关申请，经批准领取许可证后方能进行。

（7）环境污染的集控机制

这项制度要求在一定区域内，建立集中的污染处理设施，对多个项目的污染源进行集中控制和处理。这样做既可以节省环保投资，提高处理效率，又可采用先进工艺，进行现代化管理，因此有显著的社会、经济和环境效益。

（8）环境治理的限期机制

它以污染源调查为基础，以环境规划为依据，强制性地要求污染危害严重的污染物、污染源、污染区域在限定的治理时间内完成限定的治理任务，并达到限定的治理效果的制度。

2. 城市生态环境管理的补偿机制

（1）明确补偿的市场主体

生态环境管理"谁开发、谁保护，谁破坏、谁恢复，谁受益、谁补偿，谁污染、谁付费"中的"谁"，可以是国家、地方政府、企业和个人，有时还可能涉及多个主体，情形比较复杂。应该因事制宜，明确特定的补偿责任主体，有多个主体时则应量化各自的责任。

（2）落实受益的社会主体

生态环境管理实行"受损者受益"，所以应落实受益主体。目前存在生态补偿利益虚化、受损者获偿缺失的问题。为此，当有多个受损主体时，应量化其各自获偿利益；有多个受损方面的，应将补偿覆盖受损的各个方面。

（3）建构补偿的标准体系

生态环境受损后的影响是多方面的，影响的利益主体是多元的。现在的补偿往往是一个简单的经济总量，且一般按"人头"分配，掩盖了受损主体的差异性。补偿标准应按社会、经济、生态分类，细化为一个指标体系，再按差异性补偿给当地政府、企业和个人等主体，并规定用于社会重建、经济发展和生态修复。

（4）形成补偿的多样模式

现行的生态环境补偿模式以政府财政转移支付为主，辅以一次性补偿、对口支援、专项资金资助和税赋减免等。应根据受损载体与主体的差别，形成多样化补偿模式，避免模式选择的随意性和补偿额度的随意性。应制定实施细则，规范补偿模式的选择和实施。

（5）确保补偿的专项专用

现在，生态补偿大多用于生活、安置、迁移、生产等刚性需求，真正用于生态修复、生态保护的很少。生态补偿制度安排中应有量化的刚性要求，使一部分补偿直接用于修复生态。同时，还应有使用的有效监督制度。

（二）现代城市生态环境管理的路径

1. 以规划引领生态环境发展

城市总体规划是城市发展的纲领、龙头，城市生态环境的保护建设，也必须规划先行，确定方向、趋势、模式，并从区域着眼、地域落脚、项目落地，使生态环境保护、建设与自然禀赋适配、与城市发展同步、与生产建设配套、与市民需求适应。

2. 以低碳优化生态环境结构

要确保城市生态环境持续优化，需要树立绿色理念、低碳思维、循环意识，并通过制定资源节约、减少排放、低耗高效政策举措，形成体系化、规模型、低碳类的城市循环经济，发展低污染、少耗能、便捷型的城市智能交通，倡导简约化、环保式、节能型的城市生活方式，真正实现城市生态环境的可持续自然适应、自为适度、自我适合。

3. 以法制保障生态环境建设

城市生态环境的体系建构、结构优化，需要固化的制度与对应的法律、法规、标准体系的保障。在城市生态环境规划制定的同时，需要建立制度化的、对应的生态环境法规制约体系、管理规范体系、市场运作体系、技术标准体系，使城市的生态环境保护有法可依、生态环境优化有章可循、生态环境损坏的责罚有规可查。

4. 以公众强化生态环境督察

城市生态环境的保护与建设，需要政府部门的引领、市场主体的作为，更需要社会各方尤其是公众的积极参与。城市生态环境的保护与建设者有公众，最终的受益与受害者也有公众，公众对生态环境最有获得感、最有发言权。因此，公众的参与是生态城市建设必不可少的一个环节。城市政府应该努力建立贯穿城市生态环境管理全过程的公众参与督察机制，听取公众意见，尊重公众意愿，调动公众保护、优化、建设城市生态环境的积极性。

5. 以融合深化生态环境治理

一是通过小流域封育保护与生态自我修复结合、综合治理与自然环境修复结合，加快水土流失防治的步伐，促进区域化生态环境的改善。二是通过梯田工程、径流利用工程、水土保持工程建设的有机结合，更好发挥径流调控体系的作用，为农林果蔬等提供生态用水，实现城郊农田水利的集约化经营。三是通过工程措施与生物措施相结合，实行山坡沟水路田统筹运作、综合治理；依据自然规律，优先建设坡面径流聚集工程，为林草提供生长环境，达到以工程保生物、以生物护工程，以及退耕还林和生态环境改善的目的。

第六节　现代城市市容卫生管理

一、现代城市市容卫生管理的本质特征

（一）现代城市市容卫生管理的本质

1. 城市市容卫生管理的含义

城市市容卫生管理，是城市政府市容卫生行政主管部门依靠市容监督队伍和社会各方共同参与，依法对城市的街面形态、建筑外貌、景观灯光、户外广告设置和生产运输载体等的整洁、有序、规范进行的行政行为。它是城市综合管理的重要组成部分，也是衡量城市管理水平高低的重要尺度之一。城市市容卫生管理包含静态与动态两个部分，前者涉及城市静态物件对街面规整的影响，后者包含流动的人的行为和物体移动对街面洁净的影响。

2. 城市市容卫生管理的内容

（1）市容卫生的综合管理

一是城市道路、立面、空间无乱堆放、乱搭建、乱扔垃圾，并保持清洁、美观的针对性管理。二是城市施工现场场内洁净和渣土运输过程路面整洁的规范化管理。三是店面、店招、店牌、灯光景观和户外广告等的规整、有序、安全的达标型管理。四是城市重大活动和庆典场所市容卫生保障、监督的调控式管理。五是城市各类交通工具外形完好、整洁且无跑冒滴漏的监控型管理。六是城市街区、广场花草树木赏心悦目的保障式管理。

（2）市容卫生责任区管理

负责检查和监督城市市容卫生责任区范围的规划及其实施、制度及其贯彻、责任及其考核，使市容卫生任务与需求一致、责任与权限相符、成效与目标吻合。

（3）产住区市容卫生管理

加强宣传倡导，切实调动居住区物业人员、居委会成员和当地居民搞好市容卫生工作的积极性，使生活垃圾分类投放、规范收集落到实处；不断增强意识，有效管控企事业单位生产、工作垃圾和装修垃圾，实现科学减量、无害处置。

（4）市容卫生作业的管理

动态监督、定期考核市容卫生单位，确保市容卫生服务工作规范、有序、优质、到位。经常督促、按时检查相关责任单位对市容卫生设施的运行维护，确保低耗、高效。

（二）现代城市市容卫生管理的特征

1. 市容卫生管理的社会性

城市市容卫生管理是一项涉及社会各行各业、关系城市千家万户的工作，其对象大到城市街区景观，小到家庭垃圾清运，与生产、生活、工作学习息息相关，因此，具有涉及面和参与方的广泛的社会性。

2. 市容卫生管理的系统性

城市市容卫生管理不仅涉及内容庞杂、关乎行业众多、影响方方面面，而且，参与管理的机构从市级层面延伸到区、街道及居委会，协同管理的主要包含环境卫生、园林绿化、城管执法、房地保障、公安交警、社会治安、街道社区等多个部门，因此，其工作具有鲜明的层次性、递进性和交互制约的关联性，是一项必须靠严谨、细致、综合管控才能奏效的庞大、复杂的系统工程。

3. 市容卫生管理的动态性

市容卫生管理不仅有对静态物体的督察，更有对动态人流与物流的引导与约束，尤其是时不时出现的人为的乱堆杂物、乱扔垃圾、乱设摊位、乱搭违建、乱倒渣土等不文明举动，以及动态车辆的破旧污损、施工现场的污水横流等违规现象。因此，市容卫生管理具有鲜明的对象与现象的不确定性和管控的动态、及时的跟进性。

4. 市容卫生管理的服务性

作为城市政府公共管理的一个重要方面，市容卫生管理的目的是为城市生产、工作、学习和市民生活提供一个整洁、舒适、优美、文明、有序的环境，因此，从本质上带有很强的社会公益性和便民服务性。

二、现代城市市容卫生管理的目标原则

(一) 现代城市市容卫生管理的目标

1. 城市市容卫生管理的战略目标

城市政府通过城市市容卫生的依法管理，协同保障城市大系统的正常运行，为经济、社会、文化发展创造适宜的生产、工作和学习环境，为市民创造整洁、优美、文明的生活环境。

2. 城市市容卫生管理的战术目标

一是有符合城市发展需要、健全的各级市容卫生管理机构、整体规划、完备制度。二是市容卫生全面达到《城市容貌标准》GB 50449—2008 要求，包括：城市主次干道和街巷路面平整，下水道无垃圾堵塞现象；主要街道两侧建筑物整洁美观，无乱张贴、乱涂写、乱设摊点现象，广告、牌匾设置规范；沿街单位"门前三包"责任制度落实，车辆停放整齐；废物箱等垃圾收集容器配置齐全，无乱扔乱吐现象；城区无卫生死角、残垣断壁、乱搭建、垃圾渣土暴露和违章饲养畜禽现象；城市亮化、美化、照明设施完好。三是城市建成区清扫保洁制度落实，垃圾、粪便日产日清，无害化处理；环卫设施符合《环境卫生设施设置标准》CJJ 27—2012 要求，布局合理，数量充足，管理规范。四是各类市场科学规划、规范管理，商品划行归市、摊位摆放整齐、没有占道经营、符合卫生要求。五是建筑工地管理符合《建筑工地现场环境与卫生标准》要求，施工现场清洁、物料堆放整齐、垃圾管理规范、实施密闭运输、没有偷倒乱卸。六是城市绿地系统规划科学，绿线管制制度落实，建成区绿化覆盖率、绿地率、人均公共绿地面积全部达标。七是城市河道、湖泊等水面清洁、岸坡整洁，无飘浮垃圾、无乱堆杂物。

(二) 现代城市市容卫生管理的原则

1. 市容卫生管理"以人为本"的原则

城市市容卫生管理与其他城市管理一样，其出发点和归宿都是为了满足市民规范工作环境、优化学习环境和美化生活环境的多元需要，因此，必须坚持以市民为本的原则，以市民满意不满意作为检验工作的根本标准，在市容卫生领域服务民本、化解民忧、满足民需、兑现民利，使市容卫生管理跟上时代的步伐、适应城市的发展、符合市民的期盼。

2. 市容卫生管理"三大三全"的原则

城市市容卫生管理要坚持"大市容、大环境、大卫生"和"全社会、全行业、全过程"的原则，服务全局、统筹区域、覆盖整体，动员全民、协同全业、管控全程，不断改革管理体制、努力优化管理机制、梳理调整管理职能，实现市容卫生管理从计划经济向市场竞合的模式变轨，使行政与事务分开、管理与作业分离，从根本上提升城市市容卫生管理的水平。

3. 市容卫生管理"分层分级"的原则

为提高政府的行政效率，我国城市市容卫生管理正在从以条为主向以块和区域为主的分层、分级管理的模式变轨，将进一步理顺政府、社会、企业、市场的相互关系，加快"两级政府、三级管理、四级网络"管理体系的形成，使市容卫生管理顶层有设计、中层有监管、一线有服务，真正做到快捷、高效、精准、扎实。

4. 市容卫生管理"公众参与"的原则

城市市容卫生管理要消除"先污染、后治理"的惯性思维，从源头上着眼、在全员上着力。通过跨前一步、源头治理，实现垃圾减量与污染受控；通过全民动员、全体参与，实现机构精简与管理扁平；通过公众监督、他律自律，实现市容优美与卫生达标。

三、现代城市市容卫生管理的体制机制

（一）现代城市市容卫生管理的体制

1. 中华人民共和国住房和城乡建设部

全国城市市容卫生工作的主管机构。其主要职能是：负责制订城市市容卫生的方针、政策、法规，并检查、监督其执行；指导和组织全国城市市容卫生事业的建设，协调专门机构的生产和科学研究工作。

2. 各省、自治区、直辖市城市建设主管部门

省级城市市容卫生工作的主管机构，统一归口管理本地区城市市容卫生工作。其主要职能是：组织和领导本地区各城市市容卫生事业的建设，编制长远发展规划和年度计划，检查、监督城市市容卫生方针、政策、法规的执行，组织检查评比，总结交流工作经验。

3. 各城市市容卫生管理局或处

城市市容卫生工作的主管机构，统筹市域内市容卫生工作。其主要职能是：严格执行国家和地方城市市容卫生管理法规，组织行使管理和专业执法职能；参与制定城市规划和环境卫生专业规划，审批公共民用建筑中卫生设施的设计；制订全市大型市容环境卫生设施设备的建设规划，并组织实施；组织专业队伍开展市容环境卫生作业；组织市容环境卫生科学研究，不断改进环境卫生作业手段，实现城市废弃物的无害化处理和资源化再利用。

4. 设区、县城市市容卫生管理局或处和县建设局

区（县）级市容卫生主管机构，主要职能是：代表区、县政府行使市容卫生管理职能，负责本地区的市容卫生管理工作，组织全市（县）市容卫生作业服务。

（二）现代城市市容卫生管理的机制

1. 政事分开、管办分离、分级负责机制

随着城市化建设步伐不断加快，城市面积快速扩张，城市管理工作不能仅依靠城市一级政府，否则会出现"看到的管不到、管到的看不到"的局面。要提高城市市容卫生管理水平，必须进一步推进重心下移、属地管理，进一步强化以块为主、以区为主的作用，并实施统一领导、分级负责、政事分开、管干分离的运作机制。

2. 管理一体化、作业市场化、用工社会化的机制

根据事业单位改革的基本原则，成立代行政府职能的城市市容卫生主管部门，并按照行政法规授权和政府委托，行使全市市容卫生工作的规划、协调、监督、检查和指导职能。同时，推进市容卫生作业服务单位的转制改革，引进和发展合资合作、集体和个体经营等多种非公有制形式的市容卫生作业服务企业。培育统一、开放、多元竞争的环卫作业服务市场，参照企业人事管理管理模式，实行单位内部干部职位聘用制和职工劳动合同制，以此加快环卫作业市场化、社会化进程，开创城市市容运营管理新局面。

3. 购买服务、特许经营、市场运营

通过政府购买服务的办法，推进市容卫生作业市场化。政府转换角色不再对城市市容卫生管理的具体事务大包大揽，而是通过市场运作方式向中标单位授予特许经营权；政府通过完善市场机制，健全市场规则，开展市场竞争，实现提升城市市容运营管理服务质量的目标。

4. 严格监管、综合考评、科学奖惩

城市政府通过健全科学的奖惩机制，把市容卫生管理工作纳入政府目标管理，同时与各区签订目标责任书，并依据相关标准开展工作绩效考核。通过检查评比、新闻曝光与考评奖罚相结合，建立激励机制，促进城市市容卫生管理水平整体提高。

5. 无害化处置、资源化利用、数字化管理

城市政府以高新科术为依托，不断提高"数字市容卫生"建设的质量，其中包括：推进城市垃圾无害化、资源化卫生填埋、无害焚烧、生化处理；积极引进、开发新技术，不断推进"数字市容卫生"的建设步伐，提升市容卫生快速反应能力；整合市容卫生信息化资源，不断推进电子政务建设，以信息化推动城市市容卫生管理模式的新变轨。

第七节 现代城市行政综合执法管理

一、现代城市行政综合执法管理的本质特征

（一）现代城市行政综合执法管理的本质

1. 城市行政综合执法管理的定义

城市行政综合执法管理，是指城市管理行政执法主管部门及其执法人员，为实现城市行政管理的特定目的，根据国家法律、法规和地方规章、规定而行使多个行政机关部分行政处罚权、行政强制，并就具体特定事项对特定公民、法人或其他组织作出直接或间接影响其权利义务的行政执法职责活动。

2. 城市行政综合执法管理的性质

城市行政综合执法管理，就其性质而言属于城市政府依法进行的行政类执法管理活动，其依据主要是 1996 年颁布的《中华人民共和国行政处罚法》和《中华人民共和国行政强制法》、2015 年 12 月 24 日颁布的《中共中央国务院关于深入推进城市执法体制改革改进城市管理工作的指导意见》，以及各城市颁布的相关地方性法规。

3. 城市行政综合执法管理的内涵

（1）行政综合执法管理广义狭义之分

广义行政综合执法，涵盖了除行政立法（即制定行政法规、规章）之外政府为行使职能而进行的所有法定性约束活动，包括制定规范文件、实施行政审批、实行行政许可、进行行政处罚、开展行政检查、履行行政强制等。狭义行政综合执法，则专指城市政府某一特定综合管理部门在城市管理领域的综合执法管理活动，即城市管理领域相对集中行使行政处罚权的活动。

（2）相对集中行政处罚权的法理解读

相对集中行政处罚权是指：将若干行政机关的行政处罚权集中起来，交由一个机关

统一行使；行政处罚权相对集中后，有关行政机关，如工商、税务、公安、交通、规划、环保、市容、市政、房地等部门，不再行使按规定已经交由一个行政机关统一行使的部分行政处罚权。所谓相对集中，是指部分执法权力的集中，而非全部。相对集中行政处罚权制度，是依照《中华人民共和国行政处罚法》规定而确立的一项行政执法制度，其中该法第 16 条规定："国务院或者经国务院授权的自治区、直辖市政府可以决定一个行政机关行使有关行政机关的部分行政处罚权，但限制人身自由的行政处罚权只能由公安机关行使。"

（二）现代城市行政综合执法管理的特征

现代城市行政综合执法，因主体、对象、事项的特定性，以及各地城市经济、社会发展阶段和民风、民俗等的差异性，显示出多方面的地域化个性特征：

1. 法定授权的特征

城市行政综合执法管理的主体、对象、事项以及相对集中的行政处罚权，具有鲜明的法理的规定性，不可逾越也不能缺失，即：执法者必须具有国家公务人员的法定资格，被执法对象必须是行政违法违规公民或法人组织，执法事项必须是行政违法违规行为或事务，行使的执法权力必须在法定授权的范围之内，且不包含行政或其他法律纠纷的内容。

2. 适应适合的特征

城市行政综合执法管理虽然具有法理的严肃性和行政的规定性，但由于各地发展阶段的差异性所导致的行政违法违规规模、形式、程度等的各不相同，以及公众认同度、执法有效性的不一，在一线具体开展行政综合执法管理中，应具有整体适应、个案适合的体制、机制、范围、处置的多元灵活性。除极少数有法律、法规、规章等特别规定的限制以外，各城市可以因地制宜设计符合本地区发展阶段、民风民俗等特点的行政综合执法体制、相对集中行政处罚权范围、具体个案处置的方式方法，以及行使执法行为的渠道模式。

3. 分合有度的特征

城市行政综合执法管理具有独特的层级制约性，即：同一执法领域、体系中不同执法权限主体（例如省、市、区、县）之间的外部分工制约，同一执法主体内部或下设不同专职工作部门、机构（例如处、室、署、队、站所等）之间的相互配合制约。这种层次性分合式制约如果应用恰当，将有助于集中有限精力、发挥各自优势、提高执法效率，也符合权力监督制约、公开、公正、公平运行的原则。但如若层级设置过多、制约过度，则适得其反，容易产生扯皮、推诿、行政效率低下、执法成本增大，以及一线基层执法人员紧缺等不良后果。因此，各地要根据实际设定执法层次、实行相关制约，做到层级有限、分合有序、制约有度。

4. 复杂艰巨的特征

城市行政综合执法集中了政府多个部门的部分行政处罚权，其中的法律法规纵横交错，执法的尺度宽严不一，涉及事项领域众多，被执法对象身份不同、层次各异、诉求相左。在每一个个案的背后，往往既有大众的诉求，也有个体的无奈；既有社会的期待，也有企业的困惑；既有法理的红线，也有生存的底线。因此，城市行政综合执法不仅具有跨领域的复杂性，更有难处置的艰巨性。

二、现代城市行政综合执法管理的目标原则

(一) 现代城市行政综合执法管理的目标理念

1. 城市行政综合执法管理的总体目标

现代城市行政综合执法管理的目标是，形成城市治理体系，改进城市管理工作，完善城管法律法规，健全城管体制机制，规范城管综合执法，优化城管队伍素质，提高执法服务水平，切实维护城市正常的运营秩序、生产秩序、工作秩序和生活秩序，保护公民、法人和其他组织的相关合法权益，使城市管理效能大幅提高，人民群众满意度显著提升，真正实现现代、生态、和谐基础上的平衡、协调、可持续。

2. 城市行政综合执法管理的主要理念

一是城市行政综合执法管理的社会化理念，即联合政府各相关部门、发动社会各相关方面、邀请城市各阶层市民，共同参与、协同执法管理。二是城市行政综合执法管理的社区化理念，即执法管理重心下移社区、关口前移一线、权责完全一致，使街道社区有执法需求、有管理权限、有责任担当。三是城市行政综合执法管理的柔性化理念，即间接与服务式行政、适度与灵活化执法，以服务代管理、以道理代法理、以情理换心理、以真理化无理，真实、真诚、真心服务，疏导、引导、辅导感化。四是城市行政综合执法管理的信息化理念，即依托现代化信息技术建立城管执法信息体系，用大数据分析现状，以数字化处理文案，靠网络化处置事务，建大平台关联各方。

(二) 现代城市行政综合执法管理的基本原则

城市行政综合执法应切实遵循以人为本、依法有据、源头治理、过罚相当、权责一致、多方协调的原则，并坚持严格规范公正文明执法，注重法律效果和社会效果的统一。

1. 以人为本的原则

以人为本，根本是以被管理者为本，即以大多数人的利益、诉求为本。城市行政综合执法管理的目的是让广大的市民安居、乐业、幸福；城市行政综合执法管理者的职责是为了市民的诉求管理城市、为了市民的福祉治理城市。所以，当我们行使执法权力的时候，首先和唯一的标准就是是否有利于城市大多数市民的利益。

2. 依法有据的原则

依法才会适度，有据方能合法。城市行政综合执法管理是城市的公共司法行为，必须在法律、法规、规范的范围内与许可下进行，所有执法行为都须有法可依、有据可查，把严格、规范、公正、文明执法的要求落实到城市行政综合执法的各方面、全过程。

3. 源头治理的原则

城市行政综合执法管理应变被动管理为主动服务，变末端执法为源头治理，从根本上预防、减少最终杜绝违法、违规行为。要坚持关口前移、管控源头，消除违法违规的土壤，规避违法违规的可能，整治违法违规的源流，将违法违规行为抑制在萌芽状态、治理于发端之初。

4. 过罚相当的原则

任何事物，欲速则不达、凡过则失衡，执法也不例外。执法者应有裁量权，但不可滥用裁量权，即：不能有过放任，不可无过滥罚；不能重过轻罚，不可轻过重罚。因此，城市行政综合执法管理应坚持精准、规范、适度，有过必罚、依法司罚、依规责罚、过罚相当。

5. 权责一致的原则

越权有可能擅权、滥权，使公民蒙冤、使公权失信；贷责有可能失责、渎职，使城市失序、令社会不稳。所以，城市行政综合执法管理应坚持执法的正面清单制，即未经授权不可为、权责一致方能为，真正做到权随事走、人随事调、费随事转，实现事权和支出相适应、权力和责任相统一。

6. 多方协调的原则

城市行政综合执法管理是一项涉及各方利益、关系公共福祉的公务行为，需要各相关政府部门的协同、各当事主体的配合、各地方民众的支持，因此，共同参与、统筹协调至关重要。要加强政策措施的配套衔接，强化政府、市场、社会各方的联动配合，真正形成与经济、社会发展相匹配的城市行政综合执法管理的体系和能力。

7. 规范公正的原则

执法最怕随意失范、徇私枉法、有失公允，前者扰乱秩序，中者有违法度，后者有悖公正，三者都将有损社会公序、法律公正、政府公信。因此，城市行政综合执法管理必须严谨、有序、合法、公正，做到不让一事失范、不因一举失信、不使一人蒙冤。

三、现代城市行政综合执法管理的体制范畴

（一）现代城市行政综合执法管理的制度完善

1. 城市行政综合执法管理的国家战略

党的十八届三中全会提出，"整合执法主体，相对集中执法权，推进综合执法，着力解决权责交叉、多头执法问题，建立权责统一、权威高效的行政执法体制"。这为新时期我国城市行政综合执法制度的优化、完善指明了方向，奠定了基础。2015年12月24日颁布的《中共中央、国务院关于深入推进城市执法体制改革，改进城市管理工作的指导意见》，进一步明确了城市行政综合执法在城市管理中的作用与制度创新的践行路径，即："以城市管理现代化为指向，以理顺体制机制为途径，将城市管理执法体制改革作为推进城市发展方式转变的重要手段，与简政放权、放管结合、转变政府职能、规范行政权力运行等有机结合，构建权责明晰、服务为先、管理优化、执法规范、安全有序的城市管理体制，推动城市管理走向城市治理，促进城市运行高效有序，实现城市让生活更美好"。

2. 城市行政综合执法管理的体制完善

（1）明确各级城市行政综合执法主管部门

国务院住房城乡建设主管部门负责全国城市管理行政综合执法的指导、监督与协调，具体工作由我国67年来首次在国家层面设立的住建部城市管理监督局（2016年10月10日成立）负责落实（包括：拟订城管执法的政策法规，指导全国城管执法工作，开展城管执法行为监督，组织查处全国住房城乡建设领域重大案件等职责）。各省、自治区人民政府住房城乡建设主管部门负责本行政区域内城市管理行政综合执法的指导、监督、考核、协调工作。直辖市、设区的市城市管理行政综合执法主管部门，负责本行政区域内城市管理行政综合执法的指导、监督、考核、协调工作。县（市、区）城市管理行政综合执法主管部门具体实施城市管理行政综合执法工作。

（2）综合设置机构推进城管行政执法

按照精简统一效能的原则，整合归并省级执法队伍，推进市县两级政府城市管理领域

大部门制改革，实现城市管理执法机构综合设置，具备条件的应纳入政府机构序列。

要在与群众生产生活密切相关、执法频率高、多头执法扰民问题突出、专业技术要求适宜、与城市管理密切相关且需要集中行使行政处罚权的领域推行综合执法。

（3）分级梯次管理下移综合执法重心

按照属地管理、权责一致的原则，合理确定设区的市和市辖区城市管理行政综合执法主管部门的职责分工。市级城管行政综合执法部门负责执法的指导、监督、考核，以及跨区域及重大复杂违法违规案件的查处。区级城管行政综合执法部门能够承担的可实行区一级执法，并向街道派驻执法机构，推动执法事项属地化管理；市辖区不能承担的，市级城市管理行政综合执法部门可向市辖区和街道派驻执法机构，开展综合执法。派驻机构业务工作接受市或市辖区城市管理行政综合执法部门的领导，日常管理以所在市辖区或街道为主，负责人的调整应征求派驻地党（工）委的意见。逐步实现城市管理行政综合执法工作全覆盖，并向乡镇延伸，推进城乡管理行政综合执法的一体化发展。

（二）现代城市行政综合执法管理的范畴职责

1. 城市行政综合执法管理的主要范畴

城市管理行政综合执法的行政处罚权范围主要包括以下方面：

（1）住房城乡建设领域法律法规规章规定的全部行政处罚权。

（2）环境保护管理方面社会生活噪声污染、建筑施工噪声污染、建筑施工扬尘污染、餐饮服务业油烟污染、露天烧烤污染的行政处罚权。环境保护管理方面城市焚烧沥青塑料垃圾等烟尘和恶臭污染、露天焚烧秸秆落叶等烟尘污染、燃放烟花爆竹污染等的行政处罚权。

（3）工商管理方面户外公共场所无照经营、违规设置户外广告的行政处罚权。

（4）交通管理方面在城市道路上违法停放机动车辆的行政处罚权。

（5）水务管理方面向城市河道倾倒废弃物和垃圾、违规取土、城市河道违法建筑物拆除等的行政处罚权。

（6）食品药品监管方面户外公共场所的食品销售和餐饮摊点无证经营、违法回收贩卖药品等的行政处罚权。

（7）城市管理行政综合执法主管部门可以实施法律法规规定的、与行政处罚权有关的行政强制措施。

（8）需要集中行使住房城乡建设、环境保护管理、工商管理、交通管理、水务管理和食品药品监管六个领域中已明确规定以外的城市管理行政综合执法事项的，应同时具备下列条件，包括：与城市管理密切相关；与群众生产生活密切相关、多头执法扰民问题突出；执法频率高、专业技术要求适宜；确实需要集中行使行政处罚权的。同时，省、自治区人民政府住房城乡建设主管部门、直辖市人民政府城市管理行政综合执法主管部门应会同相关部门就上述意向开展评估、提出意见，并经省、自治区、直辖市人民政府批准，按规定程序办理。如需调整确定城市管理行政综合执法事项范围的，还应编制工作方案，明确执法依据、执法事项清单、职责边界，经法定程序确定后向社会公开。

（9）城市其他有关部门的行政处罚权划转城市管理行政综合执法主管部门后，应合理划分有关部门与城市管理行政综合执法主管部门的职责权限。城市其他有关部门在继续行使原有监督管理权时，需要城市管理行政综合执法主管部门协助和配合的，城市管理行政综合执法主管部门应予协助和配合。

2. 城市行政综合执法管理的职责完善

（1）城市行政综合执法管理的基本职责

城市行政综合执法管理主管部门的基本职责包括：一是贯彻落实国家及本级城市关于城市管理方面的法律、法规、规章及政策，依法开展治理和维护城市管理秩序的相关工作。二是组织起草本级城市关于城市管理行政综合执法方面的地方性法规、政府规章草案；制定本级城市管理行政综合执法工作发展规划、政策措施并组织实施；研究提出完善本级城市管理行政综合执法体制的意见和建议。三是负责本级城市管理行政综合执法工作的业务指导、统筹协调、指挥调度、督促检查；负责向本级城市的市、区（县）政府或相关职能部门及时反映相关问题、通报情况。四是依法集中行使本级城市政府决定赋予的城市管理领域的行政处罚权，负责跨区域、重大疑难案件的查处工作。五是负责本级城市管理行政综合执法的队伍建设、教育培训、监督考核工作。

（2）城市行政综合执法管理的职责优化

第一，制定权责清单。按照转变政府职能、规范行政权力运行的要求，全面清理调整现有城市管理行政综合执法的职责，优化权力运行流程；依法建立城市管理行政综合执法部门的权力和责任清单，向社会公开职能职责、执法依据、处罚标准、运行流程、监督途径和问责机制，并实行动态管理。

第二，规范执法制度。切实履行城市管理行政综合执法的职责，完善执法程序，规范办案流程，明确办案时限，提高办案效率；积极推行执法办案评议考核制度和执法公示制度；健全行政处罚适用规则和裁量基准制度、执法全过程记录制度；严格执行重大执法决定法制审核制度；杜绝粗暴执法和选择性执法，确保执法公信力。

第三，改进执法方式。城市管理行政综合执法人员应严格履行执法程序，做到着装整齐、用语规范、举止文明；应依法规范行使行政检查权和行政强制权，严禁随意采取强制执法措施；应坚持处罚与教育相结合的原则，根据违法行为的性质和危害后果，灵活运用不同执法方式，对情节较轻或危害后果能够及时消除的，应多做说服沟通工作，加强教育、告诫、引导；应综合运用行政指导、行政奖励、行政扶助、行政调解等非强制行政手段，引导当事人自觉遵守法律法规，及时化解矛盾纷争。

第四，完善监督机制。城市管理行政综合执法部门和执法人员要强化外部监督机制，畅通群众监督、行政复议渠道，主动接受法律、行政和社会监督；要强化内部监督机制，全面落实行政执法责任制，加强城市管理行政综合执法部门内部流程控制，健全责任追究、纠错问责机制；要强化执法监督工作，坚决排除对执法活动的违规人为干预，防止和克服各种保护主义。

第八节　现代城市信息与智慧化管理

一、现代城市信息与智慧化管理的本质特征

（一）现代城市信息与智慧化管理的本质

1. 城市信息与智慧化管理的概念

如果说，信息城市更多的是城市数据采集、管理、运用的电子化、数字化、可变化，

而智慧城市，则是将有智慧的人脑与精准、联网的电脑及其海量的、可以共享的、能够深化的数字化信息流无缝隙对接、灵动化应用，使人的一切行为更加规范、精准、高效，使人的活动更加便捷、迅速、无障碍，使城市的消耗更少、成本更低、效率更高。

2. 城市信息与智慧化管理的含义

信息与智慧化城市以数字城市为物理支撑，利用新一代信息技术，以整合、系统的方式管理城市的运行，让城市中各种功能彼此协调运作，为城市政府提供高效、精准的管理平台，为城市中的企业提供优质的发展环境，为城市市民提供更高的生活品质。信息与智慧化城市，就是通过植入城市物体的智能化传感器形成物联网，实现对物理城市的全面感知；利用云计算等技术，对感知技术进行智能处理和分析，从而对政府政务、城市管理、生产控制、环境监测、交通物流、教育医疗、公共安全、家居生活等各种需求提供智能化决策支持。其本质在于更加透彻的感知、更加广泛的连接、更加集中和更有深度的计算，为城市肌理植入智慧的基因。

3. 信息与智慧化城市管理的解读

从更广泛的意义上理解，信息与智慧化城市则是以"发展更科学、管理更高效、社会更和谐、生活更美好"为目标，以自上而下、有组织的信息网络体系为基础，整个城市具有完善的感知、认知、学习、成长、决策、调控能力和行为意识的"全新城市形态"。其本质在于人与物的智慧连接，在于"智商"和"情商"的共同发展，有技术，有文化，有灵魂，是一种有生命、有头脑的城市。

（二）现代城市信息与智慧化管理的特征

1. 城市网络平台一体化特征

在城市信息与智慧化管理中，数据信息平台和城市互联网实现了一体化，并由政府统一管控、集中运营、普惠服务。通过虚拟仿真、多媒体技术，实现了城市管理对象地域特征、形象特征、属性特征的有声图形可视化，城市的规划、决策和管理可以在多维虚拟空间中得以实现。

2. 城市信息形态数字化特征

在城市信息与智慧化管理中，通过建立标准化、规范化公共基础数据库，各领域信息形态实现了数字化；通过遥感、遥测使大尺度数字地形和城市专题信息的实时采集更加便捷；大数据、云计算的应用使海量信息的快速存储、处理和传输成为可能；通过全球定位系统、微波通信技术和实时监控设施，实现了对城市管理对象的实时动态监管，使管理者能在第一时间发现问题、破解疑难，真正实现了城市信息数字化、传输交换网络化、储存利用电子化、公共行政无纸化。

3. 城市信息资源共享化特征

在城市信息与智慧化管理中，通过集成城市数据库，实现了各种信息的分类采集、有机合成、集中管理、有序利用、有偿使用；通过数据信息平台和互联网构成的信息基础设施，实现了城市管理部门的内部互联和外部互通，形成了上下左右紧密关联的一体系统，做到了各种数据和信息的资源共享。

4. 城市综合管理智慧化特征

借助现代信息、网络技术和云计算、物联网，以及可全面感知的城市基础设施，使城市管理真正实现了信息与智慧化，城市具有了更透彻的感知、更全面的互联、更智能的互通。更透彻的感知，就是通过城市智能设备收集感测数据，使所有涉及城市运行和生活的重要方面都能被有效感知和全面监测；更全面的互联，是指通过网络及城市感知工具的连接，使所有数据都能充分整合、变为情报；更智能的互通，则是在数据和信息获取的基础上，通过使用传感器、移动终端、分析工具等，实时收集并解读城市中所有关键信息，使政府及相关机构及时做出应对决策并破解疑难。

二、现代城市信息与智慧化管理的目标原则

（一）现代城市信息与智慧化管理的目标

1. 城市信息与智慧化管理的总体目标

城市信息与智慧化管理，就是要构建高速、宽带、融合、无线的信息城市基础设施；打造精细、准确、可视、可靠的城市传感中枢；实现城市管理科学、绿色、超脱、便捷的数字化，实现服务市民的虚拟化、个性化，实现信息流通的高效、安全。其主要目标是：

（1）推进政府管理流程的重塑优化，决策运行的智能化、协同化、精细化和高效化，实现经济社会科学管理、民生服务高效优质。

（2）提升产业品质，实现智能产业集聚发展，完成传统产业的升级换代，变制造为"智"造。

（3）极大提高市民信息获取能力，方便日常工作和生活。

（4）大力推行资源环境智能化、低耗化，实现环境友好。

2. 城市信息与智慧化管理的美好愿景

（1）建设更智能的城市

城市具有较为完善的行为意识和调控能力；具有多平台协同能力；具有智能感知、情境感知与认知能力；具有成熟的信息-知识-智能转换机制和一定的决策能力；具有自我学习、自我成长和自我创新能力。

（2）打造更无线的城市

智慧城市是一座光速城市，实现 100 兆光纤到户；是一座无线城市，宽带无线网将无所不在，每个人都随时"在线"；是一座物联网城市，城市每个"细胞"都被传感器、网络连接；是一个通过云计算深度分析的更可控制的城市。

（3）营建更高效的城市

"智慧城市"时代不仅改变个人生活的质量，并可优化城市公共安全、制造生产、环境监控、智能交通、智能家居、公共卫生、健康监测、金融贸易等多个领域。可以让各种资源的效用发挥到最大化，能够大大促进企业降本增效，使政府提高公共服务能力和城市管理效率。

（4）培育更宜居的城市

智慧城市包括智慧的交通、智慧的商业、智慧的公共安全、智慧的居民健康和教育、智慧的环境等，将极大地推动建设新一代生态宜居的、可持续发展的城市。据世界银行测算：一个百万人口以上的"智慧城市"的建设，在投入不变的情况下，实施全方位的智慧管理，将能增加城市的发展红利 2.5 到 3 倍，这意味着"智慧城市"可促进实现 4 倍左右的可持续发展目标，并引领未来世界城市的发展方向。

（5）塑造更可控的城市

"智慧城市"的核心是建立一个由新工具、新技术支持的涵盖政府、市民和商业组织的新城市生态系统。"智慧城市"提倡各行业充分运用信息技术手段，更透彻地感知和掌握整个城市、更畅通地进行交流和协作、更敏锐地对事关城市发展和市民生活的问题实现洞察。

（6）孕育更可续的城市

智慧城市作为一个更智能的系统，不仅与外系统可以互联，而且，其系统内的各子系统之间也是互相连接的、可调节的、可以被计量的和非常智能的。通过这种内外的互联、共享，城市可以很快并且准确地对各种挑战和威胁作出反应，并通过智能的预测和优化为将来的事件取得更好的结果。这是打造"智慧城市"的基石，这个过程是一场革命性的转轨。

（二）现代城市信息与智慧化管理的原则

1. 以人为本服务市民的原则

城市信息与智慧化管理，要从市民的生活、学习和工作需求出发，充分考虑城市现代化的发展趋势，结合城市自然、经济、社会、人文的地方实际，用信息、智能的手段，致力于城市功能的多元时尚、城市环境的生态低碳、城市产业的先进循环、城市文化的丰富厚重、城市生活的舒适便捷、城市社会的和谐稳定、城市发展的精明可续。

2. 依法有据规范严谨的原则

城市信息与智慧化管理，要有法可依、有章可循、规范严谨。使信息收集类别明晰，信息整合逻辑严密，信息应用有序高效，信息存储安全可靠；使智慧设防超前全面，智慧应对动态有效，智慧管理精准规范，智慧服务灵动时尚。

3. 多元开放全民参与的原则

城市信息与智慧化管理，既是为民服务的责任，也是全民自身的义务。要充分应用信息与智慧化手段，构建部门精简、职责明晰、社会互动、全民参与、高效有序的现代城市运行管理体系，建立利益主体合作、重要决策听政、发展战略公示的运作机制，使城市管理的信息透明化、城市运行的方式开放化、市民参与的途径多元化、城市管理的重心前移化，真正做到为了人民治城市、人民参与管城市。

4. 先进时尚智慧实用的原则

城市信息与智慧化管理，数字设施要先进、信息手段要前卫、智慧功能要实用。在数字系统设计上不仅应具有较高的技术先进性和功能完善性，还要考虑主流技术的发展趋势，预留可延展和提升的空间；在信息手段的选用上，不仅要灵动高效、时尚前卫、精准规范，还要最大限度地考虑满足城市管理业务常态的实际需要和突发的紧急应对；在智慧功能的打造上，不仅要瞄准世界一流、跟上时代步伐，还要结合本地实际、根据发展需要、具有实现可能。

5. 标准有序资源共享的原则

城市信息与智慧化管理，应有统一的技术标准，实现资源的平台共享。数据库系统、全网络结构、大安全体系的设计，应尽可能遵循通用的国际、国家或行业标准及规范，为城市整体管理奠定贯通的基础、设立互联的桥梁、构建交换的渠道；城市各类数据应打破地域、行业、条块、部门的壁垒，在分类收集、统一储存、有机整合的基础上，做到平台式、分层级、有序化社会共享，实现数据资源利用的最大化。

6. 系统安全易于维护的原则

城市信息与智慧化管理，需构建信息与智慧的软硬件体系，应确保数据集、储、用的绝对安全，且易于扩展维护。要遵循国际、国家与行业标准，结合所处地域、发展阶段、实际可能、未来趋势，构建适合的软硬件信息与智慧化管控体系；要针对城市大数据收集、储存、应用的实际，构建现代化的信息安全技术和保障体系，保证数字化城市管理信息系统的网络安全、系统安全和数据安全；要适应数据变动、流程变化、系统升级需要，流出充分的软硬件可扩展空间；要根据信息智慧化城管对象的实际，设施与系统必须易操作、易维护。

三、现代城市信息与智慧化管理的方式途径

(一) 建构城市信息与智慧化管理的框架体系

信息与智慧化城市的建设、运行、管理应该是一个完整配套、能够自我补充修复和调整完善，并可以规范持续发展的巨系统。具体涉及四大体系：

一是构建信息与智慧化城市的基石——丰富的资本与产业体系，形成一条城市从规划、建设到管理、运营和服务的完备产业链。二是构建信息与智慧化城市的梁柱——技术与政策标准体系，用先进科技、法规标准，支撑和护卫信息与智慧化城市的框架结构。三是构建信息与智慧化城市的血脉——多元的业务应用体系，满足政府、企业和公众三大主体的各种应用需求。四是构建信息与智慧化城市的衡量标尺——科学的评价与考核体系，检视城市建设过程是否适度、适应，最终发展是否健康、安全。

(二) 优化城市信息与智慧化管理的体制机制

一是完善政府主导体制。成立具有行政职能的"信息与智慧城市建设和管理委员会"，下辖信息产业局、信息建设局、信息安全局，并设立市级"信息数据管理中心"。二是建构行业参与平台。构建"信息与智慧化建设行业联盟"，协调信息与智慧城市建设管理的行业自律、企业协同、技术攻坚、学术探究。三是优化市场补充机制。建构地方性信息与智慧化城市建设市场投入回报机制，包括设立"地方信息与智慧化城市建设附加税"、"地方信息与智慧化城市建设基金"、"地方信息与智慧化城市建设补偿奖励基金"等。四是实行有机分合管理。统筹规划，高起点、广覆盖、可衔接、分步走、能持续；统一管控，包括一个网络大平台、一个公共资源库、一种实施严标准；实行信息的分别采集、分类管理、分级共享。

(三) 打造城市信息与智慧化管理的网络平台

一是城市网络的政府监管。出台系统全面的"政府网络监管条例"和"市民守法上网规则"，以及"网络违法罚则"。二是城市网络的特许运营。城市网络平台运营商由政府授权特许经营，其不仅要通过市场比选确定，而且必须以城市需要、市民满意、社会首肯为第一目标，同时兼顾低成本和适度效益。三是城市网络的平台一体。对历史形成的归属不一、功能不同的分散化城市网络体系进行整合，引进各方投资，集中打造适应信息与智慧化城市需要、便于交互共享、高性能、大通量、智能型的一体化网络大平台。

(四) 整合城市信息与智慧化管理的数据源流

一是公共信息总源一体。设立真正意义上的"城市信息数据中心"，负责对全市各类信息数据的分类收集指导、汇总集成编研、统一管控分流。二是公共信息设密分类。制定

"信息数据分类集成与加密管理规范"，对信息数据切实做到汇总程序严细、集成标准统一、分类加密严格、分流分享严控，并大量运用数据密钥、数据证书、享用审核、物理隔断的加密、防泄露、监管手段。三是公共信息有序分享。制定"信息数据有序分流与分享规范"，对信息数据切实做到分类有标准、分流有规则、分享按层级，同时，管理精细化、流程透明化、控制动态化、纠错智能化。四是公共信息安全保障。制定"信息数据安全保障管理条例"，依靠市信息安全保障局，从源头、过程、硬件、软件等各个环节做好信息数据的安全保障。

（五）完善城市信息与智慧化管理的公共网络

一是优化信息与智慧化城市公共信息网络平台环境设施，包括：一个城市公共平台中心机房、一套城市网络智慧管控体系，并预留未来可扩充空间。二是健全信息与智慧化城市公共信息平台核心网络，包括政务网络、广播电视网络、运营商网络、各项业务专用网络等，并与中心机房互联互通。三是增强信息与智慧化城市公共信息平台存储功能，引入云存储模式，构建云存储系统，实现城市公共信息平台数据存储巨量化、共享化、交互化和应用便捷化。四是丰富信息与智慧化城市公共信息平台计算资源，在集成、整合的基础上为全市各方提供大量基础数据，为市场提供包括主机托管、主机租赁、整机租赁和虚拟主机的平台底层资源服务。

第五章　现代城市的保障管理及其践行模式

现代城市保障管理，作为城市托底型管理体系，承担着一座城市按照科学规划定位发展、根据实际需要有序建设、发挥既有功能顺利运行的支撑性重任，包括投入必需的财政保障管理、和谐必需的社会保障管理、生存必需的居住保障管理和应急必需的安全保障管理。

所谓城市财政保障管理，是指根据国家法律法规和政策规定，以城市政府为管理主体，以市政工作为主要目标的城市预算管理、税收管理、维护与建设资金管理和预算外资金的管理的总和。它既是政府管理活动的重要组成部分，又是政府活动和城市运行的资金保障。城市财政保障管理具有集中性、广泛性、系统性、精细性、侧重性和差异性特征；保障的目标是：完善中央、地方财政制度体系、保障城市行政职能实现、推动城市多元经济发展、促进城市生活水平提高；保障的原则是：制度适配、管控有效、效率优先、事财对应、发展适应；保障的途径主要有：财政预算资金管理、财政税收收入管理、维护与建设资金管理、财政预算外资金管理、财政收入来源管理、财政多元支出管理、财政应急处置管理。

所谓城市社会保障管理，是指城市政府为了坚持社会公正、维护社会稳定、保障社会安全、促进社会进步，依照国家法律、城市规章、社会诉求，通过国民收入再分配等途径，向困难市民提供自身能力以外的，维持一定生活水平或质量必须的，以货币、实物或劳务等为形式的，一系列必须保障和困难救助活动的制度设计，以及城市社会保障职能机构依法建立社会保障体系，筹集和运行保障资金、调节保障分配、维持保障秩序等系统管理活动的总和。城市社会保障管理具有五大特征，即：社会的公正性、实行的规范性、制式的多样性、执行的不逆性、目的的激励性；保障的目标是：完善统一的社会保障行政管理机构与制度，提高双方的社会保障事业管理水平与效率，构建综合的社会保障管理服务网络与平台，形成完善的社会保障管理相关法律与体系，培育多元的社会保障资金来源渠道与主体；保障的原则是：公平与效率相统一、权利与义务相结合、普惠与选择相补充、社会与市场相适应；实施的途径是：社会就业保障、社会养老保障、社会医疗保障、社会救助保障。

所谓城市住房保障管理，是指国家和城市政府在住房领域实施准社会保障职能，对城市居民中低收入的住房困难家庭进行资金或住房扶持与救助的一系列公共行政的总和，包括：城市住房保障的整体制度设计和安排、法律法规与政策制定及其实施和监督、保障性住房的开发组织与供给管控等。从本质上看，它是城市政府利用国家和社会的力量，通过行政手段向住房困难居民提供的一种保障性公共服务与产品，是以转移支付的方式实现国民收入的公平性、社会化再分配，是对市场化城市住房分配机制的必要补充，也是对城市住房困难群体基本生活居住的托底性保障，从而使城市各阶层居民都能享受经济发展带来的红利。城市住房保障管理具有范围狭窄性、内容单一性、对象特定性和管理动态性四方面特征；保障的目标是：总体上实现"人人有房住"及其基础上的"居者有其屋"（属于自己的房产）的理想，保底目标是为困难市民提供优于市场价的廉价住房、低于市场价的优惠租房，以及特殊困难情况下的免费租赁等；保障的原则是：商品性与福利性结合、公平性与效率性结合、住房保障的可持续发展；保障的途径是：城市廉租房管理、城市公租房管理、城市经适房管理、城市限价房管理和住房公积金管理。

所谓城市安全保障管理，是国家公共安全管理中的重要组成部分，是指城市政府及其相关部门和广大市民，为维护所辖行政区域正常生产、生活秩序，保障城市系统运行安全，应用法律、法规、规章，动员各方专业与志愿人员，制定科学预案对策，采用各类现代技术技能、物资装备和传播手段，及时应对突发事件，有效减轻破坏后果，重新恢复城市正常运行的全部过程。城市安全保障管理主要包括城市社会治安、城市防灾减灾和城市突发应对管理三个方面。保障管理总的特征是以防为主、依法管控、科学施策。保障的总体目标是：确保市民生命和财产安全、确保城市生产与生活秩序井然、确保城市运行规范可续。保障管理总的原则是：确保市民生存安全、合法财产安全和城市运行安全。保障管理的基本要求是：对城市社会治安、防灾减灾和突发应对三大领域的保障体系进行优化、完善、创新，真正做到与时俱进适应、因地制宜适合和循序渐进适度。

第一节　现代城市财政保障管理

一、现代城市财政保障管理的本质特征

（一）现代城市财政保障管理的本质

1. 城市财政保障管理的概念

财政管理是指政府为了履行职能，对所需的物质资源进行决策、计划、组织、协调和监督活动的总称。城市财政保障管理，是指根据国家法律法规和政策规定，以城市政府为管理主体，以市政工作为主要目标的城市预算管理、税收管理、维护与建设资金管理和预算外资金的管理的总和。它既是政府管理活动的重要组成部分，又是政府活动和城市运行的资金保障。

2. 城市财政保障管理的内涵

我国财政体制是统一领导、分级管理，分为中央财政和地方财政。城市财政是整个国家财政的组成部分，具有地方财政的性质，是城市政府依据国家给予的权限，在城市范围内利用价值形式对社会产品和国民收入进行分配与再分配的工具，是城市政府职能得以正常发挥的经济基础和保证。

城市财政保障管理，是城市政府对城市财政资源进行配置的行政活动，包括城市财政管理部门运用政府权力制定城市财政政策、管理制度，发挥城市财政分配、调节和监督职能，增加城市财政收入，节约城市财政支出，并保障城市财政资金的使用效益，实现预期的城市财政管理目标。

（二）现代城市财政保障管理的特征

1. 管理的集中性

城市具有地域相对集中性的特点，这决定了城市财政管理工作的集中性。城市财政作

为地方财政的一种，通常以所属城市范围为管辖区域，设有独立的管理机构。其集中性管理主要表现在：一是城市财政覆盖、管辖的地域相对集中，即城市区域相对紧凑、连绵成片；二是城市财政涉及供养的人口相对集中，即在城市就业、学习、生活的人口集聚度较高；三是城市财政投入回收的领域相对集中，即城市是生产、消费的重镇，也是基础设施投入的重地，更是国家与城市各类税收的主要来源地。

2. 管理的广泛性

城市是地区性的政治、经济、文化、生活中心，社会形态纷繁复杂、领域部门极为广泛，它包括了国民经济和文、教、医、卫的各个部门、社会再生产和城市消费的各个环节，涉及到城市生产和非生产诸多领域、城市建设管理和人民生活学习各个方面，同时又与农业经济直接关联。城市的部门、环节、领域、关联的广泛性，决定了城市财政保障管理的广泛性，以及在机构设置、人员配备、管理统筹上的高要求。

3. 管理的系统性

城市是一个庞大的系统，包括行政管控层面的市区（县）辖区体系和各级配套的部门体系，经济产业层面的国有、股份、民营、合营体制和工、农、商、建的行业体系，社会层面的文、教、医、卫、社区体系。城市多方面的体系性，决定了城市财政保障管理系统性，即必须按不同领域、不同部门、不同体系结构，分门别类组织专人进行专业的收支保障管理。

4. 管理的精细性

正是由于城市财政保障管理的集中性、广泛性和系统性，以及财政工作精准的自身特点，决定了城市财政保障管理的精细性。一是贯彻国家财政法令、法规与政策的精准细致；二是财政支出对象、领域与金额的精准细致；三是财政收缴对象、项目与金额的精准细致；四是财政奖罚对象、事项与金额的精准细致。

5. 管理的侧重性

城市财政保障管理，根据城市经济发展阶段和需求的不同各有不同的侧重。以建设为主的城市，财政保障管控的重点偏向于城市基础设施建设、公用事业投入、生产项目新建、空间环境打造；以管理为主的城市，财政保障管控的重点偏向于城市公共行政、科教文卫事业、城市社会福利、产业优化升级、商业服务网点、文化娱乐设施等。同时，由于区域经济发展的不平衡性，同一社会发展阶段不同城市财政保障的重点也会明显不同。

6. 管理的差异性

城市财政保障管理，由于收支来源不同，差异明显。经济欠发达城市，财政收支管控的除了税收、附加和国家规定的收费（诸如城市建设税、城市公用事业附加、排污费、水资源费、土地批租收入等），主要是国家财政拨款，如必须的关系国计民生的基本建设投资和中央财政专项补贴拨款等；经济发达地区，则侧重于管控占比较大的城市巨额地方产业（工业、商业、金融、服务业等）税，以及市民个人所缴的所得税与消费税。

二、现代城市财政保障管理的目标原则

（一）现代城市财政保障管理的目标

1. 完善中央、地方财政制度的体系

现代城市财政保障管理的总体目标有三：一是建立既适合中国国情，又符合国际通

则，更有利于国家和城市科学、可持续发展公共财政体系；同时，遵循"一级政权、一级事权、一级财权、一级税基、一级预算、一级产权、一级举债权"的原则，构筑完整的中央地分级财政体系。二是形成以预算和税收为核心，以公共收入（税收、收费和国债收入等）、公共支出（公共工程、公共行政事业和转移性支出）、财会管理、国资管理、社保管理、财政监督、财政绩效评价等为配套的财政保障管理的规章制度。三是根据有效、公平、协调、适应和生财有道、聚财合理、用时得当的要求，保证国家财政和地方财政的收支平衡、效益最大、效率最高。

2. 保障城市行政职能的实现

现代城市政府的根本职能就是为城市发展、经济振兴、人民生活提供所需的各类公共基础设施、公共社会服务、公共安全保障和充分的市场就业，而这一切的实现，离不开充裕的城市财政的支持和保证。因此，开辟城市的财政来源、把好城市的财政支出、实现城市财政资源效益和效率的最大化，成为城市财政保障管理的第一的目标。

3. 推动城市多元经济的发展

城市经济发展的重要作用是增加财政收入，而城市财政保障的重要目标是促进经济发展，主要包括：第一，为城市经济发展提供大量的资金支撑，诸如外延和内涵式的扩大再生产、发展新产业、改造旧业态、弥补弱环节，从而促进城市经济规模扩张、实力增强。第二，通过城市财政统筹的分配保障，促进城市经济布局和产业结构的合理调整、有序更新和健康发展。第三，促进社会劳动生产率的提高，即通过城市财政保障的定向支撑，激励企业改善经营、加强核算、降本增效。

4. 促进城市生活水平的提高

满足人民物质和文化生活不断增长的需要，是城市政府也是城市财政保障管理的根本目标。城市财政要根据本地经济的发展状况、整体社会的发展阶段、广大市民的主要需求，投入尽可能多的财政资金、调动尽可能大的社会资本，为城市市民提供尽可能全的公共设施、公共服务、公共救济、公共安全，使城市就业充分、商贸发达、环境生态。

（二）现代城市财政保障管理的原则

1. 财政制度适配的原则

我国是一个单一制政体的国家，中央政府在相当程度上实行财政集权。在财政职能划分中，由中央和地方各级财政共同承担的公共服务事项较多，中央政府往往通过转移支付，在全国范围统一配置公共财政资源，而单独由一级地方政府全部承担支出职责的事务相对较少。因此，城市财政保障管理必须正视我国的政体制度，不能逾越单一制政体的要求盲目寻求财政体制的创新。

2. 财政管控有效的原则

城市财政掌握着城市政府取得的公共经济资源，这是城市政府干预本地社会经济的财力保障，它包含财政收入和财政支出两个方面。城市政府如何高效率地取得和合理配置财政经济资源，成为建设城市财政保障管理制度必须考虑的重要内容，也就是说，建立城市财政保障管理体系必须坚持有效掌控原则，因为：其一城市经济资源极其有限，掌控不紧就有可能失控，导致无财可配；其二政府干预有失效的可能，掌控不准就有可能失序，导致配置无效。

3. 财政效率优先的原则

尽管在中央与地方的财政职能分工上各国有不少差异，但各国一般都把财政能够最有效地满足公共产品和服务的提供作为最重要的原则。在具体的事务划分上，中央和地方，谁的效率更高，就交给谁办，也就是说城市财政保障管理应该坚持效率优先的原则。不过，在职能分工上，要注意地方掌控事务的局限性，保证中央对地方的约束力。对于中央与地方共管的事务，要明确各自不同的职责范围，以免产生职责不清、相互推诿和相互侵权的现象，其关键是在制度上明确职责。

4. 事权财权对应的原则

一级事权必须有一级财权作为保证。城市财政保障管理必须先明确中央与地方的事权，然后根据各自的权责确定相应的财权。事权的划分应力求科学、规范、合理。一般而言，基本不具外溢性的公共服务，应该由基层政府单独负担全部公共服务的资金筹集和管理的责任。比如：上级政府很难掌握某项公共服务的居民偏好反映，或因管理的层次过多导致效率下降，以及管理成本过高，时滞太长，这样的公共服务职能就应该由基层政府承担。反之，则应由央地政府共同承担，或由中央政府单独承担。

5. 经济发展适应的原则

鉴于各城市的自身特点，在城市财政保障管理的实施过程中，应保持基本财政收支管理与城市发展的目标定位和经济社会条件相适应。具体而言，就是在中央与地方的总体财政体制和制度框架下，城市政府应认清本市的经济社会发展阶段，制订合适的发展规划、明确科学的目标定位、建立相应的财政制度、形成合理的收支结构、满足不同的发展需求。不同层级的城市，例如中央直辖市、副省级城市和省辖市，在自主财政权限、自身财政制度和地方发展目标方面都应有所不同。

三、现代城市财政保障管理的制度途径

（一）现代城市财政保障管理的制度

1. 城市财政保障管理的制度属性

我国城市财政保障管理，是在中央政府、上级地方政府与城市政府之间，划分财政管理权限和责任、财政预算收支范围的制度，是城市政府参与城市国民收入分配的具体方式，是国家财政管理体制的重要组成部分。城市财政保障管理体制随着国家政治经济的发展以及经济体制的变化而变化。根据《中华人民共和国预算法》的规定，国家实行一级政府一级财政。到目前为止，我国逐渐形成了中央，省、自治区、直辖市，设区的市、自治州、县，不设区的市、市辖区，乡、民族乡、镇这五级财政。如此多级的财政是世界上少有的，这也增加了我国财政体制问题的复杂性。

2. 城市财政保障管理的主要职责

（1）贯彻执行财政工作的法律、法规、规章和方针、政策；结合城市实际，研究起草财政、财务、会计管理的地方性法规、规章草案和政策；组织起草税收地方性法规、规章草案、实施细则和税收政策调整方案。

（2）拟订城市财税发展战略、规划、政策和改革方案并组织实施，参与分析预测城市宏观经济形势、拟订宏观经济政策，并向有关部门提供财政预算执行情况；健全包括政府公共预算、国有资本经营预算、社会保障预算和其他预算的综合预算管理体系；提出运用

财税政策实施宏观调控和综合平衡社会财力的建议，拟订和执行市政府与区县政府、政府与企业的分配政策，完善鼓励公益事业发展的财税政策。

（3）承担政府各项财政收支管理的责任，负责政府财政资金管理，编制年度财政预决算草案并组织执行。受城市政府委托，向城市人大报告预算和执行情况及决算。组织拟订经费开支标准、定额，审核批复部门（单位）的年度预决算，及时、准确拨付预算资金。完善转移支付制度。

（4）制定城市政府非税收入收缴管理制度，按分工负责行政事业性收费的管理，负责政府非税收入的监督管理，负责财政票据管理。管理彩票市场，审批彩票发行和销售方案，按规定管理彩票资金。

（5）拟订和组织实施城市的国库管理制度、国库集中收付制度，负责财政资金的拨付与管理、预算会计的核算及国库现金管理。负责拟订城市政府采购制度并监督管理。负责行政事业单位会计制度、银行账户、公务车辆控购等管理。

（6）组织实施行政事业单位国有资产管理规章制度，按规定管理行政事业单位国有资产，执行统一规定的开支标准和支出政策。

（7）参与拟订产业政策、基建投资、劳动工资、价格、经济贸易、特定信用担保、外汇、科技、教育、住房、社会保障等政策和改革方案。会同有关部门管理地方财政社会保障支出、拟订社会保障资金（基金）的财务管理制度，监督管理各项社会保障基金市级财政专户。

（8）审核和汇总编制城市国有资本预决算草案，会同有关部门拟订国有资本经营预算的制度和办法，收取市级企业国有资本收益，组织实施财务制度，按规定管理资产评估工作。

（9）办理和监督市级财政的经济发展支出、政府性投资项目的财政拨款及使用；参与拟订市政府建设投资的有关政策，监督基本建设财务制度执行，负责有关政策性补贴和专项储备资金财政管理。拟订城市财政支出绩效管理的制度和实施办法，并组织实施绩效评价工作。负责农业综合开发资金的政策性管理。

（10）管理财政预算内行政机构、事业单位和社会团体的非贸易外汇收支。负责外国政府以及国际金融组织与城市的知识合作和贷款项目及其财务监督管理。

（11）执行中央政府国内债务管理的制度和政策，拟订和执行城市政府性债务管理制度、办法，防范财政风险。统一管理政府外债，并执行基本管理制度。

（12）负责管理会计工作，监督和规范会计行为，组织实施国家统一的会计制度，负责会计师事务所和资产评估机构的设立审批和监督管理，监督注册会计师、注册资产评估师的执法行为。

（13）监督检查财税法规、政策的执行情况，反映财政收支管理中的重大问题，提出加强财税管理的建议。负责有关行政复议受理和行政诉讼应诉工作。

（二）现代城市财政保障管理的途径

1. 城市财政的预算资金管理

用数字对城市政府将要发生的公共财政收支活动进行的预计和规划，并经法定程序审核批准、具有法律效力和制度保证的城市政府年度财政收支计划，是城市政府筹集、分配和管理财政资金的重要工具。

2. 城市财政的税收收入管理

主管税收工作的职能部门，代表国家对税收分配的全过程进行计划、组织、协调和监督，旨在保证财政收入及时足额入库，充分发挥税收对经济的调节作用。

3. 城市维护与建设资金管理

对专门用于城市公共基础设施和公用事业的维护建设，促进城市经济发展，优化城市居民生活环境的财政性资金进行专项管理。这些资金来源包括：列入财政预算支出的专项拨款；按国家规定征收的城市维护建设税；按国家规定征收的城市公用事业附加税；国有土地使用权有偿使用收入；按国家和地方人民政府规定收取的市政公用设施有偿使用费；按国家规定征收的超标排污费和城市水资源费；城建借款、城建周转金；法律、法规、允许各级人民政府筹集的其他用于城市维护建设的资金。

4. 城市财政预算外资金管理

预算外资金是根据国家财政和财务制度的规定，不纳入国家预算，由地方国家机关、事业单位和社会团体为履行或代行政府职能，依据国家法律、法规和具有法律效力的规章而收取、提取和安排使用的未纳入国家预算管理的，由各部门、各企事业单位自收自支的各种财政性资金。它是国家预算资金的必要补充，具有分散性、自主性、专用性的特点。

5. 城市财政的收入来源管理

城市财政收入是城市政府为了保证其职能的需要，把城市各经济部门、经济组织的劳动者为社会创造的纯收入按照税收法律、法规集中起来，形成的城市财政资金。主要是：税收收入，包括国家税法规定的各种税收；国企利润收入，即城市地方各国有企业上交国家财政的利润收入；上级财政转移支付收入；政府公债收入；基金预算与专用基金收入；国有土地有偿使用收入；其他地方财政收入，如事业收入、规费收入、罚没收入、国家资源管理收入、共产收入等。城市财政作为一级地方财政其独立性日益增强，根据城市地区的实际需要，管控好财政收入，使之收支平衡，至关重要。

6. 城市财政的多元支出管理

城市财政支出是指政府行使国家赋予的职能，合理有效、节约地分配财政资金，以满足城市建设和发展的需要。我国城市财政支出，目前主要包括以下内容：城市经济支出，包括城市基本建设和基础设施投入、国有企业技术改造、市管县体制下对农业的投入等；城市运行维护与建设支出；科教文卫事业支出；行政管理费用支出；社会保障与救济支出；包括价格补贴、财政贴息和企业亏损补贴等的各类财政补贴支出。城市财政支出管理的关键是有需要、有可能、有效率、有效益，并实现收支平衡。

7. 城市财政的应急处置管理

国务院办公厅 2016 年 11 月 14 日颁布的《地方政府性债务风险应急处置预案》明确，我国地方（含城市）政府性债务风险划分为四个等级，即 Ⅰ 级（特大）、Ⅱ 级（重大）、Ⅲ 级（较大）、Ⅳ 级（一般），实行分级响应和应急处置，必要时依法实施地方政府财政重整计划。

根据国务院规定，城市财政应强化如下风险应急管控和相应处置：

（1）财政重整计划的启动与责任追究

城市（县）政府年度一般债务付息支出超过当年一般公共预算支出 10% 的，或者专项债务付息支出超过当年政府性基金预算支出 10% 的，必须启动财政重整计划。其中，属于本届政府任期内举借债务形成风险事件的，在终止应急措施之前，政府主要领导不得重用或提拔；属于已经离任的政府领导责任的，应当依纪、依法追究其责任。

（2）财政重整期间的多元收支风控

城市（县）政府财政重整期内，除必要的基本民生政策支出和政府有效运转支出外，视债务风险等级，本级城市政府其他财政支出应保持"零增长"或者大力压减。具体涉及以下几个方面：一是"三不一退"，即不得新批政府投资计划，不得新上政府投资项目，不得设立各类需要政府出资的投资基金，已经设立的应当制定分年退出计划并严格落实。二是"削减经费"，包括实行公务出国（境）、培训、公务接待等项目"零支出"，大幅砍掉政府咨询、差旅、劳务等各项支出。三是"缩编裁员"，即机关事业单位暂停新增人员，必要时采取核减机构编制、人员等措施。四是"清理补贴"，即暂停地方自行出台的机关事业单位各项补贴政策，清理各类对企事业单位的补助补贴。五是地方政府须暂停土地出让收入各项政策性计提，土地出让收入扣除成本性支出后应全部用于还债。

第二节　现代城市社会保障管理

一、现代城市社会保障管理的本质特征

（一）现代城市社会保障管理的本质

1. 城市社会保障管理的概念

城市社会保障管理，是指城市政府为了坚持社会公正、维护社会稳定、保障社会安全、促进社会进步，依照国家法律、城市规章、社会诉求，通过国民收入再分配等途径，向困难市民提供自身能力以外的，维持一定生活水平或质量必须的，以货币、实物或劳务等为形式的，一系列必须保障和困难救助活动的制度设计，以及城市社会保障职能机构依法建立社会保障体系，筹集和运行保障资金、调节保障分配、维持保障秩序等系统管理活动的总和。

城市社会保障管理作为现代国家和城市最重要的社会经济制度之一，是国民经济的"调节钮"、城市矛盾的"减震器"、社会稳定的"安全阀"，一般包含四个方面的内容，即社会就业保障、社会养老保障、社会医疗保障、社会救助保障。建立健全与经济发展水平相适应的社会保障体系，既是经济、社会协调发展的必然要求，也是社会稳定和国家长治久安的重要保证。

2. 城市社会保障管理的内涵

城市社会保障管理包含五大要素：

其一，社会保障的责任主体是城市政府与社会企事业单位。政府作为全社会的管理者、全民利益的代表者和国民收入的分配者，有责任组织包括企事业单位在内的社会组织作为社会劳动力资源的使用者和社会经济活动的获利者，出让部分利益，并通过政府和非政府公共机构，为市民维持一定生活水平或质量提供必要的货币、实物或劳务保障。

其二，社会保障的权利主体是生活发生困难、依法依规应该得到社会帮助的市民。生存权是市民的基本权利，因此，任何市民生活陷入困境时，都有权在法律法规许可的范围

内要求政府和社会提供必要的帮助，以保障其基本生活需要。

其三，社会保障的方式是通过国民收入再分配为有困难的市民提供需要和可能的帮助，即政府和非政府公共机构通过征税、收费、社会捐献、资源服务等方式筹集资金、实物和劳务，向生活发生困难的市民提供无偿帮助。

其四，社会保障的目的利民，即保障市民在生活发生困难时仍能获得维持一定生活水平或质量所必需的生活资料和基本条件；通过满足市民维持一定生活水平或质量的需要，为社会安全稳定和经济发展创造条件。

其五，社会保障的依据是相应的法律规范，即社会保障的规则由立法规定，享受社会保障是市民的法定权利，提供社会保障是城市政府和社会的法定责任。

（二）现代城市社会保障管理的特征

城市社会保障管理，作为一项长期、固化的制度安排和政府与社会组织行为，具有区别于其他社会制度和行为的五个方面的基本特征：

1. 社会的公正性特征

城市社会保障的公正性，是指在社会保障问题上应平等对待每一位城市市民，主要体现在：其一，保障范围的公正性。社会保障制度不会因受保对象的性别、职业、民族和地位等方面的不同而有所区别。只要是本市市民都有权利享受，即市民同等保障。其二，保障过程的公正性。城市社会保障是为了解除每一位市民的后顾之忧，必须维护每一位市民被保障的机会与过程公正。其三，保障待遇的公正性。城市社会保障一般是为该市市民提供基本的生活保障，超过该保障之上的需求通常不能从社会保障的途径得到满足，在这点上每一位受保市民都是平等的。

2. 实行的规范性特征

城市社会保障制度具有极强的法律的规范性。首先每一位市民必须遵守社会保障法规定的行为和准则；其次城市政府和社会组织必须依照法律并在法律允许的范围之内干预和提供社会保障；再次，市民只能在法律规范规定的范围内享受必须和可能的社会保障，而不能提出过分的要求，更不能以假充真进行骗保。

3. 制式的多样性特征

基于各国社会历史条件的复杂性和不同的传统观念，以及社会成员对社会保障的需求不同，城市社会保障的制式呈现多样性。一是保障模式的多样性。根据本国的国情和不同的社会条件，各国城市采取了不同的社保模式。欧洲一些国家城市采取了福利模式和社会保险模式；美洲国家城市则重视市场和民间兼容的保障模式；东南亚国家城市采用了强制储蓄的保障模式；我国城市主要是政府主导、社会协助的保障模式。二是保障渠道的多样性。由于社会成员对社保的需求不同，一种保障渠道无法覆盖社会保障的全部内容、满足全体市民不同的社会保障需求。因此，城市社会保障渠道一般呈现多样化，主要包括社会就业保障、社会养老保障、社会医疗保障、社会救助保障等。

4. 执行的不逆性特征

城市社会保障的作为一种公共性福利、公众化救助、无偿式补贴，往往具有很强的一发而不可逆性，即：某些社保项目一旦上马就无法再予以撤销，所谓只能上不能下；有些社会保障其额度常常只能涨不能降，背后有攀比心态；有些社保项目受益面只能扩大难以缩小，因为是无偿模式。

5. 目的的激励性特征

城市社会保障一方面是为了确保受困的市民基本生活能保持一定的水平与质量，同时，其某些保障机制也内涵了鼓励受助的市民努力提高自身的谋生能力、积极从事力所能及的相关社会劳动，即所谓的通过城市社会保障能够在短期输血的同时，不断增强整个城市的造血功能。

二、现代城市社会保障管理的目标原则

(一) 现代城市社会保障管理的目标

按照全覆盖、保基本、有弹性、可持续的方针，以增强公平性、适应流动性、保证可持续性为重点，不断完善覆盖城乡居民的基本社会保障制度，充分发挥城市社会保障在维持市民基本生活、调节社会收入分配、促进城乡经济社会协调发展中的重要作用。

1. 完善统一的社会保障行政管理机构与制度

适应社会经济发展的内在需求，城市社会保障行政管理机构应由多头、分散逐步向统一、集中转变，建立既有一体管理机构又有分类分级管理系统的管理体制。为了实现社会保障基本公共服务均等化，适应市场经济发展与城乡一体化建设的需要，逐步建立健全覆盖城乡、制度一体、标准统一的城市社会保障制度。

2. 提高双方的社会保障事业管理水平与效率

基于"政事分开、管办分离"的原则，城市社会保障行政主管部门主要负责地方相关制度和政策制定、宏观调控与督促检查；社会保障具体经办事务和基金筹集、运营管理由专门的经办机构承担，从而提高社会保障经办和基金筹集、运营的总体水平与效率效益。

3. 构建综合的社会保障管理服务网络与平台

所有城市社会保障事务性工作实现前台一个窗口对外、后台一个系统支撑，在此基础上统一建设社会保障信息系统、网络架构和智能卡系，进一步提高运行、监管效率和服务水平。整合各项社会保障服务功能，构建综合的社会保障管理服务大平台，发挥管理服务的规模效益、集约效率，进而实现更加充分适合的城市就业保障、更为普及优质的城市医卫保障、更有针对性周全的城市养老保障、更多关爱有效的城市救助保障。

4. 形成完善的社会保障管理相关法律与体系

以法律形式，对城市社会保障基金的筹集和管理、市民享受社会保障的范围与权益、社会组织和公民个人参与社会保障管理的机制、侵害市民社会保障权利行为的处置等，作出具体规定、明确相应程序、固化科学制度，做到有法可依、有法必依、执法必严、司法必公。

5. 培育多元的社会保障资金来源渠道与主体

改变由国家和企事业统包、统揽的模式，形成国家、企事业（社区）、个人三方合理负担的城市社会保障多元资金来源渠道和筹集主体，既减轻城市财政负担，又调动全社会资金资源，更提高社会保障的稳定性、可续性和总水平。

(二) 现代城市社会保障管理的原则

我国城市社会保障管理应坚持遵循公平与效率相统一、权利与义务相结合、普惠与选择相补充，以及社会与市场相适应的四方面原则。

1. 公平与效率相统一的原则

城市社会保障中的公平与效率看似一对矛盾，但又不截然对立，只要精心设计、科学把握，完全可以在公平与效率之间找到最佳的结合点，使公平和效率的正效应同时得到适度的彰显。这里说的公平不是社会保障在数量上的完全相等，而是每一位市民被保障的机会平等、法律面前的权力平等；不是作为国民收入再分配的社会保障的平均主义、劫勤济惰，而是以保障基本生活为目标、以体现社会互济为原则，在社会救助的同时激励市民努力自救，使有限的社会保障财力实现公平与效率的双赢。没有公平的效率注定是低效或无效的，没有效率的公平则因为无米之炊而不可持续。

2. 权利与义务相结合的原则

没有无义务的权力，也没有无权利的义务。在城市社会保障中，市民享受社会保障的权力应与社会贡献及社保缴费的义务对等。在社会保障制度中，社会保险是由单位和个人共同负担的，从某种意义上说，它是一种"强制储蓄"，对于这种社会保障，必须坚持权利与义务相结合，多"储蓄"多得益、多贡献多受惠。

3. 普惠与选择相补充的原则

普惠的全民性，是城市社会保障的基本和主要的特性，体现了社会的公平、公正性。选择的个别性，则是指城市政府根据本地财政承受能力和受保对象需求的差异性，在法律法规许可的情况下，有区别地安排社会保障项目、对象范围、筹资方式和待遇水平等。很明显，选择性不具有全民性，但具有现实的必要性。因为，在某些城市，有的社会保障项目暂时不可能惠及全民，只能有选择地采取不同于普惠保障的恰当的筹资方式覆盖一定范围的市民。社会的发展，需要体现公平普惠的全民性与满足差异的个性诉求的互补。

4. 社会与市场相适应的原则

市场经济依靠市场机制调控经济，通过自由竞争实现经济发展。市场经济能使运营效率提高，但不能自动消除贫困、失业、两极分化等不公现象，也不会化解由不公平带来的社会矛盾。因此，应建立与适应、为之配套、助其"减震"、替其"化淤"的普惠与选择性结合的社会保障与救济制度，用于缓解市场过度竞争带来的城市社会贫富落差过大的矛盾。

三、现代城市社会保障管理的体制途径

（一）现代城市社会保障管理的职责

1. 城市社会保障的战略把控

负责拟订所在城市社会保障事业发展规划、政策，起草相应的社会保障法律法规草案，并组织实施和监督检查；开展规范性文件的合法性审核，承办相关行政复议和行政应诉；组织、开展所在城市社会保障政策研究，协调专家参与社会保障多元咨询，承担社会保障新闻发布工作。

2. 城市社会保障的体系完善

（1）促进国家社保系列政策、标准的贯彻落实，包括：国家城乡社会保险及其补充保险政策和标准、全国统一的社会保险关系转续和基础养老金统筹办法、国家社会保障基金投资政策。加强社会保险及其补充保险基金的地方管理和运行监督。

（2）认真落实国家有关机关企事业单位基本养老保险及其补充养老保险政策，逐步提高基金统筹层次；切实执行国家城镇居民养老保险政策、规划和标准；正确实施国家养老保险基金管理办法、预测预警机制，并执行好基本养老保险费率。

（3）正确执行国家失业保险政策和标准、失业保险基金管理办法；完善城市失业预警制度，拟订预防、调节和控制较大规模失业的政策；拟订城市经济结构调整中涉及职工安置权益保障的政策。

（4）全面贯彻国家医疗保障的系列政策与标准，包括：关于城市医疗和生育保险的政策与标准，关于医疗生育保险基金的管理办法，关于定点医疗机构、药店的医疗保险服务和生育保险服务管理、结算办法及支付范围的规定，关于疾病、生育停工期间的津贴标准，关于机关企事业单位补充医疗保险政策和管理办法。

（5）严格执行国家社会保险及其补充保险基金的监督制度、运营政策和运营机构资格标准；依法监督所在城市社会保险及其补充保险基金的征缴、支付、管理和运营，并组织查处重大案件；监督所在城市社会保障基金的投资运营。

3. 城市就业失业的重点保障

（1）拟订统筹城乡就业和失业保障的规划与政策；参与拟订所在城市专项就业资金使用管理办法；牵头拟订所在城市高校毕业生就业辅助政策、公共就业援助政策和特殊群体就业政策。

（2）全面贯彻国家劳动者平等就业、农村劳动力转移就业和跨地区有序流动政策；认真落实国家制定的国（境）外人员（不含专家）入境就业管理政策，参与拟定相关地方性辅助政策。

（3）完善所在城市相应的公共就业服务体系、市民失业援助制度、市民从业激励政策；负责所在城市就业、失业、社会保险基金预测预警和信息引导，并拟订应对预案，实施预防、调节和控制，保持就业形势稳定和社会保险基金总体收支平衡；指导和规范所在城市公共就业服务信息管理。

（二）现代城市社会保障管理的途径

现代城市社会保障管理，是城市政府为了坚持社会公正、维护社会稳定、保障社会安全、促进社会进步，以货币、实物或劳务等形式，所进行的一系列服务市民的必要保障和困难救助活动。作为现代国家和城市最重要的社会经济制度之一，这种保障一般主要通过是个途径予以实现，即：社会就业保障、社会养老保障、社会医疗保障和社会救助保障。

1. 城市社会的就业保障管理

（1）就业保障管理的内涵

城市社会就业保障管理内容有三：一是保障有劳动能力且愿意从事劳动的人获得有一定报酬或有一定经营收入的工作机会；二是保障劳动者和经营者已获得的工作岗位和市场主体有一定的稳定性；三是保障劳动者能根据市场原则自由选择最能发挥其专长和潜能的职业。

（2）就业保障管理的作用

城市社会就业保障管理是社会保障管理的基础。现代社会保障制度最重要的资金来源是雇主与劳动者的缴费，愈是充分就业，缴费单位与缴费个人就愈众，所筹集的社会保障基金也就愈多，而且，就业后生活水平的提高，将反过来增加社保经费的收入、减轻社会保障压力和指出，最终促进社会保障的发展。

（3）就业保障管理的特征

城市社会就业保障管理的特征有三，其一，管理对象具有劳动能力，管理目的是化解失业风险、提供劳动岗位和维持生活所需的基本收入。其二，管理所要化解的风险来源不同，即其他社会保障的风险大多源于自然原因或人为疏忽，就业保障所要化解的就业风险一般源于社会经济发展疲软或自身努力不足。其三，管理所要达到目标和发挥的功能不同，即其他社会保障目标与功能相对单一，就业保障的目的与功能除了提供就业、增加收入，还是为了社会维稳、促进生产、发展经济、振兴城市。

（4）就业保障管理的原则

能否实现适龄人口的充分就业，是关系城市社会稳定、民众福祉、长治久安的重大战略问题。因此，必须花大力气、用正确的办法破解就业难题。其基本原则有三：第一，当前和长远兼顾。我国人口众多，城市人口密度更高，要想一蹴而就完全解决就业之困是不可能的，为此，应该先易后难、从长计议、远近兼顾，先解决家庭经济困难、精力旺盛、年纪较轻者的就业，同时做好后续就业者的知识储备、技能提振，使城市社会就业年年又增加，城市社会待业逐年有减少。第二，行政和市场双导。一方面政府要对就业困难群体实施政策帮扶和一定的资金、训练帮助，另一方面，要鼓励希望就业的个体通过市场自主竞争择业。第三，平等和救助弱者。一方面政府要为每一位没有固定职业、希望正当就业的个体提供公平、同等的就业机会，另一方面，又要给予因病、因灾等致残、致困的相对弱势群体，提供更多帮扶就业的机会和支撑。

（5）就业保障管理的模式

一是国家招录模式：国家鼓励企业、事业组织、社会团体在法律、行政法规规定的范围内通过兴办产业或拓展经营，增加社会就业。二是市场竞聘模式：通过对多行业、多产业、多企业的市场需求调节，通过企业与劳动者之间招聘和应聘的双向自主选择，不断活跃市场就业。三是创业扶持模式：政府通过开展创业培训、资金扶持、服务优化、程序精简，鼓励未就业、正待业、想换业的劳动者自主创业，以创业带动充分就业。

2. 城市社会的养老保障管理

（1）养老保障管理的内涵

城市社会养老保障管理内容有三：第一，养老保障在法定范围内的老年人完全或基本退出社会劳动生活后才自动发生作用。这里所说的"完全"，是指劳动者与生产资料已脱离关系；所谓"基本"，是指参加生产活动已不成为主要社会生活内容。第二，养老保障是以保障老年人的基本生活、满足其基本需求，并为其提供稳定可靠的生活来源为根本目的。第三，养老保障以社会保险为手段达到保障目的。

（2）养老保障管理的作用

城市社会养老保障管理的作用含义有二：一是促进公平正义，但公平正义不是平均主义，即不能理解为养老金数额一样才是公平。因为，养老金多少与国民初次分配有关，而我国现阶段初次分配实行的是按劳分配，退休前的贡献大小、收入多寡及其由此导致的养老缴费的差异，决定了个人养老账户金额的多少，这种差异是合理合法的。二是限制养老金差异过大。因为，养老金和国民收入的再分配相联系。养老金中超过个人账户额度以外的养老金属于再分配的范畴。由于人们无论退休前从事何种职业，退休后都不再工作，因此这部分养老金不应再有差距，即便有，差距也不宜过大。

（3）养老保障管理的特征

城市社会养老保障管理，除了具有社会保障共有的强制性、共济性、普遍性特征，还具有以下个性特征：第一，保障待遇的一致性。因为无论何人，都会老去，都要养老，他们作为公民都应公平地享受同类同等的养老待遇。第二，保障水平的适度性。养老保障的基本功能是保障劳动者在年老时的基本生活，这就决定了其保障水平的适度性，既不能过低——以维持基本养老生活，也不能过高——以社会长期可能提供。第三，享受限期的长期性。参加养老保障的人员一旦达到享受待遇的条件或取得享受待遇的资格，就可以长期享受待遇直至亡故，其待遇水平基本稳定、逐步提高。第四，保障方式的多层次。养老保障不仅包括国家法定的基本养老保障，还包括用人单位建立的补充养老保障（企业年金）、个人自愿参加的储蓄性养老保障等。建立和完善多层次的养老保险体系，已成为一种国际趋势。

（4）养老保障管理的原则

城市社会养老保障管理的原则有三：其一，利益均等原则。养老金应按退休前的职业贡献、缴费多少、国民再分配的配比，以及有差别但不宜过大、逐步缩小的规则，合理确定金额，保障利益均等。其二，依法可续原则。养老金的数额必须考虑财政和保险基金长期可承受能力，不宜一定过高、不能涨幅过大。其三，制度公平原则。要不断推进社会养老的体制并轨，实现各利益群体权利、义务和养老金计发办法的制度公平。

（5）养老保障管理的模式

根据各国社会养老保障立法对政府功能与职责的界定，社会养老保障主要有四种模式：一是政府管理型，即由中央和地方政府内设专门机构，统一管理全国和地方的社会养老保障事宜。二是混合管理型，即政府指定若干中央和地方专门部门进行监督，由各种自治性的协会，在国家法律规定的范围内管理社会养老保障业务。三是委托管理型，即在国家立法范围内，由政府委托工会管理社会养老保障业务。四是私营管理型，即各级政府实行一般监督，由各私营机构进行社会养老事务的具体管理。目前，大多数国家养老保障管理模式实行"两个分离"，即监督与管理分离、日常管理与基金运营分离。

3. 城市社会的医疗保障管理

（1）医疗保障管理的内涵

城市社会医疗保障管理是国家按照有关法律的规定，在社会劳动者因疾病、负伤或生育等需要治疗时，由国家或社会提供必需的医疗卫生保健服务，以恢复劳动者身体健康的一项社会保障制度。它是一个国家或地区卫生资金来源、分配与使用运行制度，是社会保障体系的重要组成部分，也是按照社会福利最大化原则合理配置有限资源，进而实现国民收入再分配的一种表现形式。

（2）医疗保障管理的作用

城市社会医疗保障管理的基本作用在于为整个社会经济的正常运行创造良好的人身健康环境，增加社会经济的有序性，使国民经济和整个社会有机体得以持续、稳定、均衡、协调地发展，具体包括：其一，有利维护公民的医卫权利、提高公民的健康水平，从而促进社会进步和生产发展。其二，有利解除患病给劳动者带来的经济、精神上忧患，从而消除社会不安定因素。其三，有利通过制度化的国家、单位和个人结合的卫生费用筹集机制，改善医疗卫生条件，从而更好地提高全民族的健康水平。其四，有利通过改善医疗的服务和管理，不断提高国民的健康水平，从而促进社会文明。

（3）医疗保障管理的特征

城市社会医疗保障管理具有五方面的鲜明特征：一是普遍性。疾病风险人人都可能遇到，为此，医疗保障应成为一种强制性、救助型、普惠化的公共服务，使每一位需要的国民普遍享有保健和医疗服务。二是均等性。健康是公民的基本权利，无论其职业、地位、年龄、性别、出生地等有什么不同，对医疗服务和保障的需求是同样的，只要符合规定条件，其享受医疗保障的机会和待遇也应该是平等的。三是复杂性。医疗保险涉及保险、被保险、医疗或医药等多个方面，而疾病风险也会带来许多其他风险，这使医疗风险变得极为复杂。四是不确定性。由于各种疾病差异明显、治疗费用落差很大、患者身份年龄又各不相同，所以每一例疾病医疗保障费用的支付都具有很大的差异性和不确定性。五是福利性。医疗保障主要着眼社会效益，在国家支付能力许可的范围内，其保障的内容和覆盖面会不断扩大、真正普惠。

（4）医疗保障管理的原则

城市社会医疗保障管理作为一种普惠性的制度设计和公共服务，应遵循四个方面的原则：一是权益保障的原则。医疗保障权是每一位为社会作出贡献者的基本和当然的权利，因为这种保障的支撑来源于社会贡献，所以，政府必须保障每一按规定应该享受医疗保障者的保障权益。二是制度保障的原则。医疗保障必须要有包括参保范围、资金来源、待遇水平、各方责任、运行机制等在内的制度设计，从而明确各方责任、权利义务，从制度上保障社会成员的基本医保权益。三是广泛覆盖的原则。医疗保障最基本的功能是人人有保，这就要求我们从实际出发，逐步实现医疗保障质量、速度、规模及水平的协调，从而真正实现医疗保障的普惠化、广覆盖。

（5）医疗保障管理的模式

城市医疗保障管理的模式从市场与政府两个视野可分为四种模式：第一是福利型医疗保障模式。这一模式强调社会公平、兼顾市场效率，医疗保障经费由国家财政支出，纳入国家预算，通过中央政府或地方政府实行国民收入再分配。第二是社会型医疗保障模式。这一模式医疗保障经费采用多渠道筹集，保障服务由保险机构实施，被保障者加入现收现付的医疗保险社会基金，社会其他对象通过其他途径转嫁医疗风险。第三是商业型医疗保障模式。这一模式把医疗保障转化为医疗保险，作为一种特殊商品按市场法则自由经营，保险资金主要来源参保者个人及其雇主所缴纳的保险费。第四是储蓄型医疗保障模式。这一模式强调以个人责任为基础，政府、企业分担部分费用。为了使个人能够承担起医疗费用，政府通过立法对劳动者的医疗保险进行强制储蓄，并单独设立个人医疗储蓄账户。

4. 城市社会的救助保障管理

（1）救助保障管理的内涵

城市社会救助保障管理，是指劳动者在其不能维持最低限度生活水平时，根据有关法律规定，有权要求国家和社会按照法定的标准向其提供满足最低生活需求的资金、实物或劳务援助的一种制度设计和公共行政。社会救助是公民应享受的基本权利，也是国家和社会必须履行的最起码的社会保障职责。

（2）救助保障管理的作用

社会救助通常被认为是整个社会保障体系的安全网，是最基础层次的保障，旨在维护社会成员的生命权和生存权，满足的是社会成员最基本的需求，具有三方面的重要作用：第一，有助于促进社会认同。任何社会成员都有可能因为个人、家庭或社会的原因而陷入贫困，如无社会救助，就有可能使受困者濒临绝境、走向极端、导致社会动荡，反之，则可以促进社会认同、增强社会互信，使受困者摆脱贫困，重拾生活的信心，还社会以和谐。第二，有助于恢复劳动能力。社会救助为劳动力的再生产提供了必要条件。劳动力再生产是社会再生产的基础，而社会救助的推行可使劳动者在生活困难时得到及时的物质帮助，在较短时间里恢复劳动能力，从而促进社会化生产的正常进行、良性循环。第三，有助于促进社会公正。现代社会总有一部分人处于弱势，市场竞争常常因机会不等而拉大差距，实施社会救助，可以使处于弱势的社会成员得到一定的社会支持，有一个自我恢复与调整的空间，以便使他们在相对公平的起点上参与社会竞争。

（3）救助保障管理的特征

城市社会救助保障管理，作为社会保障制度的基本组成部分，除了社会性、福利性、互济性，还具有三个方面的特征：其一，救助责任的公共性。在现代城市社会中，当市民无力维持基本生活时，地方政府和城市社会必须为他们提供援助，这是法律规定的公共义务和社会责任，享受社会救助是社会困难群体的基本权利。其二，救助范围的全民性。城市社会救助保障管理是面向全体民众的，符合条件的社会困难成员均可以提出申请，并通过一系列相关程序核实后享受最低生活保障。其三，救助水平的基本性。城市被救助对象遇到各种困难时，由政府或相关组织向他们提供基本生活需求和简单再生产的资金或物资保障，而非改善和提高其生活福利。其四，救济手段的多样性。实施城市社会救助既可以是实物也可以用现金，既有临时应急的也有长期固定的；既有政府帮扶也有民间救助。

（4）救助保障管理的原则

城市社会救助保障管理的根本目的，是维护社会制度公平、弥补市场竞争缺陷，维持必须遵循以下三项基本原则：一是救助主体多元原则。城市社会救助的主要责任主体是政府，任务是建立社会救助制度、提供部分救助资金、实施社会救助管理，同时，组织慈善、扶贫、福利机构和社会救助团体等，积极参与社会救助。二是救助内容综合原则。城市社会救助制度应该是一种以生活救助为主，以医疗、教育、住房等专项救助为补充，优抚对象、残疾人、流浪乞讨人员、灾民救助为特殊形式，临时救助、社会互助相配套的综合性救助体系。三是救助标准动态原则。城市社会救助标准应该是一种常态主动调整、特例补充调整、定期优化调整的动态、适应、适合的可变标准。

（5）救助保障管理的模式

城市社会救助保障管理，从一开始就是地方政府的创意，虽然各地创立这项制度的目标和要解决的问题基本一致，但具体框架结构和实施方式种类繁多：第一，承接渐进模式。在这种模式下，城市救助保障标准随物价的变动而调整；救助经费由企业政府分担逐步改由财政单独支出；救助方式由现金逐步外加实物或劳务。第二，部分全民模式。在这种模式下，救助范围覆盖全民，但门槛较高，真能够获得救助的市民比例不高，财政资金大量冗余。第三，完全全民模式。在这种模式下，按居民实际收入计算家庭贫困水平，专门建立了最低生活保障管理机构，配备专人到一线社区、居委从事最低生活保障工作。上述三种制度模式代表了城市社会救助保障管理三个发展阶段的三种价值取向，即部分救助、一般救助和全面救助。

第三节　现代城市住房保障管理

一、现代城市住房保障管理的本质特征

（一）现代城市住房保障管理的本质

1. 城市住房保障管理的概念

城市住房保障管理，是指国家和城市政府在住房领域实施准社会保障职能，对城市居民中低收入的住房困难家庭进行资金或住房扶持与救助的一系列公共行政的总和，包括：城市住房保障的整体制度设计和安排、法律法规与政策制定及其实施和监督、保障性住房的开发组织与供给管控等。从本质上看，它是城市政府利用国家和社会的力量，通过行政手段向住房困难居民提供的一种保障性公共服务与产品，是以转移支付的方式实现国民收入的公平性、社会化再分配，是对市场化城市住房分配机制的必要补充，也是对城市住房困难群体基本生活居住的托底性保障，从而使城市各阶层居民都能享受经济发展带来的红利。

2. 城市住房保障管理的内涵

城市住房保障管理作为城市政府一种准社会保障的职能，主要包含三层内涵，即：第一，通过系统制定并实施住房保障政策法规干预城市的住房分配，确保低收入群体人人有房住。这种干预分为直接与间接两种，前者由政府投资建设保障性住房，然后直接以低租金租给住房困难户，或以优惠价格出售给符合条件的住房困难居民；后者是政府通过税收减免、现金补贴、现代融资、行政指导等方式，间接为低收入居住困难户提供住房福利。第二，通过转移支付实现国民收入再分配的方式，弥补城市住房分配领域的落差，使低收入家庭也能分享经济发展的红利。这其中主要包括通过加速保障房建设尽可能满足低收入群体的基本住房需求，以及大力发展住房公积金、保险担保、抵押贷款等政策性住房金融，为低收入家庭提多元优惠的解决住房的资金来源。第三，努力完善城市住房保障体系，实行低水平、广覆盖的基本住房保障；开展适应不同保障对象和类型的分层次住房保障；进行满足不同保障需求和特点的多样化住房保障。

（二）现代城市住房保障管理的特征

城市住房保障制度是我国整个社会保障体系的重要组成部分，除与其他社会保障制度具有的共性特征（如社会性、公平性、强制性、动态性、福利性等）之外，还有其自身的独有特征。

1. 保障范围的狭窄性

城市住房保障是以城市财政支付为主要来源的准公共产品保障，数量有限，因此，不同于房改前人人共享实物分房的福利，只能满足城市中低收入群体中的住房困难户的基本居住需求，其保障范围相对狭窄、涉及人数相对较少。

2. 保障内容的单一性

在中国，社会保障的内容比较广泛，它是各种社会保险、社会救助、社会福利、就业保障、医疗保障、养老保障、残障保障、福利服务以及各种政府或企业补助、社会互助等

措施的总称。而住房社会保障是单就解决住房问题而言，其内容相对比较单一。

3. 保障对象的特定性

社会保障性住房的供给对象，是指城市中低收入群体中的住房困难家庭和个人，并有明确的考量标准，因此，具有明确的指向和特定性。而且，要获得住房保障，除个人申请，还需通过政府部门调查、核实收入和住房状况，经公示确认，才能享受相关优惠和补贴。

4. 保障管理的动态性

城市中低收入者是一个动态的群体，其个人或家庭的收入会随经济发展、就业变化而不断增减，有的曾经是中低收入，现在转为了中高收入者；有的曾经收入不菲，因破产、失业、病患等而致贫、致穷。因此，住房保障管理应根据保障对象的不断变化而进行动态调整。

二、现代城市住房保障管理的目标原则

（一）现代城市住房保障管理的目标

1. 城市住房保障管理的总体目标

现代城市住房保障管理的总体目标是"人人有房住"及其基础上的"居者有其屋"（属于自己的房产）。人的基本权利之一是生存权，其中涵盖了居住权，即每一个公民都应该有栖身之所，可以吃饭、休息、思考、生儿育女，而不受外界干扰，不论这个栖身之所是自己购买的，还是租用的，或是政府廉价乃至无偿提供的，而且，在此基础上公民有权依靠自己的能力改善居住条件，甚至购买属于私人的房产。

2. 城市住房保障管理的保底目标

在现代城市中，由于市场的竞争、机会的不等、能力的差异，市民个体和家庭的收入千差万别，有的不仅能够轻松购买商品住宅，而且还有余力投资房产；有的经过短暂积累，便可通过市场拥有自己的居住用房；还有的通过银行房贷也能住上心怡的小屋；但有的即便倾其全部资产也难以获得属于自家的栖身之所。我们可以也应该允许和承认合理合法的社会差距，但这种落差应该是有限的，而且必须以不失去人的基本生存需求的满足为前提。然而，居住权的过度落差超越了人们生存需求的极限，将成为城市社会失衡的根源，政府必须通过有形的住房保障予以救助。但是，由于这种救助动用的是公共财政、全民资产，因此，其所要解决的只能是困难市民群体的基本居住之困，而且，应该根据困难群体的困难程度给予不同标准的适度救助，包括优于市场价格的廉价售予、低于市场价格的优惠出租，以及特殊困难情况下的免费租赁等。

3. 城市住房保障管理的策略目标

（1）建立发达的公共住房租赁体系。健全以市场为主导的住房保障体系，做到市场导向为主、政府干预为辅的有机结合，充分调动市场力量和社会资源参与公共住房租赁体系的完善，在高效、公平配置住房资源的同时，实现城市的住房保障目标。

（2）优化贴息减税机制，通过购房贴息和购房减税，减轻居民购房负担，帮助符合优惠条件的城市住房困难家庭提升购买第一套住房的能力。

（3）逐步将非户籍常住人口纳入住房保障体系。在成功试点解决特殊人群（如进城务工人员、外来流动人口）有房住的基础上，将住房保障范围进一步扩大，用有效而合理的

体系和具体措施规范非城市籍常住人口的住房保障工作,将其纳入保障范围,享受住房保障待遇。

(4) 逐步增加城市居住困难群体住房需求补贴力度,积极发展贴租、购房贴息及减税政策,完善城市住房保障长期体系设计。

(二)现代城市住房保障管理的原则

现代城市住房不仅是特殊商品,也具有某种福利属性。这种福利属性主要体现在政府出租公房、出售低价住房,以及对居民购买和建造住房提供各种有条件的优惠政策,乃至政府控制房价等的政策上。因此,城市住房保障是政府为市民居住提供的不同程度上的社会福利,作为城市住房保障管理应遵循以下基本原则:

1. 商品性与福利性的结合原则

现代城市住房既具有市场条件下的商品属性,又具有特殊条件下的准福利属性。如何把二者结合起来,是住房保障管理的关键。实现住房商品性与福利性的有机结合,就是处理好住房的市场与保障关系。一方面,政府要充分发挥市场在配置住房资源中的基础作用,让有条件的市民通过市场购房满足居住需求;另一方面,政府通过政策和制度设计,在市场机制无法充分发挥作用的情况下进行引导式干预,为中低收入住房困难群体提供优惠的准保障性基本居住用房。

2. 公平性与效率性的结合原则

城市住房保障的实质,是政府承担住房市场价格与居民支付能力的差距,以解决部分居民住房支付能力不足的问题。因此,城市住房保障必须制定和建立严格的收入划分标准与资格审查制度,合理确定不同收入群体所能享受的保障待遇。同时,建立相应的退出机制,即当居民家庭收入超越保障条件后,保障待遇要随之取消,避免过度享受福利,以确保住房社会化配置的公平公正。与之相适应,要用不同的保障手段,适应不同保障对象、保障待遇、保障政策、保障阶段的不同需求、可能和局限,以确保住房保障的效率最大化。

3. 住房保障的可持续发展原则

城市住房保障管理,必须充分考虑本地区住房市场供求状况、住房保障财政能力、人口年龄结构比例、人口数量发展趋势、城市发展规划定位等诸多要素,以此确定有利本地发展的住房保障目标,界定符合本地实际的住房保障对象,明确具有本地可能的住房保障标准,创立适合本地情况的住房保障形式,既广覆盖、保基本、分层次、多渠道,又量力而行、保障适度、收支平衡,保证住房保障具有良好的可持续性。

三、现代城市住房保障管理的途径制式

(一)现代城市住房保障管理的途径

城市住房保障管理的途径,就是实现城市政府保障城市各阶层市民人人有房住、居者有其屋目标的管控领域和涉及范围。根据国际经验和我国的实践,完善的住房保障途径应当包括救助性保障、援助性保障、互助性保障、自助性保障四个层次,而且无缝衔接、交叉覆盖,真正实现"人人享有适当住房"的目标。我国城市住房保障管理的主要途径有五:

1. 城市廉租房管理

所谓城市廉租房,是指城市政府履行住房保障职能、对符合城市居民最低生活保障标准且住房困难的家庭，提供租金补助或以低租金配租的普通住房。廉租房制度，是我国现行住房保障体系中最核心的组成内容，它针对的是最低收入家庭，属于救助性住房保障范畴。政府对廉租房的管理，主要体现为两个方面：一是对在市场承租住房的家庭发放租金补贴；二是直接提供廉租住房，即实物配租。

2. 城市公租房管理

所谓城市公租房，即城市公共租赁住房，是一种政策性租赁住房，其保障对象是因收入水平略高于当地最低生活保障线、被列入经济适用住房供应对象、却无力购买经济适用住房的住房困难群体（俗称住房"夹心层"家庭）。公租房制度是我国现行住房保障制度的一种创新，它能够为不同层次、不同类型的城市相对居住困难群体提供与其消费能力相适应的住房条件，也属于救助性住房保障范畴。

3. 城市经适房管理

所谓城市经适房，即城市经济适用住房，是一种具有社会保障性质的商品住宅。其经济性是指住宅价格相对于市场价格比较适中，能够适应中低收入家庭购房承受能力；其适用性是指在住房设计及其建筑标准上适合基本居住要求。这类住房因减免了工程报建中的部分费用，其成本略低于普通商品房。经适房制度是我国住房保障制度中的一个重要组成部分，是我国现阶段用来解决中低收入群体住房问题的有效途径。经适房也是一种带有商品房性质的政策性保障房，属于援助性保障体系中的最低端。近年来，部分城市推出的共有产权房，也属于经济适用房范畴，是经济适用房的一种变化形式。

4. 城市限价房管理

所谓城市限价房，是通过限制土地价格、限制住宅销售价格的方式，为更多买不起商品房的中等收入家庭圆安居梦的特殊类住房。限价房是带有政策保障性质的商品房。之所以称其商品房，是购房人拥有完全产权。但由于政府在土地供应、房价限制、供给结构和套型面积等方面的干预，这类住房又带有优先保障基本住房需求的政策性质。限价房的保障对象是援助性保障对象中的相对高端群体。按照规定，限价房销售价格仅为商品住宅价格的 70% 左右，且以中小户型为主。

5. 住房公积金管理

城市住房公积金制度，是我国城镇住房制度改革的一项创新举措，也是我国住房保障体系的基石，属于互助性住房保障范畴。住房公积金是指国家机关、国有企业、城镇集体企业、外商投资企业、城镇私营企业和其他城镇企业、事业单位及其在职职工缴存的长期住房储金，是一种个人住房消费的专项基金，也是一项义务性、强制性的长期住房储蓄金，具有积累性和专用性。住房公积金由两部分组成，一部分由职工所在单位缴存，另一部分由职工个人缴存，职工个人缴存部分由单位代扣后，连同单位缴存部分一并缴存到住房公积金个人账户内。其特点是，公积金账户中的钱是缴存人个人所有的钱，通过大家缴存、有购房需求的人以借贷的方式获取，从而实现住房保障的互助。

（二）现代城市住房保障管理的制式

1. 我国城市现有住房保障模式

我国城市住房保障管理模式分为两种：一是市场配置模式，即按照国家统一的城市住房管理政策和法律法规，采用商品化供房方式，通过市场明码标价买卖获得住房。二是国家补贴模式，即根据我国城市住房保障管理政策和法律法规，采用保障型供房的方式，通过国家不同形式的优惠、补贴、自助、互助（货币形式或实物住房形式）获得住房。

2. 住房保障模式下的供求协调

带有福利性质的城市保障性住房进入住房市场，会对住房市场供求关系、供应结构、供应价格产生影响。要搞好城市住房保障管理，做到张弛有度、适合适度，必须处理好住房保障与市场供房的六大关系：一是多与少的关系，即保障性住房的供应数量要与城市的供应能力、供应对象、市场容量相匹配。二是高与低的关系，即保障性住房的建房标准应适合保障住房困难群体基本居住的条件，要与完全市场供应的住房保持一定的落差。三是贵与廉的关系，即保障性住房的价格要让城市住房困难群体买得起、租得了，同时，价格制定应带有一定的封闭型和限制条件，不能形成双轨制，对正常的住房市场供应造成负面影响。四是快与慢的关系，即解决城市住房困难户的住房难不可能一蹴而就，也不可停滞不前，而要从长计议、循序渐进、逐步完成。五是资与济的关系，即保障性住房是保障住房困难群体最基本的住房需求，是一种众筹式的社会救助，而非优惠的市场投资机会。因此，制定保障性住房政策时，应把救助与投资界定清楚。六是严与宽的关系，即保障性住房的受益面要根据地方社会发展水平、经济实力大小，设定适宜的进入门槛，绝不搞一刀切。

3. 城市住房保障管理的制式完善

从适应社会主义市场经济发展的要求看，城市应建立完善的上下兼顾、归口统筹、科学有序的住房保障管理体制、机制和运行模式。一要以块为主、条块结合，理顺住房管理体制，将所有住房保障领域内的住房，全部委托当地政府房屋管理部门纳入公共租赁房及保障性住房进行管理。二要建立健全市、区、街道、社区（村）协调统一的保障性住房管理机制，即通过撤并、调整、优化政府房屋管理系统基层机构，保留"房管所"由基层房屋管理局管辖的体制机制，并根据发展情况增加充实基层房管所人员，改善队伍的年龄和知识结构，提升保障性住房管理队伍的整体能力和素质。三要将优化后的基层房管所经费纳入全额财政支付范畴，房屋租金收缴、工作经费开支实行市（区）财政收支两条线，并严格考核工作业绩。四要通过公开竞争，将公共租赁房及保障性住房由市或区房管部门委托有良好社会信誉、较强服务能力的专业化企业，实施专业性物业服务管理，以更好地统筹公共租赁房及保障性住房的管理。

第四节 现代城市安全保障管理

一、现代城市安全保障管理的本质特征

（一）现代城市安全保障管理的本质

1. 城市安全保障管理的概念

城市安全保障管理，是国家公共安全管理中的重要组成部分，是指城市政府及其相关部门和广大市民，为维护所辖行政区域正常生产、生活秩序，保障城市系统运行安全，应用法律、法规、规章，动员各方专业与自愿人员，制定科学预案对策，采用各类现代技术技能、物资装备和传播手段，及时应对突发事件，有效减轻破坏后果，重新恢复城市正常

运行的全部过程。

2. 城市安全保障管理的内涵

现代城市是一个纷繁复杂的巨系统，安全所涉范围极为广泛，但最为主要、与市民生产生活密切相关、对城市正常运行至关重要的有三个方面，即：城市社会治安管理、城市防灾减灾管理和城市突发应对管理。

（1）城市社会治安保障管理

城市社会治安保障管理，是指为了有效地建设和维护城市治安秩序，城市政府及其公安机关依法进行的对城市社会公共秩序的维护，以及对各种违法犯罪活动的打击和处理。具体包括：动员和组织全社会力量，综合运用政治、经济、行政、法律、文化、教育等多种手段，整治社会治安突出问题；打击和预防各种危害社会的违法犯罪活动，加强对重点群体的教育、挽救、改造、管理和服务；维护国家安全、人民权益、社会稳定；保障城市和谐、健康、可持续发展。

（2）城市防灾减灾保障管理

城市防灾减灾保障管理，是指城市政府为保障市民群众的生命财产安全，维护城市生产和生活的正常秩序，避免自然和人为灾害的发生、扩散，依法采取多种手段，有组织、有计划地对威胁城市的灾难性安全事件进行预测、预警、预防，抵御各类灾害、减轻不良后果、恢复灾前秩序与功能的一系列环节的总和。关键是以防为主、设防在先、防减结合，组织有序、措施有力、行动有效，重灾轻损、大灾小损、常灾无损。

（3）城市突发应对保障管理

城市突发应对保障管理，是指政府及其他公共管理机构通过建立必要的危机应对机制，在突发事件的事前预防、事发应对、事中处置和善后管理过程中，采取一系列必要措施防范、化解危机、恢复社会秩序，保障公众生命财产安全，促进社会和谐健康发展的相关活动的总和。突发应对管理的对象是紧急与灾害性事件；参与管控的部门主要包括城市公安、交通、通信、急救、电力、水利、地震、人民防空、市政管理等；突发应对的关键是预案周全可行有效、统一指挥调度行动、举措合情合理合法、处置快速有序精准。

（二）现代城市安全保障管理的特征

城市安全保障管理总的特征是以防为主、依法管控、科学施策。但具体领域的安全保障，因为执行主体、所涉对象、发生时空、可能后果等的不同而各有其独特的差异。

（1）城市社会治安保障管理的特征

城市社会治安保障管理主要特征有四：一是源头防治。社会治安保障要通过发挥社会综合优势、整合社会各种资源、凝聚社会各方力量、运用多种管治手段，从源头上预防和解决影响社会治安和社会稳定的重、特、难点问题。二是全面防治。社会治安保障管理内容众多、领域广泛，要坚持全体系防、多领域治，既要治理社会顽疾，又要化解社会矛盾；既要维护社会稳定，又要促进社会发展。三是综合防治。社会治安保障管理不仅要充分发挥政法部门特别是公安机关的骨干核心作用，也要组织和依靠各部门、各单位和市民群众的力量，综合运用政治、经济、行政、法律、文化、教育等多种手段，通过加强打击、防范、教育、管理、建设、改造等工作，从根本上防治违法犯罪、化解社会矛盾、维护社会治安。四是长期防治。社会发展是动态、渐进的，社会治安的保障也应该是与时俱进的，必须坚持不懈、持之以恒，不断解决新问题、不断创造新稳态。

（2）城市防灾减灾保障管理的特征

城市防灾减灾保障管理与其他城市管理相比，具有明显的自然与人为的双重特性，因此，其特征也与众不同。其一，保障管理的全面性。面对城市可能出现的自然或人为灾害，城市政府为确保公共安全，不仅要提供正常空间、预防空间，还需准备减灾、抗灾和救援空间，配置避难场所、救灾储库等。因此，城市防灾减灾必须全面研判、细致布局、综合施策、不留隐患。其二，保障管理的全程性。为使城市防灾减灾切实有效，需要对灾前、灾中、灾后的各项防灾、避灾、减灾、救灾等措施精心设计，做到环环相扣、全程把控。其三，保障管理的多样性。城市防灾涉及规划防灾、管理防灾、工程防灾多个领域，城市减灾包含预测、预警、预防、规避、救援、恢复等诸多环节，因此，呈现保障管理的多样性特征。

（3）城市突发应对保障管理的特征

城市突发应对保障管理是一项事关城市生死存亡的大事，有着诸多区别于其他城市事务的固有特征。第一，管理对象的不可确定。城市突发应急管理没有固定的对象，很难在事先进行监测、预控和制定处置计划。第二，管理时空的难以预测。城市突发应对是个动态过程，突发事件具有不确定性和扩散性，即事件突发的时间、空间、形态、方式的难以预测，以及事态发展程度的不可预见。第三，管理过程的动态变异。城市突发事件具有极大的易变性，即单一事件的多极化变异、社会个案的公共化突变、内部矛盾的外部化延展，以及一般事件的恶性化升级等。第四，管理计划的难以周全。城市突发事件之所以常常造成很大的破坏和损失，是因为人们对事件的动态和扩散性缺乏足够的认识和预见，事件的处置计划往往难以周全。因此，城市突发应对保障管理更需要各部门的协同配合，做到联动不乱动、补位不越位、错位不弃位。

二、现代城市安全保障管理的目标原则

（一）现代城市安全保障管理的目标

现代城市安全保障管理的总体目标是确保市民生命和财产安全、确保城市生产与生活秩序井然、确保城市运行规范可续。但由于城市安全保障领域众多、要求不同、难易有别、基础各异，因此，各类安全保障又各有自身的特定目标。

1. 社会治安保障管理的目标

城市社会治安保障管理的目标是：健全完善城市社会治安体系，有效维护城市社会公共秩序，切实保障城市民众生命财产，努力创建城市和谐安居环境，大力营造城市工商乐业氛围，让市民有安全感、使社区具归属感、到单位有认同感、进家门具幸福感、对政府有信任感、于社会具责任感。做到政府、企业、市民多方共建共治，法律、他律、自律多元约束管控，强制、疏导、引领多措并举互补。

2. 防灾减灾保障管理的目标

城市防灾减灾保障管理的目标是：保障市民的生命财产安全和城市的正常运行。按照"平战结合、平灾结合、以防为主、准确预报、快速反应、措施有效"的要求，在完善单一灾种防抗系统的基础上，建立和健全现代化城市综合防灾减灾体系，提高城市整体防灾抗毁和救助能力，确保城市防灾有预案、御灾有举措、救灾有手段、减灾有技术、恢复有能力。做到有力防治灾害、有效避免灾害、有措减轻灾害、有能自救恢复。

3. 突发应对保障管理的目标

城市突发应对保障管理的目标是：完善基于现代法治的警、政、企、民一体的城市突发应对保障管控体制与机制；健全基于现代大数据、云联网的城市防恐、防火、防震、防台、防汛、防疫以及交警、城管、救护、气象、市政等一体的通信、指挥和调度平台。真正做到：城市突发事件应对预案科学、各方联动、反应灵敏、指挥统一，行动迅速、举措有效、保障到位、结果理想。使城市免遭灾难，让经济健康发展；使社会和谐稳定，让市民安居乐业。

（二）现代城市安全保障管理的原则

现代城市安全保障管理总的原则是：确保市民生存安全、合法财产安全和城市运行安全。但由于各领域保障内容侧重不同，其原则也各有差异。

1. 城市社会治安保障管理的原则

城市治安保障管理作为一种社会化的群体行为，具有四项主要原则：其一，党政主导、全民参与。城市治安保障管理涉及全社会各个方面，必须由党委统一领导，各级政府部门承担主要责任，乡（镇）、街道（社区）、居委、企事业单位、市民齐抓共管。其二，属地管理、部门负责。城市社会治安保障管理实行"谁主管谁负责、谁经营谁负责、谁管事谁负责"，辖区党委和政府以及各部门对各自管区城市社会治安保障管理负全责，并实行管治业绩一票否决制。其三，有法可依、有章可循。城市社会治安保障管理要结合实际，制定切实可行的地方性、部门性的法规和制度，理顺各地方、部门、国家机关、企事业单位、人民团体和公民在社会治安综合治理中的各种权利义务关系，确保城市社会治安保障管理权责明晰、功过明确、绩效明显。

2. 城市防灾减灾保障管理的原则

城市防灾减灾保障管理与之独特的工作性质相适应，规定了五项原则：一是防治结合。城市防灾减灾保障管理就是把非常态的城市灾害纳入常态的政府管理之中，把完善城市灾害应急管理体系纳入城市发展规划之中，做到对城市灾害防治结合、先知先觉、有备无患。二是适合有效。城市防灾减灾保障管理应该根据城市实际进行科学规划、适度开发、有序建设；必须结合已发灾害实际及时反馈、有效预防、完善管理，不断提高城市防御灾害的能力。三是分级负责。城市防灾减灾保障管理应实行统一领导、分级响应、属地为主、条块结合、相互配合、联动应急的工作责任制，各专项应急工作指挥、牵头、参与部门主要负责人，分别承担应急指挥、牵头主政、参与协同第一责任。四是快速反应。城市防灾减灾保障管理必须建立健全及时、科学、完整、高效的决策程序和监测预报体系，并借此在灾时迅速作出反应、科学组织抵御、有效自救恢复。五是资源整合。城市防灾减灾保障管理需要充分利用和整合现有资源，避免重复建设、加强协调配合、降低行政成本。

3. 城市突发应对保障管理的原则

城市突发事件的不可预测性，决定了其应对原则的独特性：第一，快速高效应对。由于危机具有突发性、破坏性、扩散性和不确定性，因此，城市政府的突发应对必须短而快，即最短时间判断、决策，最快速度应对、抵御，保证御灾的人、财、物及时到位，保证受损的人、财、物程度最低。第二，公共利益至上。当突发事件爆发时，城市突发应对保障管理的一切行为都应以公共利益为第一和最高工作目标。第三，信息公开透明。在城市突发应对保障管理中，城市政府必须及时、客观地公布信息，让市民了解实情、消除顾虑，使市民相信政府、共同防御灾情。

三、现代城市安全保障管理的机制体系

（一）现代城市安全保障管理的各式机制

现代城市安全保障管理能否真正落到实处，很大程度上取决于建立一套普适性的体系化科学机制，包括与时俱进的适应机制、因地制宜的适合机制、循序渐进的适度机制。但同时，由于城市安全保障领域的多元性，其各自具体保障机制又有一定的差异和个性特色。

1. 城市社会治安保障管理的机制

城市社会治安保障管理的全社会参与性、内容的动态性、个体的自律性，使其具体的运作机制具有了更多共享、共融、自觉的内涵。一是管理的资源共享。社会各部门和单位应根据资源共享、信息共用、协同作战、各记其功的要求，在社区居民管理委员会的牵头组织下，共同参与开展以社会治理为重点的社会事务管理工作。二是治安的联防群防。要建立反应灵敏、强大有力的治安联防群防队伍，开展经常性的巡逻查访，科学管控街面治安、住地安全，为市民打造祥和繁荣的家园。三是责任的目标明晰。社会治安综合治理应防线前移、管控明责、目标清晰、考核严细，使社会形成合力，使行政具有定力，使居民富有活力，使社会治安综合治理产生实绩。四是城市公民自治。社会治安保障要形成国家法律、社会他律、公民自律的合成机制，尤其要以公民自治为根本，自我约束、志愿服务、自觉规范，使城市社会在每一位市民的微观自治中更趋和谐。

2. 城市防灾减灾保障管理的机制

城市政府要真正实现对城市防灾减灾全过程、无缝隙的应对管理，必须在常态防范、非常应急和善后处置三个环节形成严密规范的良好机制。其一，常态防范机制。首先在城市规划过程对突发应对进行周密安排，消除未来城市灾害可能发生的隐患；其次城市地质勘察、建筑设计、建设施工过程要充分满足防灾减灾的要求；再次是切实保障城市运行中生命线体系的安全、畅通、高效。其二，非常应急机制。城市防灾减灾保障管理除了常态防范，还应完善包括的预测预警、灾害预告、决策分析、指挥协调、应急联动、公众沟通、社会动员等在内的非同常态的灾害对机制。其三，善后处置机制。城市防灾减灾的保障是否有效，关键是要有一套完备的灾害善后处置机制，包括：城市灾害的奖励追责、救后恢复、对策完善等。

3. 城市突发应对保障管理的机制

根据统一指挥、反应灵敏、协调有序、运转高效的要求，城市突发应对保障管理应确立四个方面的运作机制，具体包括：第一，政府部门间的联动机制。组建统一的城市灾害管理专门机构，实行城市灾害应对属地管理，加强城际灾害管理交流合作。第二，政社组织间的合纵机制。非政府组织在城市灾害发生时能迅速及时地作出反应，协助政府广泛调动社会力量，快速有效地共同应对灾害，弥补政府力量的不足。第三，政府媒体间的互动机制。在政府与媒体间实现灾害管理的良性互动，使政府准确地掌握信息、及时地公布信息、有效地增强公信，从而更好地赢得民心、稳定事态。第四，政府科研间的合作机制。加强政府与灾害管理研究力量的交流与合作，实现理论与实证、官员与学者、问题与建言的融通、互补、同益，从而更有效地破解应对城市灾害的难题、困惑、瓶颈。

（二）现代城市安全保障管理的不同体系

现代城市安全保障管理作为城市保障的重要分支，由于其保障的领域、面对的环境、承受的风险、达成的目标等的不同，保障的体系也各不一样，并伴随经济发展、社会进步、城市崛起而发生变革、优化和创新。

1. 城市社会治安保障管理的体系创新

第一，构建"互联网＋"多元矛盾化解平台体系。要坚持传统手段与科技创新相结合，坚持网格化管理与基层综治平台建设相结合，充分运用互联网、大数据等新载体新技术，探索符合时代发展的矛盾纠纷多元化解新途径，建立集网上受理、网上咨询、在线调解等功能于一体的网络便民服务平台，不断提升对矛盾纠纷的预防、研判与化解能力。

第二，构建"互联网＋"现代公共安全智能体系。在社会治安方面，大力推进公共安全视频监控建设和联网应用，深入推广客运购票、寄递物流、瓶装燃气、散装汽油、移动电话、出租民宿等实名登记，用大数据管理，使预警更加科学、防控更加有效、打击更加精准。在大型活动组织和人员聚集场所管理方面，充分利用"热力图"、"关键词搜索"等技术，加强人流监测、人群聚集热点预测，并利用电子围栏和视频监控实时预警。在重点人员、重点行业、重点地区管控方面，通过监管大数据实现预警管理，对不同对象实行预警等级分类，实行不同管控措施。

第三，构建"互联网＋"现代执法司法智慧体系。在互联网时代，政法机关运用信息化手段满足群众多样化的司法需求，已成为执法司法能力的重要组成部分。要建立平安建设信息网，开展公安网络互动、网络司法拍卖，公布司法透明指数；要打造"智慧法院"，构建"远程视频提审系统"；运用智能语音识别、远程视频监控技术，实现检察官远程提审。要进一步科学规划信息互通共享架构，着力解决信息孤岛、资源封闭和案多人少矛盾，促进政法单位资源高效配置、信息高度共享、工作高速推进。

第四，构建"互联网＋"社会治理服务高效体系。要通过打造"平安城市 APP"、"警察叔叔 APP"，等网上服务新模式，进一步整合基层部门、单位社会治理服务平台和窗口，推动跨部门、跨行业涉及社会治理服务事项的信息互通共享，促进办事部门公共服务相互衔接，延伸移动端便民服务触角，打通网上服务"最后一公里"，变"群众奔波"为"信息跑腿"，变"群众来回跑"为"部门协同办理"，从源头上提升社会治理服务整体效能，使社会治理更精细、服务群众更直接，更好地打造共建、共治、共享的命运共同体。

2. 城市防灾减灾保障管理的体系完善

其一，建立健全自然灾害救助应急预案体系。城市社区、重点区域、重点企业、重点单位、学校都要制订应急预案，实行应急预案全覆盖。制订预案要符合实际，科学适用，不断修订完善，形成指挥有序、处置有力、科学调度、反应迅速的应急预案体系，提高灾害应急处置能力。积极推进预案建设和演练，组织开展形式多样、喜闻乐见的防灾减灾活动，组织开展防灾减灾业务研讨和应急演练，进一步完善预案，提高预案的实用性和可操作性，增强干部群众对预案的掌握和运用能力。

其二，建立健全自然灾害监测预警体系。完善防汛抗洪气象信息预报、雨（水）情信息预警、地质灾害信息收集上报及应急处置工作程序，形成指挥统一、社会联动、运转协调的灾害预警工作体系。加强自然灾害信息员队伍建设，通过不断培训，提高灾害信息报送能力。建立网上信息平台，形成纵向到底、横向到边的信息网络，提高科学判断灾情能力。加强自然灾害监测预警设备设施建设，以市为单位装备气象预警、水文预警、地震监测设备，提高灾害及时预警能力。

其三，建立健全抗灾救灾应急救援体系。健全自然灾害应急指挥中心，科学调度各方应急救援力量，以最快速度、在最短时间内开展救援行动。加强专业救援队伍建设，改善技术装备水平和训练条件，充分发挥军、警、民各路救援力量作用。大力发展社会化紧急救援服务组织，积极培育基层兼职救援队伍，充分发挥志愿者、民间组织以及社会团体在灾害紧急救援中的作用，提高灾害应急救援能力。

其四，建立健全自然灾害调查评估体系。制订灾情核查工作规则，整合民政、交通、水利、农业、通信、电力等各职能部门力量，分类开展灾情核查，通过汇同商议，科学评估自然灾害损失，为政府灾后重建提供决策依据，提高灾后重建参谋决策能力。

其五，建立健全自然灾害灾民救助体系。完善灾害应急救助制度，灾后第一时间救援资金、物资到位，确保灾民衣、食、住、医无忧；第一时间赶赴灾区核灾查灾，慰问灾民。完善灾后恢复重建政府补助制度，适时、适度提高灾后倒房恢复重建补助标准，减轻灾民经济负担。完善赠灾捐赠和对口帮扶机制，动员社会力量参加抗灾救灾，动员行政企事业单位对口帮扶灾区开展灾后重建。

3. 城市突发应对保障管理的体系优化

一是强化应急管理完整体系建设，提升综合应急能力。创新城市核心区、副中心、重点新城、重点功能区的应急管理体系；完善指挥权限与职责、应对权利与义务明晰的应急管理法治体系；优化涵盖城市安全运行相关重点领域的应急管理标准体系；规范应急管理评估、绩效考核和督查体系；强化城市应急系统自身建设。

二是强化应急管理合作体系建设，提升跨域联动能力。创新跨区域的突发事件协同应对和联合指挥机制；健全跨领域应急资源合作共享机制；完善图像信息、移动终端、资源数据应急平台互联互通机制。

三是强化应急管理测控体系建设，提升综合防范能力。加强公共安全各领域和重大活动城市安全风险管理；推进各类突发事件监测预警、信息传递、交流反馈、联防联控的体系化、规范化、智能化；强化央地、省市、军地及与周边区域间的监测、预警信息的共享和研究判断；建设市、区预测预警信息发布、传输、播报"一键式"工作平台，实现多语种、分灾种、分区域、分层次、分人群、个性化预警信息服务。

四是强化应急管理指挥体系建设，提升处置救援能力。强化领导专家、专项协调、精细处置的应急决策和集中指挥机制；强化初报、续报、核报和终报的全过程信息报送工作机制；强化分级分类突发事件现场指挥机构组建和升级机制；强化专业应急部门与交通、交管、民航等部门信息通报和联合处置机制；强化依托公共通信和政务专网、利用卫星网和微波传输的应急通信保障机制；强化与各类媒体合作协同的新闻发布、信息监测及舆情响应机制；强化基于无人机、飞艇等新技术以及部队和民航体系的空中救援应急机制；强化军、警、民三方结合、优势互补的协同应急联动机制。

五是强化应急管理保障体系建设，提升应急准备能力。与时俱进不断优化分级分类应急预案、积极开展突发应急演练、切实搞好应急评估考核；因地制宜努力推进装备精良、反应快速、训练有素的应急救援队伍建设；循序渐进统筹搞好政府、社会和家庭有机结合的应急物资储备与管理；不断拓展广场、绿地、公园、体育场馆、人防工程、宾馆、学校等公共场所的应急避难功能，推进各级各类应急避难场所建设管理；统筹深化政府投入、市场结合的应急资金保障和补偿管理；积极推进国家地方联合、国有民营协作的应急产业发展。

六是强化应急宣教动员体系建设，提升应急响应能力。进一步提升公众风险防范意识、预防演练自觉和应急技能水平；进一步提高城市自治组织、社会组织、企事业单位及公众参与突发应对的社会动员能力；进一步扩大分灾种、分层级、分专业的突发应对志愿者队伍。

七是强化基层应急运行体系建设，提升基层应急能力。不断完善区、街道（乡镇）、居委（社区）基层应急管理机构和组织；有力推进"安全社区"、"平安社区"、"综合防灾减灾示范社区"、"地震安全示范社区"等的创建活动；系统加强基层应急预案、风险图表、疏散路线的编制与参与度高、针对性强、形式多样、简单实用的应急演练；健全创新基于有线通信、无线网络、视频系统、应用软件等的基层应急指挥技术体系。

八是强化巨灾应对管理体系建设，提升设施应急能力。提升多元互补、协调有序的优质能源多方安全供应能力；提升基于短波、超短波、微波通信的巨灾应对通信保障能力；提升常态维护、动态监测、重点严控、全面监管的巨灾应对交通保障能力；提升政府财政、保险资金、巨灾基金共同支撑的多元巨灾应对善后救助能力；提升城市重要基础设施和关键资源安全风险评估及运行可持续能力；提升巨灾情景再现、理论研究、对策生成能力。

九是强化应急技术创新体系建设，提升科技应急能力。全面提升利用云计算、物联网、移动互联网、大数据等新技术，应对城市突发事件的水平；推动物联网等技术在道路交通、安全生产、城市管网、社会治安、环境保护、森林防火、食品药品安全等领域的示范应用；进一步强化重要风险源、重点防护目标、重要基础设施，以及交通管理、环境保护、人口管理、市政管理、信息安全等各类城市运行应急数据资源的整合和共享。

第六章　城市管理的理念更新与未来趋势

第一节　现代城市管理的生态化理念

一、现代城市管理的大生态价值观念

（一）人类大生态时代的要义与趋势

1. 人类大生态化的三大要义

一是大生态化是建立在适度、适应和满足人类与自然双需要基础上的可持续的发展路径的优化选择；二是大生态化将以多样为形式、协调为途径、平衡为模式、渐进为状态、规范为手段、可持续为目标；三是大生态化将由人定胜天到适应自然，由为所欲为到适可而止，由自我中心到环境永续，由无度挖掘到适度开发，由无序改造到有序发展，由创造损毁到创新弥补，由代内落差、代际透资到当今减差、未来永续。

2. 人类大生态化的六大趋势

从总体来上说，大生态构想具有六个方面的趋势：

一是对生态概念在范畴上的进一步拓展，即由生物及其自然环境，到自然、人类及其与自然和社会环境；二是对生态概念在属性上的多元化叠加，即由单纯的自然属性，演化为自然与人工的多元综合；三是对生态概念在系统上的科学化整合，即由单一的自体系，到共生的繁体系；四是对生态概念在本义上的凝练和引申，即由对生物及其与自然环境关系的描述，到对生物状态本质规律的概括，以及这种状态本质规律对人类生存及其社会演化的意义的阐发；五是对生态概念在关系链解读上的扩展，即由单体系、单生态链内在元素间的结构描述，到多体系、多生态链内部和外部双重结构的描述，并由单一的文字描述转向代数化公式辅助；六是对生态概念在合成化进程上的践行，即由大生态化的理论博弈，转向具有践行意义的路径探索和策略建构。

3. 人类大生态化的时代特征

人类已经历了由朦胧、顺应到自在的原色（原始）文明，以及由依附、利用到改造的金色（农业）文明；人类正在经历由发掘、创造到损毁的黑色（工业）文明；人类将迈向适度、融洽与和谐的第四（生态）文明。这是一个大生态化的绿色文明时代，将具有以下三大特征：

（1）"五生态化"的时代

人类文明的第四时代，将是一个大生态的时代，是一种自然、经济、社会、人文、行政都生态化了的理想时代。

（2）"可持续化"的时代

人类文明的第四时代，将以多样、平衡、协调、有序、渐进和可持续为特征。所谓多

样，就是因时、因地、因事、因人的多元化和差别化，同中求异、异种求同、相得益彰；所谓平衡，就是资源供求、商品产销、废物排解等实现相对平衡；所谓协调，就是人、自然、经济、社会、行政等的互相整体协调；所谓有序，就是规划、建设、管理、发展等的科学规范；所谓渐进，就是根据可能、需要，按照计划逐步推进；所谓可持续，就是自然平衡、经济循环、社会和睦、人文多元、行政协调。

（3）"新价值观"的时代

人类文明的第四时代，将倡导一种全新的综合环境价值观，即人、自然与环境的大一体观；自然物价值均等观；生命物种平等观；物种的丰富和多样观；物质的够用和再利用观；技术与改造的适度观；人口的质优与适量观。

（二）世界生态环境思维的五次飞跃

1. 生态环境思维的第一次飞跃

1972 年 6 月 5 日至 16 日联合国在瑞典斯德哥尔摩召开了首次人类环境会议。这次会议通过了《人类环境宣言》，将"为了这一代和将来的世世代代的利益"确立为人类对环境的共同看法和共同原则，并提出了七大观点和 26 项原则，其核心是"人与自然和谐共生"。

七大观点主要是：其一，人是环境的产物、也是环境的塑造者；人类具有有限改变环境的能力。其二，改变和保护环境是各国政府应尽的责任。其三，在改变环境方面人类要有所发明、创造、进步，但不能错用改变力而损毁环境。其四，环境问题：在发展中国家由发展迟缓所致；在发达国家则由工业与技术发展引发。其五，人口自然增长不断引发环境问题。其六，人类的一切行动都要考虑环境后果；要在自然中获得自由，就要与自然协调、善待环境；不仅要为当代，更要为后代保护好环境。其七，保护环境是人类的共同责任，无论国家、企业、社团抑或公民个人都责无旁贷。

2. 生态环境思维的第二次飞跃

1983 年 11 月，联合国成立了"世界环境和发展委员会"（WECD），当时的挪威首相布伦特兰夫人出任主席。通过 21 国专家 4 年的努力，形成了以"我们共同的未来"为题的"布伦特兰报告"。

（1）报告的核心

"布伦特兰报告"首次正式提出了"人类与自然可持续发展"的理念与模式，核心是既满足当代人的需求，又不对后代人满足其自身需求的能力构成危害；关键是人类需求、环境有限。

（2）报告的理念

"布伦特兰报告"倡导：经济增长要集约化（高效）、节俭化（低耗）、减排化（少损）；环境维系要消耗与承载力平衡、发展与保护并举；社会发展要公平、自由、和谐、富裕兼顾。

3. 生态环境思维的第三次飞跃

1992 年 6 月 3 日至 14 日，183 个国家和地区代表（有 102 位国家元首和政府首脑）在巴西里约热内卢召开了联合国环境与发展大会，形成了诸多新共识。

（1）人类共同战略

会议第一次把经济发展与环境保护结合起来进行认识，首次提出可持续发展战略，并使之成为全人类共同的发展战略。

（2）世界发展宣言

会议通过了著名的《里约热内卢环境与发展宣言》，彻底否定了工业革命以来"高增长、高消费、高污染"的传统发展模式，以及"先污染、后治理"的道路，真正接受了"可持续发展"的理念。

（3）世纪践行议程

会议还通过了作为有关世界性环境发展的政府级最高承诺《21世纪议程》，核心是主张"环境与发展不可分割"，为保护地球生态环境，必须实现可持续发展，建立"新的全球伙伴关系"。

4.生态环境思维的第四次飞跃

2002年8月26日至9月4日，在南非约翰内斯堡召开了可持续发展世界首脑会议。会议提出了著名的可持续发展的三大支柱，即经济发展、社会进步和环境保护；会议明确了经济社会发展必须与环境保护相结合，以确保世界的可持续发展和人类的繁荣。

5.生态环境思维的第五次飞跃

2012年6月20日至22日，在巴西里约热内卢召开了联合国可持续发展大会，确立了一系列主题、目标和宣言。

（1）新的主题

会议确立了两大主题，即"可持续发展和消除贫困背景下的绿色经济"、"促进可持续发展机制框架"。

（2）新的目标

会议提出了三大目标，即"达成新的可持续发展政治承诺"、"全面评估过去二十年可持续发展领域取得的进展和存在的差距"、"应对新挑战制订新的行动计划"。

（3）新的宣言

会议通过了《我们憧憬的未来》宣言，包括：重申了"共同但有区别的责任"原则；决定启动可持续发展目标讨论进程；强调绿色经济是实现可持续发展的重要工具；敦促发达国家向发展中国家转让环境友好型技术。

（三）中国对世界生态思维的新贡献

中共党的十七大报告在人类历史上首次明确提出了建设生态文明的要求，将人与自然的和谐纳入经济社会发展的总体目标之中，强调要形成节约能源资源和保护生态环境的产业结构、增长方式、消费模式。

中共党的十八大报告进一步把生态文明建设纳入了"五位一体"的国家长远发展总体战略，即与经济建设、政治建设、文化建设和社会建设放在了同等重要的地位，并作为独立的部分在报告中列出。同时，报告认为，要把生态文明建设放在突出地位，融入经济建设、政治建设、文化建设、社会建设各方面和全过程。

中共党的十八大以来，中共中央总书记习近平特别指出：建设生态文明是关系人民福祉、关系民族未来的大计；保护生态环境就是保护生产力，改善生态环境就是发展生产力；既要绿水青山也要金山银山，宁要绿水青山不要金山银山，绿水青山就是金山银山。要把生态文明建设融入经济、政治、文化、社会建设各方面和全过程，正确处理好经济发展与生态环境保护的关系，更加自觉地推动绿色发展、循环发展、低碳发展，绝不以牺牲环境为代价去换取一时的经济增长，努力建设美丽中国。

为了改善世界生态环境、引领全球生态文明、推进中国新时期的生态化发展，我国明确必须建立系统完整的生态文明制度体系，实行最严格的源头保护、损害赔偿和责任追究制度，完善环境治理、生态修复和节能降耗制度，并提出了六个方面的大生态思维：

1. 服务长远全面永续的战略思维

（1）生态文明着眼未来：这是关系人民福祉、关乎民族未来的长远大计。

（2）生态文明势在必行：面对资源约束趋紧、环境污染严重、生态系统退化的严峻形势，必须树立尊重自然、顺应自然、保护自然的生态文明理念。

（3）生态文明理当全面：要把生态文明建设放在突出地位，融入经济建设、政治建设、文化建设、社会建设各方面和全过程。

（4）生态文明必须永续：要努力建设美丽中国，实现中华民族的永续发展。

2. 体现国策方式安全的全球思维

（1）生态文明应成为国策大略：坚持节约资源和保护环境的基本国策，坚持节约优先、保护优先、自然恢复为主的方针，着力推进绿色发展、循环发展、低碳发展。

（2）生态文明应成为发展方式：形成节约资源和保护环境的空间格局、产业结构、生产方式、生活方式。

（3）生态文明应成为人类目标：从源头上扭转生态环境恶化趋势，为人民创造良好的生产、生活环境，为全球生态安全作出贡献。

3. 定位布局开发科学的发展思维

要在未来国家发展定位、布局、开发中，全面体现生态文明的思维理念。

（1）适度开发的理念：国土是生态文明建设的空间载体，必须珍惜每一寸国土。要按照人口资源环境相均衡、经济社会生态效益相统一的原则，控制开发强度，调整空间结构，促进生产空间集约高效、生活空间宜居适度、生态空间山清水秀，给自然留下更多修复空间，给农业留下更多良田，给子孙后代留下天蓝、地绿、水净的美好家园。

（2）科学布局的理念：加快实施主体功能区战略，推动各地区严格按照主体功能定位发展，构建科学合理的城市化格局、农业发展格局、生态安全格局。

（3）海陆并举的理念：提高海洋资源开发能力，发展海洋经济，保护海洋生态环境，坚决维护国家海洋权益，建设海洋强国。

4. 节俭降耗增效同步的平衡思维

要在未来国家资源节俭、降耗、增效中，全面体现生态文明的思维理念。

（1）全程节俭的理念：节约资源是保护生态环境的根本之策。要节约集约利用资源，推动资源利用方式根本转变，加强全过程节约管理，大幅降低能源、水、土地消耗强度，提高利用效率和效益。

（2）科学产耗的理念：要推动能源生产和消费革命，控制能源消费总量，加强节能降耗，支持节能低碳产业和新能源、可再生能源发展，确保国家能源安全。加强水源地保护和用水总量管理，推进水循环利用，建设节水型社会。严守耕地保护红线，严格土地用途管制。加强矿产资源勘查、保护、合理开发。

（3）循环往复的理念：要发展循环经济，促进生产、流通、消费过程的减量化、再利用、资源化。

5. 治理修复优化并举的协调思维

要在未来国家环境治理、修复、优化中，全面体现生态文明的思维理念。

(1) 及时修复的理念：良好的生态环境是人和社会持续发展的根本基础。要实施重大生态修复工程，增强生态产品生产能力，推进荒漠化、石漠化、水土流失综合治理，扩大森林、湖泊、湿地面积，保护生物多样性。

(2) 防治结合的理念：要加快水利建设，增强城乡防洪、抗旱、排涝能力。加强防灾、减灾体系建设，提高气象、地质、地震灾害防御能力。坚持预防为主、综合治理，以解决损害群众健康的突出环境问题为重点，强化水、大气、土壤等污染防治。

(3) 共同有别的理念：要坚持共同但有区别的责任原则、公平原则、各自能力原则，同国际社会一道积极应对全球气候变化。

6. 考评管控补偿联动的规范思维

要在未来国家环保考评、管控、补偿机制建构中，全面体现生态文明的思维理念。

(1) 科学考评的理念：保护生态环境必须依靠制度。要把资源消耗、环境损害、生态效益纳入经济社会发展评价体系，建立体现生态文明要求的目标体系、考核办法、奖惩机制。对限制开发区域和生态脆弱的国家扶贫开发工作重点县取消地区生产总值考核。要探索编制自然资源资产负债表，对领导干部实行自然资源资产离任审计。

(2) 严格保护的理念：建立国土空间开发保护制度，完善最严格的耕地保护制度、水资源管理制度、环境保护制度。建立和完善严格监管所有污染物排放的环境保护管理制度，独立进行环境监管和行政执法。建立陆海统筹的生态系统保护修复和污染防治区域联动机制。健全国有林区经营管理体制，完善污染物排放许可制，实行污染物排放总量控制制度。

(3) 市场补偿的理念：深化资源性产品价格和税费改革，建立反映市场供求和资源稀缺程度、体现生态价值和代际补偿的资源有偿使用制度和生态补偿制度。积极开展节约能量、碳排放权、排污权、水权交易试点。加快自然资源及其产品价格改革，全面反映市场供求、资源稀缺程度、生态环境损害成本和修复效益。坚持使用资源付费和谁污染环境、谁破坏生态谁付费原则，逐步将资源税扩展到占用各种自然生态空间的领域。坚持谁受益、谁补偿原则，完善对重点生态功能区的生态补偿机制，推动地区间建立横向生态补偿制度。发展环保市场，推行节约能量、碳排放权、排污权、水权交易制度，建立吸引社会资本投入生态环境保护的市场化机制，推行环境污染第三方治理。"完善税收制度"，"把高耗能、高污染产品及部分高档消费品纳入征收范围"，"推动环境保护费改税"。

(4) 监管追责的理念：加强环境监管，健全生态环境保护责任追究制度和环境损害赔偿制度。对造成生态环境损害的责任者严格实行经济赔偿，依法追究刑事责任。建立生态环境损害责任终生追究制，对野蛮、粗放的经济发展方式形成有效的制约，真正实现经济发展与环境保护的共存。

(5) 增强共识的理念：加强生态文明宣传教育，增强全民节约意识、环保意识、生态意识，形成合理消费的社会风尚，营造爱护生态环境的良好风气。

二、现代城市管理的五生态协同体系

(一) 现代城市管理的自然生态观及其永续体系

1. 生物多样

所谓生物多样，包括了植物多样、动物多种，以及人类在科学基础上对自然的顺应、对环境的优化和与自然的共存，如：注重生物的多样性；挖掘地方物种的潜能；讲究生物的地理、气候、土壤与多物种兼容的适应性；杜绝不科学、盲目和为单纯美化而进行的跨国家、跨区域、跨气候带的随意引种，以及不切实际、不顾条件和代价而开展的"大草坪"、"观赏树"铺设与"引种运动"等。

2. 环境优美

所谓环境优美，是倡导"厂在田中、城在林中、绿在城中、人在园中、花在房中"的绿色理念与美好愿景，如：做到山水、草木、房田、路桥布局科学、错落有致、疏密适当；构筑城市大生态链，形成城市的多维生态走廊；培育点、面、群结合和花、草、树兼容的生态族；建设横向、纵向和地面、屋顶交汇的绿色景观。

3. 水气清洁

所谓水气清洁，是指原水达标、饮水可口、垃圾分类、废气受控、尘埃受治，如城市环境污染的防治必须前卫化、科学化、合理化，包括：大气治理防线的前移和防、堵、罚并举；汽车尾气治理的卡源头与路查、重罚并举；垃圾的分类收集、分类运送、分类处置与可持续循环利用的并举。

4. 资源充裕

所谓资源充裕，就是土地可续、林木森森、粮田广袤、水源充沛、矿藏丰富，如：实行土地当代人均用量的控制和未来人均储量的预留；实行绿地的多维（地面、垂直、空中、屋顶等）立体培植，区域总量调控和合理布局，人均拥有达标与城市、社区、家庭多元建设；倡导林木的园、廊、片、圈的多形式种植、多样化配制、多功能利用；以城市性质、规模、地理条件为依据，结合整体自然生态可持续需求，合理配置农业用地规模与功能，在输出、引进平衡的基础上实现自力更生；以城市当代与未来双重需要与自然供给平衡为前提，合理开发利用本地水利与矿藏资源，实现自给与适度引进、循坏利用的整体平衡。

（二）现代城市管理的经济生态观及其循环体系

1. 结构合理

所谓结构合理，指的是城市的产业结构、布局结构、投资结构、设施结构与消费结构的合理，如：城市战略空间布局必须与城市定位相协调；城市产业空间布局必须与城市经济发展相协调；城市居住空间布局必须与城市公民收入水平、从业分布、居住理念相协调。

2. 低耗高效

所谓低耗高效，就是节约资源、降低能耗、减少排放、提高效率、增加效益，如：城市资源耗用必须与城市资源的提供可能相协调；城市资源耗用必须与等量的效益产出相协调；城市资源耗用必须与城市的承受能力相协调。

3. 适销对路

所谓适销对路，就是要做到质优款新、以需定产、人本服务、品牌赢市、国际联动，如：根据国民生活水平制定产品的质量等级标准；依照国民审美情趣创新产品的款式类别；适应社会发展的前卫理念引导消费；了解各类市场需求确定生产的品种数量；区别不同群体搞好产品的售中差别服务；针对不同特点推行产品售后的终生保障；以产品造型、营销与保障构筑品牌文化链；以产品功能、价格与市场份额打造品牌经济值；引进国际价廉物美的商品满足本国市场；出口本国特色优质的商品赢得国际市场。

4. 持续循环

所谓持续循环，是指资源开发的适度、物质利用的循环、废弃物的科学降解、排放的零污染、与自然和人类环境的综合平衡，如：重视可再生资源开发、催生、利用，限制或有序、适度开发不可再生资源；变废为宝，搞好可利用废弃物的重复利用；禁止或尽可能减少不可降解和难降解物质的产生，科学降解有毒有害和污染物质；禁止或尽可能减少人类对自然的有毒有害水气的随意排放、任意污染；以尽可能适应自然、有限地利用自然、科学地改造自然的理念和方式，实现人类生存活动与自然承受极限之间的综合平衡，实现人类与自然的永续发展。

(三) 现代城市管理的社会生态观及其稳态体系

1. 公平公正

所谓公平公正，就是保障人权、资源共享、分配公平、不分贵贱、奖罚公正，如：让每一个公民都具有生存、居住、迁徙、劳动、学习、言论、选举、医疗、社保等基本权利；都具有对公共资源完全的共享权；都享有与付出价值同等的社会公平的分配所得；都享有不分种族、身份、职位、年龄、贫富的应有和同等的社会尊重；都将依照对社会的贡献或损害的性质、程度接受相应的社会奖惩。

2. 安居乐业

所谓安居乐业，就是国家安泰、百姓平安、业有所成、居有定所、衣食无忧，如：国家在团结、强大、进步、安全的前提下获得全面发展；百姓在社会和谐、平稳、有序中感到安康；人人有就业的机会、发展的空间、成功的可能；家家有固定的居室、稳定的收入、够用的衣食。

3. 城乡一体

所谓城乡一体，是指发展城市、反哺乡村、自由迁徙、城乡联动、一体共生，如：以需要与可能的平衡为前提，有序地繁荣城市；以索取者补偿与回馈的心态，由城市向农村进行全方位反哺，实现城乡的多元平衡；打破城乡地域分割概念和公民身份上的限制，实现真正意义上的城乡自愿、自由迁徙，达到生存条件和市场法则调节下的社会人口的动态平衡；实现城乡在自然生态、空间区位、各类资源、不同人才、科学技术、综合管理、可用资本等方面的有效互补、错位发展、共生共赢。

4. 和谐自律

所谓和谐自律，就是实现全社会的尊重信任、理解包容、礼让互敬、崇法尚儒、自律他律，如：构筑惠他、责任、尊重为核心的社会诚信体系；人人具备换位思考、理解包容、知足长乐的良好心态；大家都来弘扬谦恭礼让、互助共济、敬老爱幼的传统美德；培育法理天下、儒塑人格、道辅践行的社会运行环境；实现法律惩戒、政策引领、契约规范、道德约束、环境感召、家庭呵护基础上的自我调适。

(四) 现代城市管理的人文生态观及其健康体系

1. 想学能学

所谓想学能学，就是在教育与学习上形成人人想学、时时能学、处处可学、因材施教、便捷现代的氛围与条件，如：以革新的学校教育为基础、以服务发展的职业教育为中心、以整合校外社会资源的社区教育为依托、以构筑现代伦理价值观为核心的家庭教育为纽带；学习意识普遍化、学习行为终身化、学习体系社会化、学习内容个性化、学习方式开放化、学习手段网络化，并形成人人愿学、个个能学、时时可学、处处有学、终生在学的良好的学习愿景。

2. 文化多元

所谓文化多元，就是倡导文化的古今相融、中西合璧、百花齐放、与时俱进、净化引领，如：在历史精华的传承、借鉴、发展中实现文化的今古兼容、古为今用、古今共荣；在异域民俗的比较、扬弃、吸纳中实现中外文化的扬长避短、珠联璧合、互补共融；在兼顾自我、他人、社会以及倡导自由、开放、包容中实现文化的多样并存、多种互补、多元繁荣；在探索、适应、服务中实现文化的去伪存真、创新提升、代际对接。

3. 身心健康

所谓身心健康，就是使人人保持体格健壮、精力充沛、思维敏捷、心态平和、积极向上，如：形成人人愿意、时时可能、处处方便身体锻炼、健康保障的氛围和条件；使人人保持饱满的精神状态、旺盛的工作精力、执着的事业之心；让个个才华横溢、思如泉涌、敏捷过人；盼天下之人均能恬淡知足、气和心静、神怡态安；望五洲之民都能协力同心、攻克时坚、兴国安邦。

4. 德才兼备

所谓德才兼备，就是倡导人人都成为诚实守信、宽厚仁爱、报国效民、博学多才、技艺精湛之人，如：在真诚、坦荡、无私中培育诚信，在排除多疑、自私、实用中坚守诚信；在对自我的苛求、约束中变得宽厚，在对他人的理解、宽容中充满仁爱；在对国家与民众的付出、在对职业和事业的执着、更在对个人及家庭乃至亲朋的守望中承担报国效民的责任；在广纳、感悟、掇英、扬弃中博学，在沉浮、反复、磨砺、攻坚中成才；在认知、践行中把握技艺，在钻研创新中提增能级。

(五) 现代城市管理的行政生态观及其适配体系

1. 科学民主

所谓科学民主，就是要求行政者理念前卫、规划科学、决策民主、程序规范、管理精细，如：具有学无边际、习无疆界、探无围栏的非凡气度；具有尊重客观、审时度势、恰如其分的科学精神；具有礼贤下士、广开言路、博采众长的民主作风；具有实事求是、按部就班、严谨规范的工作态度；具有确保过程精确、措施正确、结果准确的管理策略。

2. 兼容并蓄

所谓兼容并蓄，就是要求现代城市政府管辖下的城市是一个开放互动、共享多赢、取长补短、继承创新、协调持续的城市，如：对市外、境外开放，与各地、各国互动；让公共资源普惠全民、共享社稷，使社会各方、市场各级双赢多赢；取以往、他山之长，补时下、本地之短；在扬弃中继承，于探索中创新；需求与供给一致、影响与承载对等、循环与持续匹配。

3. 服务民本

所谓服务民本，就是要求现代城市的政府必须了解民意、维护民权、关注民生、兑现民利、化解民忧，如：想市民所想、急市民所急、谋市民所谋；保障市民生存、劳动、学习之权，给予市民参政、议政、督政之权；满足市民教育、医疗、社保之需，改善市民衣、食、住、行条件；及时、完全、主动兑现政府对市民利益的各类承诺，并予以制度化、规范化；用示范、引导、预防减少民怨，靠依法、说理、沟通化解民忧。

4.勤廉制衡

所谓勤廉制衡，就是要求现代城市政府规范置政、依法行政、勤俭为政、廉洁行政、高效执政，如：在规范、简约、扁平原则下精简行政机构、简化行政流程、减少行政层级；在决策、执行、监督分立的原则下实现行政的互相制衡；在节约、简朴、实在的原则下勤办事、多办事、办好事；在无私、恬淡、服务的原则下权为民用、利为民谋、廉为民督；在低耗、精准、负责的原则下降低行政消耗、减少行政失误、提高行政效率。

三、现代城市管理的多生态关系指标

（一）现代城市管理五生态体系的多元关系链

1.五生态体系的内在关系链

以各体系基本要素对应原生态群落、种群和生物体的形式，建构与五大生态体系相匹配的相对独立的生态链，即：自然生态链、经济生态链、社会生态链、人文生态链和行政生态链。同时，建构起各个生态链内部各要素之间的关系。

（1）自然生态链中的要素关系

不同动物与动物、不同植物与植物、动物与植物、微生物（生物）与非生物环境、有机物与无机物等的共生互补关系。

（2）经济生态链中的要素关系

资源存量、生产需求、物质消费、废物排放、环境承受、循环再生等的平衡协调关系。

（3）社会生态链中的要素关系

国家、地区、城乡之间，界别、族群、阶层之间，权利、义务等的和谐共享关系。

（4）人文生态链中的要素关系

知识素养与职业需求、精神文化与人生追求、人格体魄与生存环境等的匹配适应关系。

（5）行政生态链中的要素关系

主人与公仆、服务与需求、当代与今后、创新与继承、行政与监督、法制与人治等的科学民主关系。

2.五生态体系的系间关系链

（1）开放的主导关系

在五生态体系中，行政生态作为后生的管理生态，具有对各生态的直接或间接的调控

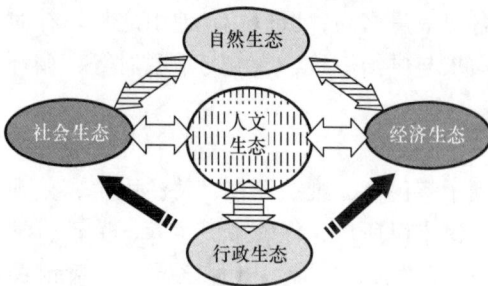

图 6-1

作用；人文生态作为能动的核心生态，具有对各生态的直接或间接的支配作用；社会生态作为具有人类共生场效应的开放生态，具有对各生态直接的稳定作用；经济生态作为创造与消耗并存的物质灵变生态，具有对各生态的支撑或损毁作用；自然生态作为原生的物质生态，具有对各生态的承载与修复作用。五种生态总体处在循环互补状态，如图 6-1 所示。

（2）克生的平衡关系

在五生态中，人类需要与自然可能、人类排泄与自然承载、人类改造与自然平衡、人类反哺与自然修复、人类防范与自然报复等等，存在着相生相克的关系。

（3）简约的数学关系

建构五生态体系的目的，是为了更好地实现它们之间的可持续循环，有一个数学关系式可以满足这种循环的演变，即式 6-1：

$$S = \frac{B}{I} \cdot R \qquad\qquad (式 6-1)$$

其中："S"代表"可持续发展力"（Sustainable development）；

　　　"B"代表"自然承载力"（Bearing capacity of nature）；

　　　"I"代表"人为影响力"（artificial Influence）；

　　　"R"代表"科学调控力"（science Regulate）。

在这个关系式中，自然承载力就是可能拥有的自然资源及其能够应对人类损毁力的环境承载因素；人为影响力就是人类对自然的一切索取及其相应的活动所形成的力；当人为影响超越自然承载能力时，行政与科技作为调控力就会作出调剂，但这种能力应该而且只能限于自然允许范围之内。

为了对这一关系公式有更透彻、全面、细致的理解，也便于在实际操控中进行对应的应用，我们绘就了如下的"城市可持续发展公式表式解析图"，如图 6-2 所示。

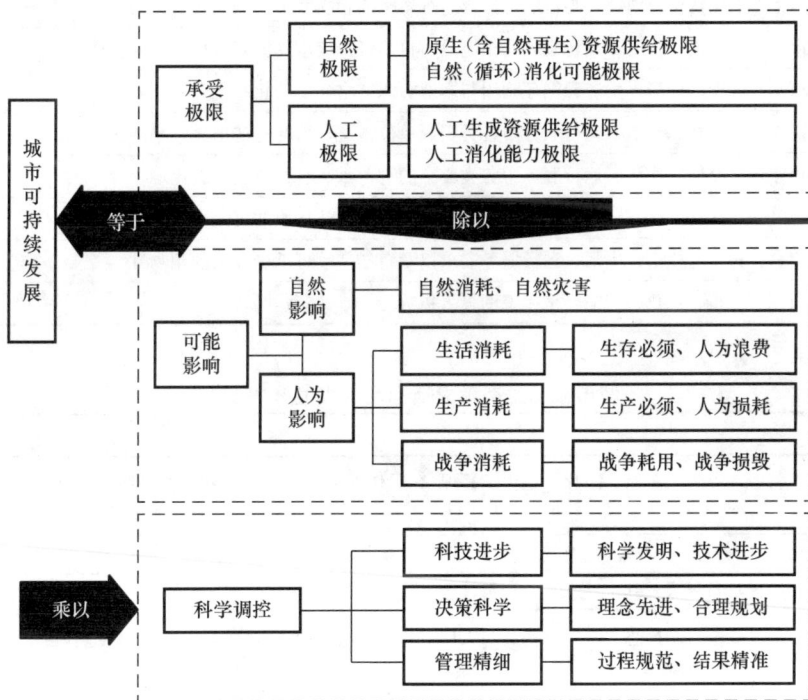

图 6-2

（二）现代城市管理五生态化的实用考量指标与权值

指标取定的原则是：与通常城市可持续相关的主要影响因子；权值给定的原则是：按

照与城市可持续相关的影响因子在城市可持续发展中通常作用的大小取值；指标权值的应用：具体城市在应用这些指标及其权值时，应根据当地的历史条件与未来发展的可能，作必要的科学调整。以下为各种用于衡量"五生态化"的考量指标与权值表，见表6-1～表6-5。

城市自然生态考量指标及其权值（25分）　　　　　　　　表 6-1

序号	指标名称	权值
1	城市水资源可供量、质保率与需求的匹配度	3.5
2	城市大气洁净度与人类健康生存需要的匹配度	3.5
3	城市植被总量与人类生产、生活、美誉需求的匹配度	2.5
4	城市土地利用量与可资利用量的匹配度	2.5
5	城市噪声与市民健康生理允许承受的相吻度	2.0
6	城市建（构）筑物的密度、高度、重量与自然可持续承受极限的相吻度	3.0
7	城市自然地质、气候、资源、空间与城市长期发展的可持续匹配度	3.5
8	城市自然生态的自适应、再修复能力与本地可能出现和形成的灾害、损毁的匹配度	2.5
9	城市用于保护、修复、补偿自然生态的投入指数	2.0

城市经济生态考量指标及其权值（25分）　　　　　　　　表 6-2

序号	指标名称	权值
10	城市生产、生活资源消耗量与自然可持续拥有禀赋的相吻度	3.5
11	城市生产、交通、生活、运行服务的排泄量与自然可持续承受极限的相吻度	3.0
12	城市生产、生活中可再生资源循环利用与本地资源贫富程度的相符度	2.5
13	城市生产、交通、生活、运行服务中各类资源单位占有、消耗与产出、效率的比率	3.5
14	城市生产、交通、生活、运行服务中各类废弃的物、水、气的单位排放比率	3.0
15	城市产业结构以及生产、生活、运行服务方式与本地自然环境的可持续适配度	3.5
16	城市科技进步与生产、生活、运行服务需求以及自然持续可承受极限的相吻性	3.0
17	城市用于维持、优化、保障经济生态的投入指数	2.0

城市社会生态考量指标及其权值（18分）　　　　　　　　表 6-3

序号	指标名称	权值
18	城市就业、养老、医保（医疗、卫生、社保）、居住保障水平与经济社会发展阶段的吻合度	3.5
19	城市公共资源占总资源的比率及其全体公民的平均共享率	3.0
20	城市公民贫富极限及其位差水平与经济社会发展阶段的吻合度	3.0
21	城市公共安全（防反恐、常态维稳）与人际和谐（邻里、单位）度与经济社会发展阶段的吻合度	2.5
22	城市公民归属感（本地、外来人口）与幸福（平等、便携、舒适、预约）指数与经济社会发展阶段的吻合度	2.5
23	城市公民他律、自律、社会治理体系完善水平与经济社会发展阶段的吻合度	2.0
24	城市用于维护、稳定和谐社会生态的投入指数	1.5

城市人文生态考量指标及其权值（16分） 表6-4

序号	指标名称	权值
25	城市各级各类教育发展以及公民学习终身化程度与经济社会发展阶段的吻合度	3.5
26	城市文化、体育、传媒、娱乐硬件设施以及公民人文素养水平与经济社会发展阶段的吻合度	3.0
27	城市人才质与量、多元性（来源地、国籍别、专业与层次）以及公民综合创新能力与经济社会发展阶段的吻合度	3.0
28	城市诚信体系建构以及公民道德素养培育与经济社会发展阶段的吻合度	3.0
29	城市文物古迹保护和历史文脉的传承与当地历史文化遗存的吻合度	2.0
26	城市用于优化、提升人文生态的投入指数	1.5

城市行政生态考量指标及其权值（16分） 表6-5

序号	指标名称	权值
27	城市整体的生态、低碳、宜居、宜产、通达及其弹性和可持续程度与经济社会发展阶段的吻合度	3.5
28	城市行政民主、公开、服务的社会化程度与经济社会发展阶段的吻合度	2.5
29	城市行政决策、执行、监督的制衡程度与经济社会发展阶段的吻合度	2.0
30	城市行政亲民、为民、利民的人本化程度与经济社会发展阶段的吻合度	2.0
31	城市行政依法、勤廉、精细的规范化程度与经济社会发展阶段的吻合度	2.0
32	城市行政平衡、高效、多赢的持续化程度与经济社会发展阶段的吻合度	2.5
33	城市用于整合完善行政生态的投入指数	2.0

（三）现代城市管理生态化的设计保护与修复

1. 实现城市生态化的顶层设计

一是城市定位的科学、独特、前卫。要根据政策法规的许可约束，要结合与时俱进的发展需要，要遵循客观可能的综合条件，要进行合乎规律的量身定制，要实现绿色、低碳、可持续的科学定位。二是城市开发的渐进、适度、可续。要审时度势、与时俱进、步步为营地推进开发，要把握火候、掌控节律、张弛有度地搞好开发，要绿色低碳、节俭循环、低耗高效、优质适量地可持续开发。三是城市布局的有序、合理、规范。要实现城市布局的点线面结合、城与乡统筹、分与合兼顾，要实现区域布局的产城一体、商住融合、分片配套、智慧互联、局部外移，要做到原则科学、内容合规、程序合法。

2. 促进城市生态化的体系修复

面对长期粗放发展形成的海平面上升、水质性缺水、高密度人口、特稀缺土地、低绿林覆盖，以及不容乐观的大气环境污染、河道水质下滑、交通流量超载、产业结构不佳等等生态困境，城市生态须进行五位一体的体系修复，即：修复自然生态体系、变革经济生态体系、治理社会生态体系、创新人文生态体系、优化行政生态体系。

3. 关注城市生态化的空间更新

面对长期高速发展对既有生态空间的损毁、建设用地减少对生态空间的制约、结构失衡导致生态修复的困难、生态空间缺乏城乡统筹的布局、发展需求使生态空间的供给不足等短板，城市急需推进生态的保护与建设并举、城区与乡村融合、绿地与廊道完善。要通过预控，满足生态需求；通过重构，优化生态网络；通过统筹，完善区域生态；通过治理，修复生态体系。要以自然的方式治理城市生态、用自然的原理还原城市生态、依自然的法则美化城市生态、循自然的规律延续城市生态。

4. 重视城市生态化的技术理性

面对城市生态诊断乏术、修复滞后与活力不足，应该从肌理、内涵、发展三个维度，创新技术、优化手段、完善策略。要通过规划、建设、管理三管齐下，开展生态的精准修复，包括动态的、自然与人工结合的原生修复、复合修复、自体修复。要倡导多样化激发城市生态活力，即多要素激活、多形式激活、多机制激活、多途径激活，并推进自然和历史要素多重恢复。要建设原生态的城市绿廊林体系，实现城市生态肌理的自然化；要保护、修复、构建城市地标性生态群落，推进本地动植物群系的自然回归；要从生态肌理修复着手，倡导近自然、关注纯自然、践行全自然。

（四）现代城市管理生态化的共识倡导与参与

1. 每一个城市人想生态

因为，生态是城兴、家存、人活的前提：城市再大，生态环境恶化会消亡；家庭再富，生态关系不佳会破碎；个人再强，生态心理紊乱会憔悴。

2. 每一件城市事讲生态

因为，生态需环环相扣、节节相连、点点相接：城市规划，要讲空间环境组合的生态——产、住、行、商、娱、绿布局合理；城市建设，要讲形态功能适宜的生态——适应、适度、适合、需要、可能、优质；城市运行，要讲供需产销匹配的生态——循环、智慧、可续、高效、便捷、舒适。

3. 每一种城市行寓生态

因为，只有时时、处处、事事生态，才能永葆人类繁衍。生态，应源于心志的追求：自觉想生态，从小事做起，积少成多；生态，应出于理智的共识：理性爱生态，从身边着手，形成氛围；生态，应慑于法理的服从：制度定生态，从懂事开始，时刻遵守。

4. 整一条人生路皆生态

使生态像终生学习一样永无止境：人人想生态、事事愿生态、时时可生态、处处有生态、永远能生态。让生态像目标理念一样刻骨铭心：成为一种生存的必须、社会的时尚、生活的方式、固化的心智、人生的追求、评价的标准。

5. 城市全程发展永生态

城市的生态修复，要从学术理性转向实践理性、从国家理性转向城市理性、从个体理性转向社会理性、从局部理性转向全面理性、从偶然理性转向常态理性。

要让生态修复、生态延续，变成每一位公民时时、处处、事事的首选理性，不仅认知透彻，而且全面参与。要让"绿色"成为发展的本色，增强"在发展中保护、在保护中发展"的意识。要让"绿色"成为行为的准则，加速形成绿色的发展方式、生产方式和生活方式。要让"绿色"成为永恒的追求，人人参与、坚定不移、坚忍不拔、坚持不懈。

第二节　现代城市管理的智慧化理念

一、现代城市管理智慧化的体制优化

（一）现代城市管理智慧化的体系优化

城市智慧化管理应该是一个完整的运行体系，它既能够自我补充修复，又能够自我调整完善，更可以规范、持续运行，因此，须推进五大体系优化，即：

1. 政策标准体系优化

智慧城市的统一网络、公共平台和各类应用系统建设与运行维护，需要统一、多类的符合智慧城市需要的标准和法规予以规范，其中主要标准包括：规范标准、技术标准、数据标准、接口标准、流程标准、平台标准、操作标准、管理标准等；主要法规包括：符合国家相关法规的智慧城市地方产业政策、资金政策、人才政策、市场机制、共享机制、运作模式和管理规定等。智慧城市政策和标准体系，不仅要符合国家、行业、地方智慧城市发展的规范，也要充分吸收国际上相关标准、规范的元素，同时，结合本地智慧城市建设所需，分步实施、动态完善。

2. 资本产业体系优化

智慧城市建设不能成为无源之水、无本之木。仅靠地方财政投入建设智慧城市，很可能导致建设缺乏连续性，也难以真正展现智慧城市的实际效果，因此，要把智慧城市建设与城市产业转型相融合，以城市智慧化带动产业现代化，用现代产业的增值效益反哺、投入智慧城市建设，从而实现智慧城市以需求定建设、因建设获增收、由增收促需求、因需求促发展的良性循环，形成国家、企业、社会多元驱动、共同参与的智慧城市建设投融资市场机制。智慧城市产业体系主要包括：数据产业、平台产业、应用产业。这些产业不但具有高投入、高风险性，而且是一个城市发展必须的基础性、战略性和高关联性产业。

3. 业务应用体系优化

智慧城市建设要实现最大化的业务应用，其体系建设必须充分体现人本、便民、利市、惠企的思想，其应用板块将覆盖五大领域：一是城市环境宜居领域，包括数字土地资源管理、低碳生态规划建设、城市建筑节能环保、城市地下管网控制、数字城市网格管理、城市水系环境监测、城市智能电网管理、风景名胜旅游管理等业务应用系统建设。二是城市安全防控领域，包括社会治安打防控制、生产安全监督救助、行政应急预警指挥、公共卫生应急处置、食品药品安全监管等业务应用系统建设。三是城市生活保障领域，包括市民智能卡务、公共服务呼叫、便民基础设施、城市智能交通、数字医疗卫生、数字校园服务、数字社区生活等业务应用系统建设。四是城市公共服务领域，包括政府公共服务、政府内部网站、政府自动办公、行政审批监察、信访综合业务、政务视频会议，以及人力资源、社会保障、科技、统计、财政、公安、建设、环保、计生、文化、教育、旅游等管理数字化业务应用系统等。五是城市产业优化领域，包括低碳、循环、节能、生态、高附加值、信息、数字、智慧等新一代可持续、低消耗、能再生、智能化的产业等业务应用系统建设。其中前三个板块源于公众视角，后两个板块则出自政府和企业视角。

4. 技术支撑体系优化

智慧城市技术支持体系主要包括"三层"、"二保"。

"三层"是：①网络层，通过城市统一网络与电信网、广电网、互联网的融合，向智慧城市公共平台以及各业务应用系统提供全市统一的网络基础环境和有效的信息传输服务高速公路；②平台层，它承担着智慧城市数据交互枢纽、资源中心和服务中心的职能，由计算存储网络、资源数据中心、信息服务系统组成；③应用层，这是构建在智慧城市公共平台之上的应用服务系统，连接政府、企业和公众三大应用源，为它们提供城市环境宜居、安全防控、生活保障、公共服务、产业优化等领域的应用服务。

　　"二保"是：①政策标准保障，它为智慧城市管理提供规范的依据，为集体业务交互提供衔接的标准；②信息安全保障，它是智慧城市有序建设、可持续运行的重中之重，包括安保的标准、制度、技术、规程、认证、监控、灾备等。

　　5. 评价考核体系优化

　　评价考核体系是智慧城市管理是否满足需求、达到预期目标的衡量标，它包含了评价指标、评价权重和评价方法三个方面，其中权重和方法往往因城市实际状况会有相当的差异，而指标体系相对比较一致。

　　智慧城市评价指标体系一般分为三级。一级指标4项：技术适用、应用绩效、投入产出、政策标准；二级指标14项，其中技术类4项（基础设施建设、公共资源数据、公共服务平台、业务应用系统）；绩效类6项（城市环境宜居、城市安全防控、城市生活保障、城市公共服务、产业转型升级、政府绩效考核）；资产类4项（投资融资环境、资金投入规模、产业经济效益、设施投资效益）。三级指标（具体评价指标）数量众多，各市因地制宜，不尽相同。

　　以上五大体系框架中，资本产业体系是智慧城市的基石，以此体系为基础，形成一条城市从规划、建设到管理、运营和服务的完备产业链；技术支撑体系、政策标准体系是智慧城市的梁柱和保障，它用先进科技、法规标准，支撑和护卫着智慧城市的框架结构；业务应用体系是智慧城市的血脉，决定着智慧城市发展的需求、速度和方向，它包含了政府、企业和公众三大主体的各种应用；评价考核体系是智慧城市的衡量标尺，考量着智慧城市发展过程与最终结果的是否准确、真确、合理、合法、适度、适应，是否真正健康、宜居、安全、便捷。

（二）现代城市管理智慧化的体制优化

　　1. 完善政府主导的运管体制

　　建设智慧城市是人类城市发展史上的一场具有里程碑意义的革命。未来数十年，将是智慧地球、智慧国家、智慧城市崛起的战略机遇期。建设智慧城市，就是打造城市的智能大脑，使城市由各自为政转向系统协同、由被动承载转向主动服务、由程式化运转转向灵动化应对；建设智慧城市将涉及城市的所有领域、所有阶层、所有地域，将引发现代城市运行形式、管理模式、生产和生活方式的根本变革。对于这样一种革命性的城市建设的投入，将成为整体降温、局部低迷的全球房地产投资热之后的、服务于世界各国发展转型的新的投资热点，它对城市、国家和世界的经济拉动将是巨大和长期的。这样的城市发展的革命，理应由作为城市守夜人、服务商、规范者的政府来主导，因为它更能够带领市民、企业、社会掌控城市发展的方向、把握城市发展的脉搏、决定城市运行的效能。

　　我国试点的"智慧城市"建设城市，已经作了比较科学的顶层设计，但是尚缺乏推进、驾驭智慧城市建设的实体化的顶层机构，建议各城市成立具有行政职能的"智慧城市建设和管理委员会"，下辖信息产业局（主管信息产业设备、产品制造和技术进步）、信息建设局（主管智慧化城市的硬件规划与建设、软件编制与提升）、信息安全局（主管全市智慧化发展的软硬件综合安全保障），并设立市级"信息数据管理中心（负责全市智慧化数据的集成、分享、编研、利用）"。委员会主任由市级领导兼任，全面负责全市信息化、数字化、智慧化建设、管理工作。

　　2. 建构行业参与的协律平台

　　小政府大社会是世界各级政府行政方式改革的趋势，我国也不例外。广东省委领导前不久曾指出，小政府必然伴随大社会。其含义不外乎大政府可以靠小社会体制来维持，但小政府如果没有大社会体制的支撑，城市或国家的管理就会出现盲区、漏洞和局部的失灵，这是不应该也是不许可的。伴随城市的智慧化，也是城市走向小政府大社会的过程，繁复、严谨、高难度的智慧化城市建设与管理，没有全社会各行业的参与是难以想象的。

我国城市的智慧化建设虽然可能具有良好的行业和现代企业的技术与应用支撑，但尚缺乏联动协调的整合平台，建议各城市构建"智慧化建设行业联盟"（归口城市智慧化建管委），协调智慧城市建设管理的行业自律、企业协同、技术攻坚、学术探究。

3. 优化市场补充的融资模式

鉴于智慧化发展将使城市政府更加紧凑，所以在有限的公共投入基础上，依托市场参与智慧城市建设的投融资将会成为一种常态。目前我国智慧城市建设除了三大电信运营商出于自身业务发展需要和市场竞争的缘故而有较大的硬件建设投入外，一般企业除内部智能建设有所投入外，参与智慧城市公共设施建设的投入尚嫌不足，相关基金、金融衍生品更是少见。

为此，建议考虑建构地方性智慧城市建设市场化投入回报机制，包括设立"地方智慧城市建设附加税"、"地方智慧城市建设基金"、"地方智慧城市建设补偿奖励基金"等。

4. 实行有机分合的统筹管控

智慧城市建设关系长远、涉及整体，必须总体掌控、分工负责、统筹规划，并做到高起点、广覆盖、可衔接、分步走、能持续；统一管控，包括一个网络大平台、一个公共资源库、一种实施严标准。同时，根据实际，实行信息的分别采集、分类管理、分级共享；实行硬件建设的分项推进、逐步到位、有序运行。

二、现代城市管理智慧化的机制创新

(一) 现代城市管理智慧化的公共网络开发

1. 城市公共网络的政府监管

智慧城市时代，网络将成为每一个城市人融入社会、从事劳动、正常生活的主要平台、基本渠道和必备手段。因此，网络的正常运行、安全畅通、内容健康就显得格外重要。所以，监管的重任落在了作为守夜人的城市政府的身上。政府既要保障用网各方的自由、权益，又要监督用网各方履行网上守法的义务。

为此，建议各城市出台系统全面的"政府网络监管条列"和"市民守法上网规则"，以及"网络违法罚则"。

2. 城市公共网络的特许运营

鉴于城市网络在未来智慧城市建设、管理和运行中的突出地位，以及政府负有监管责任的特性，建议各城市的城市网络平台运营商应该由政府授权特许经营，其不但要通过市场比选确定，而且必须以城市需要、市民满意、社会首肯为第一目标，同时兼顾低成本和适度效益。

3. 城市公共网络的平台一体

由于历史的原因，目前世界各国城市网络的硬平台大多分而置之，其生成的年代有先有后、覆盖的领域各不相同、设备与管理水平参差不齐，虽然多年来投入不少，但因过于分散，致使设施的总体功能不强。

为此，建议各城市能够对历史形成的归属不一、功能不同的分散化网络体系进行整合，引进各方投资，集中打造适应智慧城市需要、便于交互共享、高性能、大通量、智能型的一体化网络大平台。

（二）现代城市管理智慧化的长效运作机制

城市智慧化管理是城市发展的需要、广大市民的期盼、社会企业的愿望，那也就一定是城市政府公共服务内涵的应有之义，所以，政府应该责无旁贷、市民理当积极支持、企业与社会必须共同参与。但作为未来有限的小政府，智慧城市建设管理的整体责任可以承担，具体操作却不能也不应包办；作为对未来城市所有各方发展共同需要的一种满足，智慧城市建设与管理必须接受社会各方的全方位、强有力的监督；作为一种高智能、无缝隙、人本化的服务，智慧城市的服务质量必须是高效、优质、个性的。

如何保证上述目标的实现并可持续化，建议各城市尽早建构包括购买服务、委托办理、特许经营、奖励监督、公司保险、评价整改在内的城市管理智慧化的长效机制。

1. 政府购买服务

由社会各方分散代为采集相关信息数据，公益、科研、专业组织或企事业代为进行部分不涉密、不侵犯隐私、不影响经商等的信息数据的分析、研究。其有用的公共信息成果由政府出资购买。

2. 委托特许经营

由政府委托专门机构进行与智慧城市相关的公共事务（某个专项、某种平台、某些管理）可控制的代办或特许经营。

3. 奖励社会监督

运用市场机制，由政府对举报、消除、防范智慧城市建设管理中问题的个人、单位、组织的奖励进行制度化固定。

4. 引入市场保险

对某些关键性、高危型、重大的涉密、涉危、涉及质量的事项，除了人防、技防、制防，还可引入社会保险动力机制，让保险方出于自身减赔、零赔的利益考虑，主动地帮助城市智慧化找问题、补漏洞。

5. 组织评价纠错

政府应组织市民、企业、非政府组织，动态、及时地对智慧城市建设管理进行客观、公正、科学的多指标评价回馈，并建立对应的纠错机制（人工制度化与机械智能化结合）。

三、现代城市管理智慧化的设施统筹

（一）现代城市管理智慧化的信息体系构建

1. 实行城市公共信息总源一体

任何资源的效益最大化，在于资源的分类收集、交互共享、整合提升，信息资源也不例外。但如今的城市信息，无论国内国外，由于行政和社会管理的条块分割，重复式收集比比皆是，孤岛化现象处处可见，导致收集成本增加、利用效率不高、资源浪费严重。

为此，建议各城市设立真正意义上的"城市信息数据中心"，负责对全市各类信息数据的分类收集指导、汇总集成编研、统一管控分流，并建构城市智能卡、城市管网信息、信息安全认证、信息安全监管、信息安全灾备、其他专题信息等公共服务类信息数据库。

同时，通过统计、分析、建模，将数据进行关联化集成、深度化再造，形成一定形式的数据集市，从而提升信息数据的内在价值和应用深度与广度。

2. 实行城市公共信息设密分类

任何信息在其自然散布的时候，也许并不涉密，甚至未必具有利用价值，尤其是那些并不显眼的基础性数据。然而，当一些信息数据，哪怕是普通的自然数据被人们按照一定的顺序、规则、方式、需求进行叠加、合成、换算、演绎之后，也许就会变成可用于传递信息的密码、能推演趋势的情报，甚至是事关国家命运、重大战役、尖端科技的绝密情报。许多政治、经济、军事情报间谍，往往就是通过不断收集公开发布的分散的信息，经独到的集成、研判而形成有价值的情报的。所以，一个城市的第一手信息数据可以通过各领域分别采集，而这些信息数据的汇总集成及其后续管理，必须集中统一、分类加密。

为此，建议各城市制定"信息数据分类集成与加密管理规范"，对信息数据切实做到汇总程序严细、集成标准统一、分类加密严格、分流分享严控，并大量运用数据密钥、数据证书、享用审核、物理隔断等的加密、防泄、监管手段。

3. 实行城市公共信息有序分享

传统城市由于行政与社会管理的条块分割，导致大量信息数据重复收集、封闭利用、孤立分析。进入数字时代、迈向智慧城市以后，信息数据孤岛不复存在，信息数据的共享成为必然，但这也向人们提出了一个信息数据如何共享的问题。如果无序、无条件共享所有信息数据，不仅增加信息数据的分流成本，更会导致不必要的信息数据泄密，尤其是关系城市发展、涉及经济民生的公共信息数据。

为此，建议各城市制定"信息数据有序分流与分享规范"，对信息数据切实做到分类有标准、分流有规则、分享按层级，同时，管理精细化、流程透明化、控制动态化、纠错智能化。

4. 实行城市公共信息全程安保

信息社会信息是最大、最重要、最需要安全保障的资源，因此，应该在数据形成、采集、汇总、集成、编研、存储、分流、共享、反馈的全过程，进行全方位的安全保障，防止因天灾人祸而导致的造假、篡改、毁坏、流失、泄密。

为此，建议各城市制定"信息数据安全保障管理条例"，依靠市信息安全保障局，从源头、过程、硬件、软件等各个环节做好信息数据的安全保障。除了防范信息数据的造假、篡改、毁坏、流失、泄密，还应搞好分散、保密、多元多级的数据备份、应急预案、软件防黑，以及重要部门、关键环节的信息安全飞行督察和信息安全员的直辖派驻。

(二) 现代城市管理智慧化的多元网络整合

目前的城市，物理上存在着多个互相独立的信息网络，包括广播电视网、数据通信网、互联网、政务网、行业专网（金融网络、电力数据网等）、话音网络，等等。这些网络的存在与应用，既是城市智慧化建设的重要基础，但又是城市真正智慧化发展的某种障碍，因为这些网络大多是不能互通的。建设智慧城市的目标是为了城市的宜居、安全、便捷、高效，所以，一个跨网络的、真正意义上广域的城市公共网络平台，必须定位于为城市公共资源数据和公共信息服务提供支持，并提供包括服务器集群、存储设备集群、操作系统软件及数据库软件集群、各类容灾设备等。

这一平台投资较大、技术复杂、工程浩繁、牵涉面广，但却是实现城市智慧化必须的基础性、关键性、掌控性项目，越早建设对后续发展越有利，为此，建议各城市应从以下几方面入手。

1. 优化城市公共信息平台环境设施

智慧城市公共平台环境设施包括一个中心机房和一套网络，即智慧城市公共平台机房、公共机房管控体系、预留扩充空间。这些平台环境设施必须技术上先进、体系上完整、连接上科学、预留上超前，而且管理上要精细、安保上要严密、突发应对上要多维（有预案、有备份、有替代措施）。

2. 健全城市公共信息平台核心网络

智慧城市公共平台的核心专用网络连接了中心机房、政务网络、广播电视网络、运营商网络、各项业务专网（包括电力数据网络、金融专网）等等，并向上述网络以及互联网发布相关信息。建设城市公共平台核心网络，使城市能够在信息通信层面对所有信息进行统一监管，并结合数据中心的建设，可以对城市的所有数据进行管控与处理。政务网络与各行业专网、广播电视网均连接到中心机房，网络结构共分三层：核心层，完成大量的数据路由与交换；汇聚层，接入本地的服务资源，并且接入城市所有能协调的外部网络；访问层，提供外部对公共平台的访问。

3. 增强城市公共信息平台存储功能

采用云存储的思想来架构智慧城市公共信息平台的存储功能。在前期规模不是太大的情况下，可以先采用传统的方式存储信息。当数据量沉淀到一定规模的时候，应该引入云存储模式，这是云计算概念的延伸，是通过集群应用、网格技术或分布式文件系统等功能，将网络中大量不同类型的存储设备通过应用软件集合起来协同工作，共同对外提供数据存储和业务访问功能。云存储系统，是智慧城市公共信息平台数据存储巨量化、共享化、便捷快速交互化的必然选择。

4. 丰富城市公共信息平台计算资源

智慧城市公共信息平台计算资源主要由可平滑扩展的服务器、可方便部署和变更的操作系统软件及数据库软件组成，计算资源管理可均衡地分配城市公共平台数据中心和各类公共服务的计算能力。智慧城市公共信息平台计算资源建设分为资源与管理两个系统，资源系统包括：公用机柜、电源、主机、存储、系统软件（操作系统、数据库、中间件）、虚拟化软件等；管理系统包括：门户网站、应用提供商管理、产品（服务）管理、业务受理、客户管理、计费账务结算、信息资源管理、平台运营管理等。从资源服务利用与提供的角度，该平台不但数据可供自用，而且能够在集成、整合的基础上为全市各方面提供大量的基础数据，还能提供包括主机托管、主机租赁、整机租赁和虚拟主机服务的平台底层资源服务。

第三节 现代城市管理的市场化理念

一、现代城市管理市场化的顶层设计创新

（一）现代城市管理市场化的理念更新

1. 确立三个"前提"

城市管理市场化长效运作，应基于三个前提：一是公众不断增长的公共服务的需求；

二是政府努力实施的公共服务的满足；三是市场利益驱使的公共服务的提供。只有有需求、能满足、可提供，才能形成科学的循环链，才可能持续运作，才具有长期效应。

2. 倡导三个"适"字

城市管理市场化长效运作的成功，必须倡导三个"适"字：一是公众需求的适当，即市民对公共服务的需求应与当地社会发展阶段、经济发展水平、资源禀赋可能相符合；二是政府满足的适应，即政府应根据市民诉求、现实可能、未来导向，进行公共服务规划、保障，并做到广覆盖、均衡化；三是市场提供的适合，即由政府组织的市场化的公共服务提供，必须及时、按量、保质、低耗、环保。

3. 发挥三方优势

城市管理市场化长效运作的优化，应充分发挥三方面优势：一是政府的权威公信、财政支撑、政权规范优势；二是市场的运营高效、多元竞争、制约平衡优势；三是社会的个体诉求、公众监督、本能制约优势。

4. 防止三种失灵

城市管理市场化长效运作的优化，要努力防止三方面失灵：一是规范缺位和管控越位的政府失灵；二是质量失范和价格失控的市场失灵；三是诉求过度和监督过分的社会失灵。

5. 实行三大制衡

城市管理市场化长效运作的优化，要切实实行三方面制衡：一是人大质询、横向机构、社会听证对政府的制衡；二是政府依法、行业自律、保险监督对市场的制衡；三是市场诚信、公民自律、法制威慑对社会的制衡。

(二) 现代城市管理市场化的目标更新

城市管理市场化运作的目标，根据现实基础和城市转型发展的新诉求，可以从 6 个方面把握：

1. 方向更新

在总体方向上，从过去的项目审批、分别运作、独立结算，向体制固化完善、机制多样优化、措施分类细化，以及动态监控、常态运行、可续实施、有效操控、全面保障转变。

2. 导向更新

在目标导向上，从单纯的减轻政府负担、追求经济效益，转向大市政公共服务的质量、效率、效益、精准并举。

3. 载体更新

在运作载体上，从一般的作业、运营市场，向作业、运营、监督、保障一体化、制约化、支撑化转变。

4. 模式更新

在运作模式上，从局部的尚不完善的政府购买服务、特许经营、转移支付，向社会配套保险、行业协调制约、全民参与监督方面拓展。

5. 体制更新

在管理体制上，由决策、执行、监督的大行业一体化，向三分化转变，即主管行业政府部门决策、市场主体操作实施（政府附加必要的财税补贴、政策调控）、政府监管部门行政监管、市场主体所在行业组织自律监管、社会保险主体进行保障性反制、社会公众与志愿者参与自觉监督。

6. 机制更新

在运作机制上，从传统的绩效挂钩、利润分成、奖勤罚懒型，向接轨国际、有力强效的股权调控、公众评价、保险反制、业外监察型等转变。

（三）现代城市管理市场化的原则更新

城市管理市场化长效运作不是为了推卸政府的责任、放任市场的失序，相反，是为了更好地承担作为公共服务提供主体的政府的责任，更有效、更低耗、更有序、更规范、更可持续地推进和监督、保障全社会的人本化服务。为了实现这样的目标，真正做到长效运作，应遵循以下三方面原则：

1. 责任、服务与人本原则

其一，作为城市管理的主体，政府过去、现在和将来，始终应该是公共管理的第一提供者和终极责任人，始终是城市公共服务的主要发包方和首席监管人。因此，无论是直接提供还是委托市场提供服务，政府的责任不可以也不应推卸、弱化和逃避。相反，越是非政府直接提供的公共服务政府越应该注意防止其失责。其二，作为各类税负的征管方，政府的一切管理都应以大多数纳税人诉求的满足为第一目标，从这个意义上说政府的管理本质上应该是公仆对主人的服务。因此，它不能也不应该是主谓式的命令、指挥式的驱使，而只能是平等化的商洽、契约化的兑现、责任化的保障。尤其是非政府直接提供的公共服务，政府更应该关注其提供的质量，以保障被服务方的利益。其三，作为公共服务的提供方，政府的一切管理本质上都是为人的服务，都是从为大多数人出发，以大多数人利益的最大化为最终归宿。因此，城市管理必须以人为本，尤其是非政府直接提供的公共服务，政府更应该关注其是否以被服务方为本、以大多数人利益的按约兑现为目标。

2. 效率、效益与成本原则

城市管理市场化运作，目的是减少非市场化的政府失灵，提高管理的效率、效益，降低管理的成本，为此，应该遵循以下三项原则。一是效率原则，即通过城市管理的市场化运作，规避垄断带来的主体惰性，激发市场规制下的企业活性，培育社会和谐德制下的公共理性，寻求公共服务市场供给主体的动力最大化、动力内生化和动力自觉化。二是效益原则，即通过城市管理的市场化运作，消除单一主体导致的大锅饭，及其派生的无竞争、弱动力、低效益，激发多主体竞争合作的市场活力，实行多主体市场下的优胜劣汰，寻求公共服务市场供给主体的综合绩效优势，从而从根本上提高城市管理的社会和经济效益。三是成本原则，即通过城市管理的市场化运作，消除大包大揽体制下的成本无限化，发挥量入为出市场法则的导向作用，实现各类公共服务的市场化竞标，在保证公共服务社会效益最大化的同时，实现公共服务成本支付的最小化。

3. 监督、保障与可续原则

任何供给，缺乏必要的监督、应有的保障和持续的可能，都将成为一句空话，而作为城市管理的公共服务，更将产生诸如无序、缺失甚至危害公民的恶果。因此，要保障城市公共服务的有序、优质、持续，必须遵循以下三项原则。一是监督原则，即通过城市管理的市场化运作，打破公共服务提供中单一主体的缺乏制约、不受监督的体制格局，激发包括市场法则、社会公众、第三方独立主体监督与制约的公共理性，使公共服务更透明、更规范、更优质。二是保障原则，即通过城市管理的市场化运作，改变公共服务提供中单一主体有力不出、力不从心的双重悖论，以市场化监督保证公共服务有力必出，以市场化招揽保证公共服务多元提供，以市场化比选保证公共服务规范优质。三是持续原则，即通过城市管理的市场化运作，消除公共服务提供中单一主体因急功近利而导致的代际断层现象，发挥市场机制的造血和持续激励作用，以政策扶持鼓励公共服务长期提供，以期权优惠吸引公共服务民间投资，以盈亏互补建构公共服务造血功能。

二、现代城市管理市场化的体制机制完善

(一) 现代城市管理市场化的多元行政体制优化

1. 提高城市公共服务的多元准入门槛

以立法、定规的制度化形式，对城市公共服务的提供范畴、方式、质量、时效、成本作出更严格、更高标准的规定，促使一部分质量差、效率低、成本高、不规范的公共服务提供者（哪怕是国有或原政府直管的企事业机构）退出公共服务市场。具体对策是：第一，制定和完善行业性、分类化公共服务提供的范畴、方式、质量、时效、成本等的规范性标准，并形成制度化体系。第二，明确规定，涉及城市的网络型、固定化的基础设施，包括供水、排水、供气、供电、输油、电信等的固化管网设施，铁路、公路、桥梁、轨交、隧道、港口、空港等的网络与场站设施，必须由城市政府按国家相关法规、标准进行统一规划，切忌为了吸引投资而被垄断性企业绑架。第三，城市主要固定管网、场站的投资、建设、营运者应实行严格的政府授权、市场特许；在这些网络型平台上提供依托网络的相关应用类公共服务的市场主体，必须是社会、环境、经济效益的兼顾者；上述两个领域的市场主体必须是重信誉、质量好、有实力、规模大，而且可长期持续提供的服务者。

2. 开放城市公共服务的多种垄断市场

遵循价值规律、市场法则，运用需求、质量、成本导向原则，吸引更多规范、高效、有规模、重质量、讲信誉的市场主体（包括民营、国境外的企业），参与城市公共服务市场化提供的规范角逐。具体对策包括：一是吸引民间资本投资出租车行业，实现出租车业的国有、股份、民营三结合。其中，国有性质的，福利高，但收入相对较低；职工参股的，福利较低，但除了工资性收入，还有期权收益；全部民营的，福利协商、风险自担、收入较高。二是吸引民间资本经过市场比选，以特许方式投资城市的自来水、燃气生产，以及垃圾的集中处置、城市公共管网的专业化日常维护、城市路灯照明的区段性运行。三是建立公共服务合格市场主体的备选库，并对现有市场主体实行动态、严格的监管，无论国有、民营，一旦发现违规立即责成退出，并由后备主体跟进，保证主要公共服务不断、不乱。同时，也可以打破少数市场主体垄断市场的局面。

(二) 现代城市管理市场化的拨款补贴放贷机制优化

1. 优化公共服务的拨款机制

通过政府有计划、与时俱进的拨款，吸引更多市场主体参与纯粹公益的城市公共服务的市场化提供。具体对策是：作为纯公益的公共绿化种植与养护、城市市容的保洁、城市道路的养护，应根据城市总体规模的扩容、人口的增量、品质的要求，不断增加公共服务拨款（但运行企业用钱必需严格按量、本、利的市场模式进行考量）。

2. 优化公共服务的补贴机制

通过财政按比例、分门别类的补贴，吸引更多市场主体参与长期的微利型公共服务的市场化提供。具体对策是：城市的地面公交与地铁的运行、管理，水、煤、电、气管网的运行与管理，作为总体入不敷出型的公益类公共服务，应实行市场与企业化的量、本、利考量加税收减免和财政适度补贴。其中，要通过标准化成本测算，给予足额的政策性财政补贴，即非管理水平、劳动态度影响产生的公交成本，在扣除公交票价抵充金额后，应由财政全额支付；相反，通过优化管理、劳动者超额努力节约的公交成本，应全额奖励公交服务提供方。

3. 优化公共服务的放贷机制

通过政府差别化的低息或无息贷款，吸引更多市场主体参与短期的无利型公共服务的提供。具体对策是：公共交通设施的建设，城市路、沟、桥、隧及公共场站的建设，水、煤、电、气管网的建设，作为城市公共基础设施，其贷款应给予一定的财政补贴型利息减免。

（三）现代城市管理市场化的保险担保购买机制优化

1. 创新公共服务的保险机制

通过政府对公共服务项目的补贴或对公共服务项目实行市场化投保，使参与高风险公共服务提供的市场主体，消除对项目风险的后顾之忧、转移项目风险的赔偿支付。具体对策是：城市的路、沟、桥、隧道及公共场站，水、煤、电、气及地铁管网，运行中一旦损毁，其赔偿是相当巨大的，为减轻或者分散赔偿责任，政府应协同设施运营主体为这些设施购买公共设施财产保险，用平时小额的常态付出，规避灾时巨额的经济赔偿。

2. 创新公共服务的担保机制

通过政府或指定有资质、有实力的市场主体的担保，为需要进行公共服务贷款的非规模型市场主体提供实力支撑。具体对策是：其一，放贷担保。参与大型共设施建设、运营的市场主体，一般都需要进行数额较大、较长期的投资贷款，银行出于自身风险规避的本能，往往会不予放贷，特别是规模不大但技术优势明显的公共服务市场主体，更不容易获得长期贷款。为此，政府应指定有资质、有实力的其他大型市场主体，为非规模型公共服务市场主体提供贷款担保。其二，赔付担保。公共服务设施的建设投资一般远超过市场建设主体的注册资本，一旦建设过程出现问题，由于建设方无力赔偿，最终往往只能由政府买单。为此，应规定：参与公共服务设施项目建设的市场主体，必须通过体外企业提供的与公共服务设施项目投资总量相当的资产或资本担保，方可获得参与项目建设的资格，一旦建设项目出现不测，将由建设与担保主体共同承担赔付责任。

3. 创新公共服务的购买机制

通过政府有针对地购买服务，为以市场方式提供纯公益公共服务的市场主体进行货币化的补偿。具体对策是：原绿化、园林、市容保洁、道路养护等公益公共服务单位，应由事业化财政划拨模式，转向严格按合同采购的政府购买服务；其公共服务的固定作业设施，应实行行业统一拥有、管理，企业有偿或无偿租赁使用。

4. 创新公共服务的市场反制机制

通过为公共服务项目引入市场保险，充分利用保险公司责任赔付的反制机制（优质赚、劣质赔），发挥其减赔、免赔、获利的内在动力，强化对公共服务保质、保量、按时提供的体外、自发的本能性监管，从而提高公共服务的持久、整体的质量。具体对策是：参与公共服务设施项目建设的市场主体，应该通过向保险公司进行公共服务设施项目的综合性建设投保（含工期、质量），方可获得参与项目建设的资格。建设项目的建设投保可以规避三大风险：一是一旦发生不测，保险公司有足额的资金进行赔付，规避了建设主体资不抵赔的风险；二是规避了建设主体无力赔付而最终由政府买单的风险；三是在很大程度上可以规避盲目赶工期、偷工减料、管理不善而发生质量问题的风险（因为保险公司为了规避赔付风险，一定会派专人、动态、严格地监督建设主体规范施工）。

（四）现代城市管理市场化的监督保障评估机制优化

1. 实行公共服务的多方监督创新

通过政府体内制度、体外第三方（专设行业外的政府系列以及独立的民间监督机构）和社会公众的三重监督，确保公共服务高效、优质、及时地提供，确保公共权力不滥用、不寻租、不腐败。具体对策是：第一，推进建设工程质量监督的市场化。包括：工程质量监督实行"企业自评、社会监督、业主验收、政府备案"制；组建由政府特许的"工程质量监督事务所"（社会法人单位）替代原质检站，依法对施工图实施和工程质量实行第三方强制监督（质检站只负责市场宏观监管）；工程的分部分项监督责任由受雇于质监事务所的质量监督工程师、注册建筑师和注册结构工程师分别承担；工程质量优劣由业主验收报告和专业质量监督机构的质监报告定夺。第二，推进城市各区域结合部建设的上级政府市场化统筹。即：借鉴国外经验，凡跨越区域的设施（路、桥、隧、轨道、管网等）均由所涉及区域的上级政府委托市场专业机构进行统筹规划，限期进行投资建设；同时，委托社会第三方对其运行管理进行独立的评估、监管，并由委托方根据结果定期公示、作出奖惩，以此规避区域结合部设施建设与环境管理的推诿、扯皮。

2. 实行公共服务的多元保障创新

通过政策、资金、公共服务提供者的三重保障，确保公共服务足够、始终、完全提供。具体对策是：首先，政府通过各类优惠政策吸引多元投资主体共同构建城市公租房建设新体系，即城市政府结合旧区改造建设公共租赁房；特许的房产开发企业结合税收优惠、财政补贴，投资建设公租房；外来务工人员集中的开发区结合用地的政策优惠，以集体宿舍形式自建公租房；政府和企业作为联合投资主体，结合企业危旧房改造建设公租房。其次，政府通过各类优惠政策吸纳多方市场主体参与提供多样化的公租房房源，即：以限价拍卖的方式，将长期闲置的城市商品房转由特许租赁企业一次买断，作为公租房房源出租；由大型专业租赁公司，在一定税收减免优惠的条件下，以五年以上的中长租期，按年化通货膨胀率同步上涨租金的方式，一次性收租市民闲置房屋，经整治后转为公租房出租；以抵扣部分营业税收为条件，鼓励有条件的单位在周边（有利缓解上下班交通压力）开发租赁房、人才公寓、集体宿舍，向符合条件的本企业员工出租。

3. 实行公共服务的多重评估创新

通过被服务者自身、社会公众、专业机构的三重动态评估、后评估与制度化反馈，确保公共服务动态纠错、不断完善、始终达标。具体对策包括：一是对城市公共服务项目实行规划、建设、运行的分阶段社会化、专业化、市场化后评估，即各阶段的结果必须由系统外的两个及以上无关联社会独立专业法人机构评估后方能生效，特别重大项目的评估还应约请外省市甚至国境外的专业机构进行，以减少营私舞弊。其中，规划与建设阶段的评估费用由项目总费用中预留，通过评估后，成果的产生方方能获得项目各阶段最后一笔收尾资金；运行的第三方绩、能、效动态或定期评估，由政府主管部门委托、财政付款，评估结果向社会公示，也作为对公共服务项目运营方奖惩、去留的重要依据。二是城市公共服务项目发生质量问题、突发事故的调查评估，须实行运营方和运营管理方的法定回避制，应邀请市场独立法人主体作事故或事件成因的技术评估，由司法机构作成因的法理评估，以此增强专业与法理的权威性和评判的公正性。三是对涉及普通市民日常生活的城市公共服务的收费、质量、均等性等（例如物业管理、市容保洁、市政收费、公交价格、街面设摊等），应实行被服务者自身、社会公众、专业机构的三重动态评估、后评估与制度化公示反馈。

（五）现代城市管理市场化的悬赏奖惩赠予机制优化

1. 给公共服务以必要的悬赏

通过政府依法、依规和依照特殊决定的一次性悬赏，吸引更多的市场主体或社会个人，为某项独特或临时但又非常急迫的公共服务进行必要、有时甚至是高危的付出。具体对策是：其一，事先对见义勇为行为的性质、范畴、表现及其褒奖（含精神奖励、物质奖励、紧急救助、事后安置等）予以具体明示，鼓励更多社会个体积极见义勇为，也使英雄的后事安排有理、有据、有经济保障。其二，事先对某些临时或紧急的高危公共服务事项的从事进行有关发生不测的悬赏明示（比如对非常规救火、救灾、抢险意外的特殊褒奖），以鼓励更多社会个体参与其中。

2. 给公共服务以相应的奖励

通过政府制度化、显性化的奖励，吸引更多的市场主体或社会个人减少不必要的公共服务需求（如过度的水、电、煤、车等的消费），并对不规范、不达标的公共服务进行有效的制约。具体对策是：首先，水、电、煤消费实行低耗的减价、常量的平价、超量的加价。其次，垃圾产生实行量少的奖励、常量的免费、超量的收费。第三，高速公路收费实行时段性差价，即：高峰时段涨价、一般时间平价、低峰时段降价，用以调节车流与流速，实现道路资源利用和效益、效率最大化。第四，住宅小区停车收费实行增量加价制，即一家一辆收费100％，第二辆收费200％，第三辆收费300％，以此类推。同时，实行企事业单位停车位与住宅小区停车位的昼夜互补式缴费停放（白天企事业有偿利用住宅小区空闲车位满足上班族停车；夜晚住宅小区私家车有偿利用企事业空闲车位满足下班族停车）。

3. 给公共服务以应有的惩戒

通过政府公开化、告知性的惩戒，引导和迫使更多的市场主体或社会个人，杜绝不应该的公共危害的外溢。具体对策包括：一是在完善城市公交体系、配足公交运力、适配常规出租和开发时段型出租的前提下，建议对黑车实行惩罚性处置，包括允许专职公务执法人员规范性便衣取证，黑车驾驶者首次被抓处以禁驾三年、二次被抓处以罚没车辆、三次被抓将被终生禁驾。二是对酒后与醉酒驾车者在依法严惩的同时，实行社会诚信污点立案，诚信记录将作为以后社会就业，特别是公务员录用（可查诚信记录）的重要参考，重要职业（教师、国企和事业干部）可对诚信污点者实行一票否决。三是对城市核心拥堵区域和中心城拥堵时段的非公交、出租用车的行使，分别实行收取惩戒性拥堵费（进入核心拥堵区），以及按乘坐人数多少实行快慢道分流（单车一人限行慢车道）。四是对河流上中下游地区违规侵蚀、污染水体实行互补化惩戒，即：上游侵蚀、污染水体，必须为中下游治理水体的支出进行买单（通过过度开发所获的利益不仅全额赔付，还要留下污染的骂名）；反之，下游要为上游科学保护天然水体、降低经济开发力度所花成本买单（把原来用于治污的投入反哺上游为生态而牺牲的利益），以此实现上中下游之间水体的生态化平衡。

4. 给公共服务以可能的捐赠

通过政府或社会志愿的捐助、赠予，满足社会特殊人群（弱势、伤残、其他困难者）公共补偿性服务的需要。具体对策是：为现行的各类临时、无序的捐助、赠予，建立制度化褒奖和常态化组织体系，即除了专业公益组织之外，社区应有专人常年负责接受捐赠（含物质的、义务服务的），并在征得本人同意后进行打分公示，予以褒奖。捐赠积分还可用于享受某种国家的政策优惠（含特别税收减免、社区养老优先等）。

三、现代城市管理市场化的范式政策优化

（一）现代城市管理市场化的多元范式优化

1. 规范公共服务的特许模式

通过政府权威、科学的议标式特许委托，为提供垄断性公共服务的优质市场主体构筑外来竞争入侵的市场壁垒，但须进行一定的内部市场比选，并实行完全市场化的考核、评估、监控。具体对策是：城市中涉及国计民生的重大管网、平台、场站等的建设、营运类项目，应实行政府统一规划指导下的高门槛比选特许，一般不宜由全额的民资、外资经营或控股经营，但允许参股（技术、管理）。

2. 规范公共服务的公营模式

通过政府直接管控的有实力、讲公信的公有企业直接提供至关国家和民生大计的公共服务，提高公共服务承诺、兑现的保障度和公平性。具体对策是：城市管网类的基础设施（水、电、气、路、桥、隧，以及空、铁、轨交的线网场站）一般应该由国有企业营运（规模大、实力强、易掌控），但为了避免失灵、低效、扯皮，政府与企业只能是资产委托经营而非直接隶属关系，必须引入市场化的考核（动态的、过程与结果双重考量、效率与效益结合比较）、激励（即时与长期激励结合、现权与期权共享）、奖惩（做与不做、做好做坏、做多做少赏罚分明）、淘汰（相对劣质的末位淘汰、多方监控的动态淘汰、发现问题的及时淘汰）机制。

3. 规范公共服务的合营模式

通过公共、私有市场主体的股份化合作，实现市场利益与服务公权的双向、双重控制，减少市场或政府的单边失灵，提高公共服务的效率、效益和质量。具体对策是：在城市管网类基础设施上提供动态、日常应用型公共服务的，一般宜采用公私合营模式（实现公有规模、能级与私营精打细算、管理简约的互补），诸如地面公共交通、出租、水煤电气制造、废弃物处置等企业。

4. 规范公共服务的私营模式

通过严格的市场比选，允许一部分拥有独门技术、品牌号召力，或资金实力雄厚，同时又讲诚信、质量的私营企业，参与公共服务的提供；或者，以适当高于市场的价格，提供独特、急需的公共服务。具体对策是：其一，借助城市管网、平台、场站营运的垄断性公共服务，可更多特许一些全额民资、外资的市场主体予以经营，让这些主体凭借市场机

制，以最低的成本、最优的管理、最严的考核，在政府规范下提供最完善的公共服务（例如：地铁车辆运营公司、城市制水和污水处理公司、路灯照明公司）。其二，可以更多地招募私营企业从事某些需要独特技术的公共设施的维护、应急修理（例如地铁线路监测及车辆维护）。其三，可以把原本事业型或国有直管的服务型单位转制为个人参股的私营企业，从事常态的劳动密集型、低技能的公共设施维护（例如市容保洁、绿化养护、街面"牛皮癣"清理、下水道疏浚、垃圾清运等）。

5. 规范公共服务的互补模式

通过协商，把一些盈利性相对较强的公共服务项目交由长期从事微利或纯公益的私营市场主体运作，以实现公共服务项目一定程度的以丰补歉、盈亏平衡。具体对策包括：一是城市公共交通中一般盈利性线路与保本线路捆绑经营；亏本线路与相对高营利线路捆绑经营；公交车身、站点以及其他形式的广告经营与公交线路经营亏损互补。二是绿化种植中，投入型的日常存活养护与林木间时段性闲置空间经营性利用的互补。三是部分具备条件的公园，实行与别墅式宾馆合营，即在不大量减少林地面积的情况下，营造园林式宾馆（宾馆因为公园提高了档次、美化了环境；公园则可以享有更多宾馆优质的娱乐资源，以及宾馆回馈的公园养护、管理费用；百姓在不多付门票钱款的前提下，拥有了更好的园林环境）。四是对长期无条件地为城市公共服务尽心尽职付出，而且经常执行某些危险性大、经济风险高的应急公共服务的优秀市场主体，政府可将某些特别重要、质量要求特别严、社会敏感度特别高、有相对高盈利的公共服务项目，以排他性的内部议标的方式特许其提供，作为对其以往特别突出社会贡献的回馈。

（二）现代城市管理市场化的系列政策优化

1. 实行公共服务的政策优惠导向

通过政府政策导向的调整，督促提供公共服务的市场主体，因慑于政策严苛而更趋规范、更加高效、更大产出，因鉴于政策的优惠而更热心于拓展、深化、完善服务。具体对策是：第一，对城市公交不同地域、不同需求量、不同盈亏的线路实行不同的政策性财政补贴引导。其中，对现实需求量大但供给量一时很难满足的线路，实行时段性增量补贴；对已经供求平衡甚至多线路重叠的供大于求的线路，实行补贴减量甚至不予补贴；对临时应急的线路实行一次性专项补贴。第二，对量大面广的企事业高峰接送班车应征收路网占用费，以促使更多单位租借公交进行接送（提高车辆利用率，减少路网占用率）。第三，对各类车辆上下班高峰驶入城市核心区实行收费许可制，即以付费形式申请许可执照并置于前挡风玻璃右侧，无执照车辆高峰时段不得驶入核心区域，以此缓解核心区交通。

2. 实行公共服务的多元税负调控

以更科学、严谨的税收规制，压缩高收益公共服务市场的利润空间，或减免低收益公共服务的市场化利税，切实降低公共服务的市场价格，有效减轻国民分享公共服务的经济负担。具体对策是：首先，用5年免税、5年减半税的政策，吸引社会广告公司参与目前由政府全额出资、困难重重的城市垃圾分类收集的产业链建构，即凭借广告和分类后垃圾资源化的额外收入，逐步实现政府无须投入、市容环卫部门降低疏运成本、社区上门收集和就地分拣有所补偿、市民参与垃圾分类收集更趋方便，并可获得一定精神或物质鼓励的城市垃圾处置的良性循环。其次，用多比选、低税率、国定价、高标准、严监督的方式，吸引更多民营资本投资城市供水、排水、供气事业。第三，把小轿车牌照拍卖、摇号，改为开征更符合国际惯例和法理的高额购车税（新加坡为车价的 2～3 倍）、注册税和牌照税；把现行低廉的停车费，改为时段（高峰与低峰）、地段（核心区、市区、郊区）、位置（地面、地上、地下）、时长（小时为单位）的差别化成倍计费。

3. 实行公共服务的多种金融衍生

通过政府公共服务手段的金融化衍生，吸引更多的市场主体以股权、债券、物权等形式参与公共服务的金融化提供和支付转移。具体对策是：其一，组建中央政府层面的政策性住房融资机构，以住房公积金为基础，通过发售住宅金融债券和住宅建设债券，吸引社会大宗投资和闲散资金以及公众储蓄存款加入，进而，由中央财政贴息，为地方政府提供长期低息的保障性住房建设贷款。其二，以特许的方式对住房公积金进行多元的无风险金融运作，包括购买国债、进行其他无风险投融资，用所获增值收益支持公共住房建设，并为中低收入居民的住房抵押贷款提供信用支撑。

4. 实行公共服务的高新技术支撑

通过政府提供必要、可能和独特的技术支撑，提高市场主体公共服务的整体质量。具体对策是：政府应为城市公共服务提供一体化、平台化、网络化的服务载体设施及其监督、协调、控制、保障的系统技术，这是单一公共服务市场提供主体无法建构、提供的，也是不能让单一主体进行垄断提供的。

第四节 现代城市管理的清单化理念

一、现代城市管理权力清单的本质与遵从颠倒

（一）现代城市管理权力清单的本质内涵

1. 城市管理权力清单的性质

所谓城市管理权力清单，是指依照法律，由权力授予方对城市管理权力行使方的权力性质、范围、方式、程序、规矩的一种条例式明令规定。这种清单有正负之分：正面清单是对可行城市管理权力的授予，负面清单是对城市管理限行权力的禁止。

2. 城市管理权力清单的内涵

城市管理权力的行使方主要包括立法者、行政者、市场主体和公民个体。现代社会城市管理制度，对上述 4 种权力行使方的权力行使与禁止，作了科学的平衡与制约，并在自觉与不自觉中，以或明，或暗的清单方式践行着。其中，立法者的权力清单由民主选举产生的公民代表大会设立，行政者、市场主体、公民个体的权力清单由立法机构通过宪法和各种专门法律依法设立。

在法理与理想的层面，城市管理立法与行政者的权力清单应该是正面的，即明确行使者该行使的权力边界，其原则是未授予的权力皆不能行使；市场主体与公民的权力清单则应该为负面的，即明确行使者不该行使的权力边界，其原则是未禁止的权力皆可以行使。以上规则体现了现代法律制度对城市管理公权力的审慎与严苛，以及对市场主体和公民个体权力的相对宽容。因为城市管理公权滥用或失灵的社会负面作用远大于市场主体与公民个体权力的失衡，而给市场主体与公民个体以更大、更多的权力自由度，不但可以更好地

减少政府的行政压力（削减管理的范围，只管该管、必管、能管的），而且能够更充分地发挥市场所具有的对主体及公民个体诸多内生的调节与激发作用。

（二）现代城市管理权力清单的遵从颠倒

1. 城市管理权力清单遵从的性质颠倒

长期以来，由于法制进步的社会发展的阶段性，以及国家和区域层面的某种局限性，相当一部分城市管理的公权行使者，把本该设立的"法无授权皆不为"的正面权力清单，演变为"法无禁止皆可为"的负面权力清单，城市管理的公权被不适当地无限放大，滥用与失灵的风险大大增加。在这种颠倒的城市管理公权行政清单模式下，政府成了大包大揽、无所不能、权无边界、人大于法的万能垄断机器，想管即管、想放就放、想卡则卡、管无禁界。相反，在被颠倒的万能政府管控下，本该赋予市场主体、公民个体的"法无禁止皆可为"的负面权力清单，则被扭曲为"法无授权皆不为"的僵化的正面权力清单。在这样的市场与社会环境中，市场主体与公民个体私权的享有空间被大大压缩，市场的灵动活力、公民的内生积极性受到挫伤。

2. 城市管理权力清单遵从的颠倒之痛

在城市管理权力清单遵从非理性颠倒的社会与市场条件下，城市行政审批过度过滥，权力寻租普遍存在，市场壁垒极为森严，市场资源常遭错配，边际效率大大下滑，并出现了大量社会腐败、践踏私权的丑恶行径。在这样的环境中，市场主体和公民个体往往把更多的精力用于找政府而非找市场，市场的基础性作用难以充分发挥，更谈不上起决定作用。

二、现代城市管理权力清单的归正与进步作用

（一）现代城市管理权力清单遵从的理性归正

1. 城市管理权力清单遵从归正的法理思考

现代公共行政中的城市管理要求公权范围明晰、公开，公权行使规范、公正，即把公权放在民主的阳光下、关进制度的笼子里，使公权不会也不能随意践踏私权、阻碍经济与社会进步。现代社会与市场运作则要求私权非禁即行，即有充分的自由，但不影响他方的权利行使；机会均等，但因为天赋、努力不同应接受各异的结果；权利义务明晰，但自己对行为全权负责。

理想中的现代城市管理，对各级政府实行正面权力清单制，对市场主体和公民个体则实行负面权力清单制。在世界范围，上述归正了的城市管理权力清单制的推行，源于城市管理公权行使者包揽式、全能化管治的不堪重负，以及城市社会进步、法制健全过程中市场主体和公民个体维权意识的增强。同时，归正了的城市管理权力清单制行政是目前人类能够找到的最现代的城市治理方式之一，也是对传统工业社会城市治理模式的一次有益跃升。其本质就是对市场主体和公民个体"法无禁止皆可为"，对立法和行政方则"法无授权皆不为"。它给现代城市行政管理设置了有限的权力边界，为现代市场构建了宽松的运行环境，也是对城市政府行政的减负、对公务冗员的化肿、对纷繁管理的精简，更是对市场主体的激励、对市场秩序的规范、对市场效率的提升。

2. 城市管理权力清单遵从归正的模式优化

在归正了的城市管理权力清单遵从模式下，对政府而言，应管放先知、须管放有界、

当管放有度；既非不管、也非都管，既非无序、又非僵化；不是放弃管理、推卸责任，而是管应该管、管得了、有限制的那部分事物；管理的范围可能缩小、数量也许减少，但管理的相对难度增大，因为，不仅要了解该管的，还必须知晓不该管的，只有全面了解，才能确定该管什么、能放什么。对市场和公民个体而言，在负面清单发布时，私权禁行的边界已经清晰，只要不越雷池，就能充分行使自己的权力；而作为政府，则必须完成对市场的依法规范、对政府或市场可能失灵的事先设防、对市场运行可能无序的动态监管等的准备。在这种模式下，城市政府才可用更少的人力与时间，发挥更大的管控关键环节、防控失灵失序、提升市场绩效的作用。

(二) 现代城市管理权力清单遵从归正的作用

当城市管理立法和行政方完全遵从"法无授权皆不为"的正面清单规制，当市场主体、公民个体真正享有"法无禁止皆可为"的负面清单管控服务的时候，城市经济与社会进步的阻力将大大弱化、动力与活力将明显增强，其具体表现为以下五个方面：

1. 城市管理权力清单遵从归正的限权作用

城市管理权力清单归正，有利于限制政府的自由裁量权，推进城市治理体系和治理能力的现代化，建立"职能科学、结构优化、廉洁高效、公民满意的服务型政府"。因为城市管理公权的透明化、有限化，将更好地促进管控的规范化、行政的精简化、治理的重点化、制约的关键化。

2. 城市管理权力清单遵从归正的激励作用

城市管理权力清单归正，有利于通过管理转型带动经济发展方式由政府主导向市场主导的转变，推进市场在资源配置中由基础作用转为决定作用。因为非禁即行能使市场拥有更大的竞合空间、激励作用、调控余地和发展动力。

3. 城市管理权力清单遵从归正的引导作用

城市管理权力清单归正，有利于城市进一步扩大对外开放，增进市场自由，改进政府服务，提升市场主体的绩效，降低政府行政的成本。因为在负面清单制度下，市场主体和公民个体的发展、攻坚、克难将更多地找市场而非市长，更多地发挥自我能动作用而非有事不思进取老赖政府。

4. 城市管理权力清单遵从归正的转型作用

城市管理权力清单归正，有利于公共行政的多元转型，包括：从管理控制型，转向人本服务型；从事前审批型，转向事前备案、事中与事后监管型；从人治决策型，转向依法行政型；从为了城市管人民，到为了人民治城市；从为了市场管企业，到为了企业治市场；从直接大包大揽全面担责，到间接平衡协调有限管控。因为政府的权力是设限的，政府的人力是受限的，政府的能力是局限的，政府的财力是有限的。

5. 城市管理权力清单遵从归正的活力作用

城市管理权力清单归正，有利于推动社会建设进程。社会和市场一样，需要发展的空间和活力，如果城市政府对社会管得过多、过死，就会抑制社会创新和发展的活力。对社会实行负面清单式管理，有利于促进政府把社会事务交由社会组织或个人处理，政府只需搞好规划和提供必要的公共服务。从世界范围来看，社会活力强的国家和地区，其城市社会结构更为合理，因此也更具活力和创新力。负面清单式管理将促使人们的观念从计划经济向市场经济转变，促使政府通过公共服务外包调动社会参与管理的积极性，促进社会建设主体更加多元化，更加注重发挥社会组织的能动作用，从而激发社会活力，形成政府和社会的良性互动。

三、现代城市管理权力清单化的挑战与模式优化

(一) 现代城市管理权力清单化的制度挑战

首先，城市管理权力清单化挑战政府部门脸难看、门难进、事难办的衙门作风。其次，城市管理权力清单化挑战政府官员干多干少、干好干坏、干与不干差不多的大锅饭体制。第三，城市管理权力清单化挑战公共行政划地为牢、条块分割、部门分家的科层式架构。第四，城市管理权力清单化挑战政府自由裁量空间的权利无限、"法律沉默空间"的权力寻租、庸政懒政之下的管理缺失、交叉分割行政的治理失衡等的计划体制弊端。第五，城市管理权力清单化挑战政府对市场的过度干预、对监管的局部失灵、对资源的低效配置、对私权的无端限行。

(二) 现代城市管理权力清单化的素养挑战

在政府城市管理权力清单负面化的权力无限模式下，公务人员处于主宰的地位，可以自视清高、不思进取、庸政懒政、滥用职权、寻租贪污、徇私舞弊。但在政府城市管理权力清单正面化限权以后，公务人员必须阳光下行政、制度下为权，其素养将受到四方面的革命性挑战：

其一，将对干部能力提出进一步要求，包括：主人到公仆的观念转变、主管到服务的范式转变、传统到现代的技能转变。其二，将使干部理念得到进一步更新，包括：由朝南坐到朝北看、由脸难看到笑相迎、由门难进到事好办。其三，将对干部知识实现进一步创新，包括：新理论、新眼界、新思维、新认识、新判断的与时俱进。其四，将对干部技能进行进一步革新，包括：具备更强的学习力、更优的操控力、更巧的沟通力、更强的执行力，以及精明的抉择力、精细的管理力、跨界的驾驭力、动态的控制力。

(三) 现代城市管理权力清单化的模式优化

城市管理权力清单遵从归正，即政府实行正面清单化的"未许即止"的有限职权化行政，市场主体与公民个体享有负面清单化的"不禁即行"的宽松私权环境以后，城市治理模式应作以下诸方面的多元优化。

1. 城市管理权限的法制化

城市政府应根据地方最高立法机构依照国家宪法及相关专门法律制定并赋予的权限，准确、正确、适时、适度地行使职权范围应该行使的权力，坚持做到不超越、不失职、不滥用、不懒政、不推卸、不透过，使行政权裸露在社会的阳光下、限制在制度的笼子里。

2. 城市管理结构的扁平化

现代城市政府作为有限权力的社会组织管理机构，应该倡导小型精干，以节约公共财政；应实行扁平管控，以提高服务效率；应购买公共服务，以发挥市场作用；应借助社会力量，以实现他律、自律。

3. 城市管理主体的多元化

现代城市正由一元独揽的主谓管理走向多元参与的公共治理，管理的主体应从单一的政府，转为政府、企业、社会非政府组织和公民个体多元化。其中，政府发挥组织社会、服务市场、协调各方、保障民生的作用；企业承担市场经营、吸纳就业、提供产品、推动

经济的作用；社会非政府组织起到志愿辅佐、缓冲矛盾、见证公平、维护公正的作用；公民个体则依法参政、理性议政、积极督政、自律守法。作为守夜人的政府，要不负纳税人的重托，以负责任的一元去包容不同的多元，在法律授予的权限内行使好必要的公权；作为纳税者的社会各方，则应在法律禁行范围之外，理智地配合政府行使好应有的私权。

4. 城市管理方式的服务化

现代城市的管理方式正由传统的管束、限制、许可、审批等的权力无限化主谓管控，转向有限公权、民主协商、间接管理、服务保障，即所谓的服务民本、了解民意、维护民权、关注民生、兑现民利、化解民忧，以及权为民用、利为民谋、事为民做。变城市管理为政府服务，可拉近政府与市场主体及公民个体的感情距离，能减少不必要的矛盾摩擦，并降低社会、市场管理的成本，提高城市发展的效率与效益。

5. 城市管理环境的宽松化

现代城市要求政府行政实行"法无授权皆不为"的正面清单权限，规定市场主体和公民个体应享有"法无禁止皆可为"负面清单待遇，充分体现了现代公民社会"规范公权、保障私权"的法治理念。在有限公权的环境下，市场在资源配置中的基础性、决定性作用才能发挥得更充分、更有效；市场主体、公民个体所拥有的私权的内生动力、市场活力、整体实力才能真正调动起来；整个城市社会才能形成公权和私权各司其职、各尽其能、各达其旨的和谐、高效、繁荣的局面。

参 考 文 献

1. 钱振明. 城市管理学 [M]. 苏州：苏州大学出版社，2005.
2. 吴爱明. 地方政府学 [M]. 武汉：武汉大学出版社，2009.
3. 梁朝晖. 城市能源管理 [M]. 上海：上海人民出版社，2010.
4. 程俍璁. 城市管理概论 [M]. 上海：同济大学出版社，2009.
5. 杨戍标. 中国城市管理研究以杭州市为例 [M]. 北京：经济管理出版社，2005.
6. 叶裕民，皮定均. 数字化城市管理导论 [M]. 北京：中国人民大学出版社，2009.
7. 郭理桥. 现代城市精细化管理 [M]. 北京：中国建筑工业出版社，2010.
8. 王洪春. 住房社会保障研究 [M]. 安徽：合肥工业大学出版社，2009.
9. 王震国. 大生态时代的城市创新 [M]. 上海：上海交通大学出版社，2014
10. 王枫云. 城市管理学新编 [M]. 北京：高等教育出版社，2010.
11. 姚永玲. 城市管理学 [M]. 北京：北京师范大学出版社，2009.
12. 陈平. 网格化：城市管理新模式 [M]. 北京：北京大学出版社，2006.
13. 王志锋，蔡方. 现代城市管理概论 [M]. 北京：清华大学出版社，2008.
14. 王佃利，等. 现代市政学 [M]. 北京：中国人民大学出版社，2004.
15. 文林峰. 城镇住房保障 [M]. 北京：中国发展出版社，2007.
16. 周俊. 城市管理学导论 [M]. 上海：上海大学出版社，2006.
17. 戚本超. 现代城市运行管理 [M]. 北京：社会科学文献出版社，2007.
18. 鲁哲. 论现代市民社会的城市治理 [M]. 北京：社会科学文献出版社，2008.
19. 周庆行. 现代城市公共管理 [M]. 重庆：重庆大学出版社，2005.
20. 王辉，吴越，等. 智慧城市 [M]. 北京：清华大学出版社，2010.
21. 郭玉坤. 中国城镇住房保障制度设计研究 [M]. 北京：中国农业出版社，2010.
22. 向德平. 城市社会学 [M]. 武汉：武汉大学出版社，2002.
23. 任远，等. 全球城市—区域的时代 [M]. 上海：复旦大学出版社，2009.
24. 李金旺. 基于可持续发展的城市规划及管理研究 [M]. 湖北：长江出版集团，2007.
25. 刘莘. 法治政府与行政决策. 行政立法 [M]. 北京：北京大学出版社，2006.
25. 郑功成，等. 中国社会保障制度变迁与评估 [M]. 北京：中国人民大学出版社，2002.
27. 程俍璁. 城市管理与运行 [M]. 苏州：苏州大学出版社，2003.
28. 尤建新. 现代城市管理学 [M]. 北京：科学出版社，2003.
29. 王震国，等. 城市管理综合执法概论 [M]. 北京：中国建筑工业出版社，2015.
30. 杨立勋. 世界先进城市管理研究 [M]. 北京：中国社会科学出版社，2009.
31. 王德起，谭善勇. 城市管理学 [M]. 北京：中国建筑工业出版社，2009.
32. 陈炳水. 现代城市发展与管理研究 [M]. 北京：中国环境科学出版社，2007.
33. 张本效. 城市管理学概论 [M]. 长春：吉林人民出版社，2006.
34. 范志伟，王震国. 城市管理概论 [M]. 上海交通大学出版社，2012.
35. 张敦富. 城市经济学原理 [M]. 北京：中国轻工业出版社，2005.
36. 白建民. 现代城市管理 [M]. 合肥：中国科学技术大学出版社，2005.

37. 张敦富. 城市经济学原理 [M]. 北京：中国轻工业出版社，2005.

38. 秦甫. 现代城市管理 [M]. 上海：东华大学出版社，2004.

39. 刘兴桂，彭娟. 城市管理法治问题研究 [M]. 北京：法律出版社，2004.

40. 严正. 中国城市发展问题报告 [M]. 北京：中国发展出版社，2004.

41. 关保英. 执法与处罚的行政权重构 [M]. 北京：法律出版社，2004.

42. 徐显明，刘翰. 法治社会之形成与发展 [M]. 济南：山东人民出版社，2003.

43. 刘林，刘承水. 城市概论 [M]. 北京：中国建筑工业出版社，2009.

44. 王震国. 大师的颠覆 [M]. 上海：上海大学出版社，2008.

45. 陈振民，王震国等. 改革开放三十年上海社区建设的理论与实践 [M]. 上海：上海人民出版社，2008.

46. 王震国. 城市与城市化的可持续发展趋势 [J]. 天津《滨海时报》，2013.

47. 王震国. 城市管理的理念创新与举措优化 [J]. 江苏建设，2013 (7).

48. 王震国. 现代城市发展的五生态观及其多维体系 [J]. 上海商学院学报，2013 (1).

49. 王震国等. 上海城市管理的社会化. 市场化. 专业化. 信息化. 上海市人民政府重大定向研究课题，2001.

50. 王国平，王震国. 科学发展视野下人类第四文明的城市大生态体系. 中央党校立项课题，2009.

51. 王震国等. 现代城市地铁安全隐患及其防治的制度完善. 上海市政府决策咨询研究热点课题，2010-R-97.

52. 王震国等. 完善城市管理市场化运作机制研究. 上海市城乡建设交通委立项课题，2011.

53. 王震国等. 智慧城市建设的中外借鉴与佛山提振. 佛山市人民政府委托课题，2011.

54. 王震国等. 上海市土地整理综合效应评价. 上海市规划和国土资源管理局立项课题，2012.

后　记

本书的编撰，涉及领域多、涵盖知识广，可谓是一个对城市管理理论与实证的再学习、新认识和深思考的过程。学习了国家 37 年后新一届城市工作会议的新战略、新方针；认识了新常态下城市管理践行的新特点、新目标；思考了未来城市管理发展的新趋势、新路径。正是这样的学习、认识与思考，使本书作为我国城市管理类大专院校在校学生的学习用书、城市管理岗位工作者的知识读本和培训用书，以及相关理论和教育工作者的教研参考用书，得以尽可能既注重理论的体系性、学术的严谨性和知识的前瞻性，又兼顾实证的对应性、践行的可行性和内在的逻辑性；既汇聚自我探索、研学、出新的诸多感悟，又汲取学界承继、变革、创造的过往精华。

本书由曾任《城市导报》副总编、《上海城市管理杂志》总编，现任上海市城市科学研究会秘书长的王震国统筹并为主编撰；同济大学硕士王宇辰参与了部分章节的编撰和全书的校读。整个编撰过程得到了包括国家建设部、中国社科院、复旦大学、上海交通大学、同济大学、扬州大学，以及上海市委党校及其第三分校、原上海市建设交通党校、原上海城市管理学院等单位诸多专家、学者的鼓励、支持和帮助，在此一并表示感谢。

本书的编撰虽然穷尽所思、竭尽所能，但限于水平、止于学识，仍难免挂一漏万、词不达意、笔有所误，敬请广大读者不吝赐教、大雅斧正。

作　者

2016.12